Eugen Roll

Die Katharer

J. Ch. Mellinger Verlag, Stuttgart

2. Auflage 1987
ISBN 3-88069-187-4

Inhalt

Vorwort 7

Die arme und die reiche Kirche
Die Armutsbewegung 11
Die Romanik 15

Ketzerei in Frankreich
Ihr Ursprung 18
Das Ketzerproblem 20
Ketzerische Manifestationen 22

Katharismus
Toulouse 34
St. Bernhard von Clairvaux 38
Tradition und Initiation 45

Höhepunkte
Lombers 1165 51
Diskussion in Permanenz 55
Das katharische Konzil von Saint-Felix 58

Dualismus 65
Radikaler Dualismus 66
Gemäßigter Dualismus 69
Dualismus in neuer Sicht 75

Oppositionelle Kräfte
Klerus und Ritterschaft 78
Innozenz III. 82
Foulques alias Folquet 92
Saint Dominique 94
Die Separation der Waldenser 101
Der Gottesfriede 104
Raymond VI., Graf von Toulouse 106
Das Attentat 110
Die Buße 118

Die Invasion
Vorspiel im Quercy 120
Béziers 122
Carcassonne 127
Minerve 130
Termes 132
Puivert 135
Lavaur 139

Die Geburt Frankreichs
Widerstand des Südens 145
Die Statuten von Pamiers 149
Die Schlacht von Muret 152
Die Überraschung 157
Die Wende 160

Der Schicksalsweg der Katharer
Esoterisches Christentum 163
Symbole, Zeichen, Pfade 166
Das Substanzproblem 169
Die Contritio Cordis 171
Die Jungfrau Sophia 174
Der Gut-mann (Bon-homme) 176
Les remèdes de la Bonne-femme 178
Zeremonien und Riten 179
Das Vaterunser 186

Der heilige Bezirk
Das Sabartez 194
Der Montségur 205
Die Inquisition 214
Avignonet 218
Die Entscheidung 220
Das Opfer 228

Chronologische Übersicht 244

Literaturverzeichnis 247

Karte von Südfrankreich im Bildteil

Vorwort

Das Katharerproblem mit seinen historischen, religiösen, philosophischen und politischen Aspekten ruft vielseitiges Interesse wach, wie es auch in einer umfangreichen Literatur seinen Niederschlag findet. Der Süden Frankreichs, der für das dramatische Geschehen jener Epoche, die das 11., 12. und 13. Jahrhundert umfaßt, nicht nur den geographischen Rahmen abgab, sondern auch mit seiner nationalen und religiösen Substanz tief in die Auseinandersetzungen verstrickt war, liegt, was die literarische Produktion betrifft, zweifellos an der Spitze. Hier scheint das fragende und forschende Interesse noch zu wachsen, wie die zahlreichen, wertvollen Neuerscheinungen auf diesem Gebiet beweisen. Das ist nur zu verständlich; denn in den französischen Archiven ruht die ganze Fülle von Urkunden und Zeugnissen, die zu heben, zu sichten und zu ordnen dem französischen Historiker vorbehalten bleibt, während deutsche Interessenten doch nur als Zaungäste mit einem gewissen Neid über die Grenze blicken, dorthin, wo außer den Dokumenten noch die Baudenkmäler selbst, Schlösser und Burgen, eingebettet in eine romantische Landschaft, ihre eigene tief beeindruckende Sprache sprechen.

Im Jahr 1870 wurde *Napoléon Peyrat* durch seine „Geschichte der Albigenser" als glühender Patriot des „Südens" bekannt. Er vertrat neben einem Partikularismus die sogenannte Westgoten-These, die auch von anderen aufgegriffen wurde und die besagt, daß zwischen den Katharern und den (arianischen) Westgoten ein Zusammenhang bestehe. Als Verteidiger der Katharer geriet er rasch in Mißkredit. Auf Peyrat gestützt, schrieb im Jahr 1930 der Deutsche *Otto Rahn* sein aufsehenerregendes Buch „Kreuzzug gegen den Gral". Rahn wies nachdrücklich auf die engen und eigenartigen Zusammenhänge zwischen Gralshütern, Troubadours und Katharern hin, indem er mythisch-mystischen Grundströmungen Rechnung trug und erstmals auf spirituelle Zusammenhänge hinwies.

Gegen allzu schwärmerische Auswüchse wendet sich *Pierre Belperron* in seinem Werk „La croisade contre les Albigeois et l'union du Languedoc à la France", dessen Neuauflage 1942 während der deutschen Besatzungszeit erfolgte und Mißverständnissen ausgesetzt war.[1]) Belperron hat sich für die Idee eines spirituellen Kreuzzuges eingesetzt, deren Realisierung allerdings durch den Mord an dem päpstlichen Legaten, Pierre de Castelnau, illusorisch geworden war. — *Charles Molinier* spricht (im traité inédit . . . Bordeaux 1883) von einer grandiosen Ketzerei und einer moralisch beispielhaften Minderheit.

Von *Zoé Oldenbourg*, die bei uns durch die Ausgabe ihres Werkes „Die Kreuzzüge" (Fischer 1970) bekannt geworden ist, erschien 1959 „Le Bûcher de Montségur", worin sie sich auf das Chanson und auf andere zeitgenössische Quellen stützt.

Eine sachliche Mittelstellung zum Katharismus nehmen *Fernand Niel*, „Albigeois et Cathares", (Paris 1958) und *René Nelli*, „Le Phénomène Cathare" (Edouard Privat 1964) ein. Letzterer untersucht das Verhältnis der Troubadours zu den Katharern und befaßt sich auch mit Kulturzeugnissen, mit Funden und Bildzeichen, die auf katharischen Ursprung hinweisen.

1961 erschien das Werk von *Jaques Madaule* „Le drame albigeois et le destin français", das schon wenige Jahre später ins Deutsche übersetzt wurde. Madaule, 1898 in Castelnaudary geboren, wächst in unmittelbarem Kontakt mit der Geschichte seiner Heimat auf, wird Gymnasiallehrer, Archäologe und Schriftsteller, gestaltet mit inniger Anteilnahme das katharische Schicksal und sieht in diesem Schicksal eine wichtige Komponente im Werdeprozeß eines größeren Frankreichs.

Auch das 1969 erscheinende Buch von *Dominique Paladilhe*, das den Titel trägt: „Les grandes heures Cathares" zeichnet sich durch große Sachkenntnis aus, die, eingepflanzt in den Schauplatz des Geschehens, zu einem geschlossenen Ganzen zusammenwächst. Während Paladilhe seine Leser auf alten Straßen und steinigen Wegen zu Dörfern und Plätzen der Historie führt und sie mit der Eigenart von Land und Leuten vertraut macht, sehen sie sich unversehens mit dem dramatischen Geschehen konfrontiert, das einst diese romantische Landschaft mit Schrecken erfüllte.

[1]) Caihiers d'Etudes Cathares 1976/72/86

Ebenfalls über Katharer schreibt *Michel Roquebert*, 1928 in Bordeaux geboren. Er konzentriert sich auf trutzige Zitadellen und Schlösser, wo die Katharer von eigenwilligen Rittern beschützt, eine letzte Zuflucht fanden. Der dramatische Stoff vereinigt sich mit der Bildkunst *Christian Soula's* zu einem wirkungsvollen Bildband: „Citadelles du vertige". Auf dieses 1966 erschienene Buch folgt 1970 ein umfangreiches Werk von demselben Autor mit dem stolzen Titel „L'Epopée Cathare", das die kriegerischen Ereignisse von 1198—1212 umfaßt. Anhand einer umfangreichen Dokumentensammlung und vieler Details ermöglicht es Roquebert seinem Leser, tiefer in den Katharismus einzudringen und — um seinem Wesen näher zu kommen — ihn als Lebensform im familiären Bereich zu beobachten. Dieses Geschichtswerk wurde 1971 von der Académie francaise mit dem Prix Gobert ausgezeichnet.
Neben diesen bedeutenden Neuerscheinungen behalten die klassischen Standartwerke früherer Zeiten weiterhin ihren hohen Rang. Sofern solche Bücher benützt werden, findet man sie im Text erwähnt oder am Ende dieser Arbeit aufgeführt.

Angesichts der Fülle an wissenschaftlicher Literatur über die Ketzerei im allgemeinen und über den Katharismus im besonderen erhebt sich die Frage, ob es sinnvoll ist, dieses Thema noch einmal aufzugreifen und zum Gegenstand einer neuen Untersuchung zu machen. So einleuchtend dieses Argument zu sein scheint, so ist es allein schon im Interesse einer lebendigen Geschichtsschreibung notwendig, immer wieder neue Standpunkte einzunehmen und den Problemen neue Antworten zu entlocken. Selbst wenn das Geschichtsbild der Katharer durch den Fleiß der Historiker an Einheitlichkeit gewinnt, so klaffen die Urteile über die Katharer doch weit auseinander. Die emotionelle Skala reicht von der Bewunderung bis zur Verachtung, je nachdem ihrer Existenz, ihrer Mission, eine geschichtliche Notwendigkeit beigemessen wird, oder ob sie als Abschaum der Menschheit betrachtet werden, als eine Gefahr, der man zu Recht mit Feuer und Schwert zu Leibe geht. Solche Urteile gibt es in der Tat, sie beweisen, daß sich die vordergründige Geschichte über wichtige Fragen hinwegsetzt, die das Wesen der Dinge betreffen. Sie geht von der Tatsache aus, die Katharer sind vernichtet worden, also hat sie die

Welt abgestoßen, wie sie ja selbst die Welt verachteten und ihr Martyrium bejahten.

Eine Forschung, die auch spirituelle Hintergründe in ihre Betrachtungsweise mit einbezieht, wird den mittelalterlichen Phänomenen gegenüber zu ganz anderen Ergebnissen kommen und auch zu einem anderen Urteil.

Eine wertvolle Hilfe auf diesem Wege sind die „Cahiers d'Etude Cathares" (Narbonne), die, wie auch die „Société du Souvenir et des Etudes Cathares", von *Déodat Roché*, dem Nestor der Katharerforschung, auf geisteswissenschaftlicher Grundlage begründet worden sind. Eine Kultivierung der Erinnerung und der Versuch einer Rehabilitierung der Katharerbewegung als einer christlichen, wie sie von dieser Gesellschaft angestrebt wird, weisen zurecht über jene Grenze hinaus, die sich eine pragmatische Geschichtsauffassung selbst gesetzt hat; sie versucht, in das innere Leben des Katharismus einzudringen, um sein Wesen kennen zu lernen und jenen Platz zu bestimmen, den der Katharismus in der Gesamtevolution einnimmt. Einem modernen Katharismus das Wort zu reden, liegt Déodat Roché fern.

Gestützt auf die von Rudolf Steiner im Jahre 1910 dargestellte Psychologie der Völkercharaktere unter dem Titel: „Die Mission einzelner Volksseelen" sowie auf Vorträge des Jahres 1923 unter dem Titel „Die Impulsierung des weltgeschichtlichen Geschehens durch geistige Mächte", soll hier versucht werden, das seelisch-geistige Klima näher zu bestimmen, in dem der Katharer-Impuls wirksam werden konnte. Das Besondere dieser Epoche ist, daß wir es mit einem Phänomen zu tun haben, das ganz zeitgebunden ein Überzeitliches zur Offenbarung brachte.

Die arme und die reiche Kirche

Die Armutsbewegung

Die Völkerwanderung, die durch Jahrhunderte hindurch die Existenz der Völker bedroht hatte, klang allmählich ab und ermöglichte die Gründung des Frankenreiches durch Karl den Großen. Nach dem Tod des Kaisers setzte sich das Völkerringen auf andere Weise fort. Jetzt galt es, den Landbesitz zu behaupten und die Grundlagen einer nationalen Kultur zu sichern. Hierbei gewann das Nationalbewußtsein an Bedeutung, das sich die Menschen als Frucht ihres Ringens um den völkischen Bestand erworben hatten und das jetzt zur Entfaltung ihrer Persönlichkeit diente.

Man möchte erwarten, daß die römisch-katholische Kirche auf Grund ihrer Autorität und Vollmacht die innere Entwicklung der Menschen so lenken würde, daß ein freier, christlicher Typus zur Erscheinung käme. Aber dies war nicht der Fall. Wo immer sich freiheitliche Impulse im Ausstrahlungsbereich der Kirche regten, wurden sie unterbunden oder abgestoßen. Die Kirche hatte den Weg in die Freiheit nicht geebnet, sie hatte im Gegenteil die Möglichkeit einer freien Entscheidung nicht nur in Frage gestellt, sondern aufgrund der menschlichen Verdorbenheit durch die Erbsünde für unmöglich erklärt.

Die Freiheit jedoch, die Entscheidungsfreudigkeit des Menschen, ließ sich nicht unterdrücken und immer wieder trat sie auf irgendeine Weise in Erscheinung. Beim Suchen nach solchen Sonderlingen stoßen wir schon früh auf Menschen, welche die Einsamkeit der Wüste suchten, um mit Hilfe der Askesis die Sinnesgrenzen zu überspringen und im inneren Seelenbereich Erfahrungen zu machen, die zu Erleuchtungen führten.

Was sie praktizierten, war in gewisser Weise Existenzerhellung, die ganz dem biblischen Rat entsprach: Geht euren Weg als solche, die das Licht haben, damit euch die Finsternis nicht überwältige. Verbindet euch mit dem Licht, solange ihr es habt, damit ihr Söhne des Lichtes werdet (Joh. 12, 35, 36).

Ohne diese existentiellen Grunderlebnisse wäre das Umsichgreifen der monastischen Bewegung nicht zu erklären. Die Wogen dieser Bewegung erfaßten die Gestade des Mittelmeeres, umbrandeten Rom und erreichten Gallien. Tausende von Eremitagen entstanden, die ihrerseits wieder Keimzellen von Klöstern wurden. Nichts von alledem wurde geplant, verordnet, befohlen! Die Entscheidungsfreudigkeit, Eremit zu werden, resultierte aus einer spontanen Selbstverwirklichung im Schatten eines Zeitgeistes, der einen parakletischen Charakter hatte.

Solange die Erscheinungsweise der Armut nicht mit der Erscheinungsweise der Kirche kontrastierte, konnten auf diesem Gebiet keine Probleme erwachsen. Die Kirche jedoch war eigenen Entwicklungsgesetzen unterworfen. Sie mußte anderen Gegebenheiten Rechnung tragen. So dauerte es nicht allzulange, bis sie als ein machtvolles Gebilde in Erscheinung trat, dessen potentieller Schwerpunkt sich in Rom lokalisierte, wo alsbald die Idee einer Zusammenfassung aller Gläubigen in einer weltumspannenden Organisation wirksam wurde. Chaotische Zeitverhältnisse machten es notwendig, daß sich diese Organisation als ein Rechtsgebilde konstituierte und richterliche Funktionen ausübte. Es war nur konsequent, daß der Staat dieser Kirche — als einem außerordentlichen kulturellen Faktor — sein Interesse bekundete und die katholische Religion zur Staatsreligion erklärte, daß die Kirche, selbst reich geworden, weltlichen Besitz verwaltete, und die abendländische Kultur heraufführte, indem durch sie alle Künste eine eminente Förderung erfuhren. Sie brachte den Sakramentalismus zu einer reichen Entfaltung und bereitete durch die Pflege der Dogmatik den Wissenschaften den Boden.

Die Folge dieser Entwicklung war, daß sich im Laufe der Jahrhunderte große Gegensätze zu dieser Kirche gebildet hatten. Wir vermuten diese Gegensätze zurecht in allem, was die Kirche auf ihrem Siegeszug zurückgelassen hat. Es waren dies Irrtümer und Einseitigkeiten, die sie abstreifte, es waren ihre eigenen Werdestufen, die weiterlebten und in merkwürdigen Kontrast zu ihr traten.

Es ist nicht zu übersehen, daß die Kirche mit aller Macht versuchte, der monastischen Sturmflut Herr zu werden und diese Bewegung durch den Bau von Klöstern zu legalisieren. Sie betreute die

Orden, deren Dienst als Außenposten sie zu schätzen wußte. Nicht ohne Widerstreben sanktionierte sie die „Regeln“ der neuen Genossenschaften und wußte nichts hinzuzufügen als Kontrollen und Maßnahmen, um ihre Autorität zu sichern. Die Klerikalisierung der Orden wurde mit Erfolg betrieben und die Laienbruderschaften wurden didaktisch geschult und mit Lehrtätigkeit und Schreibarbeit betraut. Bald war die Antikultur-Tendenz der Wüstenväter in eine Kulturfreudigkeit umgewandelt, ohne die eine karolinische Renaissance nicht möglich gewesen wäre. Die Idee der Freiheit, die einst die Mönche beflügelte, wurde abgelöst von dem freiwilligen „Gehorsam“ augustinischer Prägung. „Gehorsam“ war auch das Bindeglied zwischen Kloster und Kirche geblieben.

Durch den gewaltigen Machtzuwachs der Kirche war ein spirituelles Vakuum entstanden, das im 10. Jahrhundert besonders deutlich empfunden wurde. Ihre exoterische Tendenz lenkte von dem eigentlichen Ziel des Christentums ab, nämlich ein inneres Reich Christi aufzurichten, und brachte auch auf dem kultischen Sektor eine Fülle von Formen und prunkvollen Zeremonien hervor, die zwar einen suggestiven Bann auf die Gläubigen ausübten, sie jedoch innerlich unberührt ließen.

Das Papsttum, an der Spitze der hierarchisch gegliederten Amtskirche, repräsentierte Macht und Ohnmacht, Tugend und Laster, je nach der Persönlichkeit, die den Stuhl Petri bestieg. So zeigt die Geschichte des Papsttums eine ganze Skala von Verfassungsformen: von der Pornokratie, die an den Namen Sergius III., Johannes X. und XII. geknüpft ist, über die Statthalterschaft Gottes auf Erden, wie sie der Mönch Hildebrand aus der Toskana als Gregor VII. (1073—1085) zu verwirklichen suchte, bis hin zur päpstlichen Universalmonarchie, die dem mächtigsten Papst, Innozenz III. als Ziel vorschwebte.

Trotz des Machtgewinns schwindet die religiöse Substanz dahin. Die Kirche selbst empfindet das 10. Jahrhundert als einen Tiefpunkt. In seinen Annales ecclésiastiques sagt Cäsar Baronius († 1607) von diesem Jahrhundert, das er wegen seiner Rohheit und Unfruchtbarkeit als ein Jahrhundert der Finsternis bezeichnet, man habe meinen können: *„Christus schlafe im Schifflein seiner Kirche“!* Hier leuchtet eine Wahrheit auf, die allerdings nicht nur für das 10. Jahrhundert, sondern für die ganze nachkonstantinische Zeit gilt; denn man hat schon sehr früh über das wahre Christusbild einen Schleier gebreitet. Es wurde alles getan, um die Seelen fern zu halten von der wahren Erkenntnis des Christus. Nicht etwa, weil das Offenbarungslicht erloschen war, sondern weil man dem Menschen in seiner sündigen Verfassung die Fähigkeit zu jeglicher Geisterkenntnis absprach. Deshalb wurden alle *autonomen* Versuche, vermöge des *Ichs* mit dem Christus in ein Verhältnis zu treten, als Ketzerei gebrandmarkt.

Diese negative Aufgabe der Kirche sieht Rudolf Steiner so: „Sie hat die Berechtigung dadurch, daß die Menschen immer wieder von neuem danach streben mußten, durch die Kraft ihres eigenen Gemütes, durch die Kraft ihrer eigenen Seele zu dem Christus hinzukommen. Und im Grunde genommen ist das Kommen des Menschen zu dem Christus durch alle diese Jahrhunderte ein fortwährendes Sich-Aufbäumen gegen das Kirchliche.“[2])

Nicht Christus schläft im Schifflein seiner Kirche, wie Cäsar Baronius meint, sondern das Kirchenvolk ist eingeschläfert — der Christuserkenntnis gegenüber — damit es einmal zu sich selbst aufwachen kann und jeder Mensch dann begreift, was in ihm selbst — unabhängig von dieser Kirche — als Zukunftskeim liegt!

Auch vom Bürgertum war in dieser Epoche nichts Gutes zu erwarten. Es fehlte ihm jeder innere Auftrieb zu einer kulturellen Betätigung, was wohl daran lag, daß der äußere Frieden ständig bedroht war. Die Normannen saßen in Rouen und trotz der großen Zugeständnisse, die Karl der Einfältige dem Normannenführer Rollo gemacht hatte, setzten andere Häuptlinge die Angriffe und Plünderungen fort. Im Jahre 924 wurde Burgund geplündert, und noch 1013 wurde Frankreich von jenem Olaf heimgesucht, der bald als Schutzheiliger Norwegens zu hohen Ehren gelangte. Die Sarazenen setzten sich im Jahre 890 von Italien aus für immer, so schien es, in den Maurischen Bergen fest, bauten Zitadellen und Schlösser und bedrohten die Provence. Das führerlose Volk war an Schrecken gewöhnt. Ist es zu verwundern, wenn es am Ende selbst verwilderte

[2]) Rudolf Steiner, Erdensterben und Weltenleben (GA Nr. 181)

und nicht mehr wußte, Recht von Unrecht zu unterscheiden? Ein Dekret vom Jahre 909, das die Synode von Troxly erlassen hatte, scheint nicht zu übertreiben, wenn es gegen die Konkubinen der Priester wettert und die Zeit folgendermaßen charakterisiert: „Die Städte sind entvölkert, die Klöster sind zerstört und verbrannt, das Land ist in eine Wüste verwandelt. So wie dereinst die Naturmenschen ohne Gesetz und ohne Gottesfurcht lebten, nur ihren Leidenschaften untertan, so tut auch heute jedermann, was ihm gut dünkt, und die Starken unterdrücken, alle göttlichen und menschlichen Gesetze und alle Gebote der Kirche mißachtend, die Schwachen. Die Welt ist voll von Gewalttaten gegen die Kleinen und die Güter der Kirche werden geplündert. Die Menschen fressen einander auf wie die Fische des Meeres“.[3])

Die Romanik

Trotz den Unbilden der Zeit bereitete sich in aller Stille ein Umschwung vor, der alsbald der geistigen Stagnation ein Ende bereitete. Wieder gingen die Impulse von der Armutsbewegung aus, der es gelang, das benediktinische Lebensideal neu zu beleben und mit kühnen Reformideen allgemeines Aufsehen zu erregen. Es entstand — innerhalb des Benediktinerordens — die Kongregation von Cluny, die neben der inneren Erneuerung auch die Reformation des Papsttums in ihre Pläne einschloß. Freilich, eine Renaissance urchristlicher Impulse konnte nicht ins Auge gefaßt werden, aber dennoch öffnete sich das mittelalterliche Gemüt einer Religiosität, wie sie von Heiligenlegenden vermittelt wurde, die auf älteste urchristliche Tradition zurückgehen. Plötzlich waren die lateinischen Texte da, wurden übersetzt, erzählt, gedeutet: es würde ganze Bände füllen, was in dieser Epoche gesammelt wurde und den Menschen zur Erbauung diente. Neben den legendären Stoffen waren es auch Reliquien, körperliche Erinnerungsstücke, die dem religiösen Bedürfnis entgegenkamen und eine ungeahnte Bedeutung erlangten. Eine Reliquie von

[3]) D. Rops II S. 612

besonderer Art, die das ganze französische Volk auf den „Weg“ brachte und zu Pilgern machte, war die Reliquie des heiligen Jakobus des Großen, die in der Kathedrale von Santiago de Compostela ruht, und die Jakobslegende, wahrer als die Geschichte und beladen mit einer himmlischen Poesie, hat ihren Ruf mehr befestigt als alle päpstliche Anerkennnung.

Ein erster großer Pilgerzug versammelte sich im Jahre 951 in Le Puy und setzte sich alsbald unter der Führung des mutigen Bischofs Godescalc in Bewegung. Da ein Teil der Pilger bewaffnet war, hatte das Unternehmen den Charakter eines Kreuzzuges; man besuchte ja ein Land, das von Mauro-Arabern besetzt war. In der nun folgenden Zeit wurden allein von Cluny aus 34 kreuzzugartige Pilgerfahrten veranstaltet, die der Route du Puy folgten.

Auch aus Nordfrankreich kamen Pilger in Massen und sammelten sich in Orléans, wo die westliche Pilgerstraße begann, die über Tours und Poitier den Süden erreichte. Eine weitere Straße führte von Vézelay über Périgueux zur spanischen Grenze und eine Südroute ging von St. Gilles aus und führte über Toulouse nach Oloron Ste. Marie. Auf diesen vier Pilgerstraßen pulsierte das religiöse Leben des Volkes und entfachte jenen ungeheueren Bauimpuls, den wir Romanik nennen. Kirchen, Herbergen und Hospize wurden in großer Zahl errichtet und das ganze Volk schien von einem mächtigen Geist inspiriert zu sein.

Die Verwirklichung großer Bauvorhaben lag bei der sogenannten „Bauhütte“. Der Begriff erinnert an den Tempelbau Salomos. Es handelt sich um eine gradual gegliederte Genossenschaft, die ein Geheimwissen pflegte und die höheren Grade zur Initiation führte. Bis zum 12. Jahrhundert standen die Bauhütten (loges maçonniques) mit Cluny in engster Verbindung und erfreuten sich im Süden einer Führerrolle, die der Ausstrahlung von Chartres entsprach. Ein tiefes Wissen von Gott und Welt schlug sich in einer gestaltenreichen Kunst nieder, der ein erschütternder Dualismus eigen ist: die Sphäre des Auferstandenen, der in der Mandorla — wie von einer Ätherwolke getragen — gegenwärtig ist, wird von jenen Abgründen flankiert, denen Monstren und Chimären entsteigen. Die Künstler waren in der glücklichen Lage, ihre Imaginationen in Stein zu bannen; befreit, wuchsen sie über sich selbst hinaus und fühlten sich als Mitstreiter Michaels. Indem sie sich zu seiner Sphäre erhoben, warfen sie gleichsam den Drachen auf die Erde. Dadurch ist es zur luziferischen Influenzierung der menschlichen Intelligenz gekommen, wie Rudolf Steiner diesen Prozeß bezeichnet. Unvermeidlich war es, daß der Gegenpol antwortete: eben mit dem Heraufsteigen gewisser ahrimanischer Wesenheiten.[4])

Gewiß gab es Menschen, die beim Anblick dieser Monstre-Welt, wie sie von den Steinmetzen geschaffen wurde, erschraken und sich mit Abscheu diesen Vorstellungen widersetzten. Selbst das päpstliche Rom blickte mit gemischten Gefühlen auf die Erzeugnisse einer entfesselten Phantasie. Zum Glück fiel diese schöpferische Epoche mit dem Pontifikat reformfreudiger Päpste zusammen, die aus Cluny hervorgingen. Während nämlich die Romanik durch Cluny eine Förderung erfuhr, stellte sich ihr Citeaux unter der Führung Bernhards von Clairvaux mit aller Macht entgegen. Der Abt hatte kein Verständnis für das visionäre Bildgewoge und tadelte Baumeister und Steinmetzen ob der lächerlichen Monstruosität (ridicule monstruositas) und leitete jene Bewegung ein, die die Ablösung der Romanik beschleunigte. Bernhard von Clairvaux war der Gemütsseele längst entwachsen; obwohl er sich andererseits der Ratio, wie sie von Abälard vertreten wurde, noch heftig widersetzte. Er hat das Glaubensleben seiner Zeit ungeheuer forciert und eine eigene Kategorie von Wundern den Seelen abgetrotzt.

[4]) R. Steiner, Die Sendung Michaels (GA Nr. 194)

Die Ketzerei in Frankreich

Ihr Ursprung

Ganz entgegengesetzt zu dieser romanischen Bilderwelt setzte die Armutsbewegung ihre Akzente, die die radikale Abkehr von aller Äußerlichkeit bedeuten und einen rigorosen, asketischen Lebenswandel fordern. Erschreckend war nun, daß diese Bewegung, die zugleich ein Emanzipationsprozeß des Laienvolkes war, mit einem enthusiastischen Elan die religiöse Welt eroberte, den Habitus und die Lebensgewohnheiten der Menschen spontan veränderte ... und daß die Kirche nicht in der Lage war, genügend Raum für diese exaltierten Menschen bereitzustellen. Die Klöster waren diesem Ansturm nicht gewachsen. Deshalb ist es nicht überraschend, daß sich einzelne Gruppen zusammenschlossen, *Konventikel* bildeten, und außerhalb und neben der Kirche ihre religiösen Ziele verfolgten.

Dieses Konventikelwesen, das verhältnismäßig spät Erwähnung findet und erstmals auf dem Konzil von Tours (1163) verboten wurde, ist viel zu wenig beachtet worden.[5]) Niemand vermutete in ihm Kraftquellen des Geistes, denen nicht nur die esoterische Tradition erfloß, sondern urchristlicher Geist, der, wie es Christus seinen Jüngern verheißen hatte, zu allen Zeiten die innere Seelenwelt der Bruderschaft erleuchten wird, wenn sie sich ihm öffnet.

Von diesen Konventikeln gewinnen wir mit Hilfe der Geisteswissenschaft einen Eindruck, der die Ketzerei in einem neuen Licht erscheinen läßt.

Als Rudolf Steiner seine Bemerkungen zu diesem Thema machte,[6]) hatte er die spätere Bewegung der Rosenkreuzer im Auge, die ebenfalls in Konventikeln ihren Anfang nahm. Deshalb können wir, ohne kleinen örtlichen und zeitlichen Verschiebungen zu großes Gewicht beizumessen, diese wesentlichen Hinweise unserer Betrachtung zugrunde legen.

[5]) H. Grundmann, Bewegungen S. 17, 53/54

[6]) R. Steiner, Die Weltgeschichte in anthroposophischer Beleuchtung ... S. 192, 197 (GA Nr. 233)

Mysterien im alten Sinne des Wortes, so führt Rudolf Steiner aus, gab es nicht mehr. Sie waren zu diesem Zeitpunkt auch nicht mehr möglich. Aber die Menschen „lechzten“ nach Erkenntnis und entwickelten in ihren Seelen alle möglichen inneren Methoden, Anstrengungen, um die Seele aufzurufen, einen „Weg“ zu finden. So sehen wir, wie sich Menschen aus einer Spontaneität heraus zusammenschließen, kleine Gemeinschaften bilden, und wir blicken in solche von einer Atmosphäre von Frömmigkeit durchwärmte Versammlungsstätten. Diese Konventikel finden wir in Städten und auf dem Lande, immer „in einer recht anspruchlosen Umgebung“, wir finden sie aber auch in „einfachen Wohnräumen eines schloßartigen Hauses“ und häufig auf Burgen, weitab vom Getriebe der Welt. Rudolf Steiner berichtet nun, daß diese Menschen durch gemeinsame Exerzitien, die halb denkerisch-meditativ, halb gebetsartig waren, „in Gemeinsamkeit eine Art mystischer Stimmung entwickelten, jene mystische Stimmung, die dann viel gepflegt worden ist von den sogenannten «Brüdern des gemeinsamen Lebens» (1374), gepflegt worden ist später von den Anhängern des Comenius (1512—1670) und vielen anderen Bruderschaften, die sich aber ganz besonders intensiv einmal in einem solchen kleineren Kreise ausgeprägt hat.“

Während diese Menschen beisammen waren und unter Hingabe des gewöhnlichen Bewußtseins und des ganzen Intellekts sich bemühten, eine intensiv-mystische Stimmung zu erzeugen, geschah es, daß ein Wesen zu ihnen trat, das früher schon einmal als Führer unter den Menschen gewirkt hatte, das jetzt „im ätherischen Leib in dieser kleinen Gemeinschaft erscheinen konnte.“ Es war aus der geistigen Welt zu diesen Menschen herniedergestiegen, die es angezogen hatten durch ihre fromm-mystische, meditativ-denkerische Stimmung. — Tatsächlich waren die „Konventikel“, die auf dem Boden der Armut und des Bruderschaftsgedankens entstanden, die Wiege vieler Gruppen und Sekten, deren Namen alsbald zu leuchtenden Flammen innerhalb der Ketzergeschichte geworden sind:

Katharer, Waldenser, Franziskaner, Humiliaten,
Lombarden, Patarener — —

Zu dieser Namensgebung muß bemerkt werden, daß wir es fast nur mit Fremdbezeichnungen zu tun haben, die den einzelnen Gruppen erst nach ihrer Verketzerung teils vom Volk, teils vom Klerus gegeben worden sind. Erst nachdem es offenkundig geworden war, daß ein großer Teil der Armen die *Katharsis* als religiöses Ziel anstrebte, und sich dabei auf das Johannesevangelium (15,3) stützte, wo es heißt: Die wahren Jünger Christi sind *katharoi,* da war es naheliegend, diese Gruppe als Katharer zu bezeichnen.

Bei den Namen „Waldenser" und „Franziskaner" war sogleich klar, daß es sich um Anhänger von Stifterpersönlichkeiten handelt, die mit einem ganz bestimmten Programm hervorgetreten sind. Die Humiliaten trugen ihren Namen erst, als sie sich ordensmäßig organisiert und eingekleidet hatten; und den Namen „Lombarden" (Lombardische Armen) und „Patarener" wiesen auf ein bestimmtes Heimatgebiet hin, auf die Lombardei und auf Mailand.

Sogar beim Ausbruch des Ketzerkrieges (1180) war noch kein Stillstand in der Namensgebung eingetreten, und der Name *Albigenser,* erstmals in der Überschrift einer Bulle von 1163 erwähnt (heretici albigensis), war ein Sammelbegriff, der sowohl Katharer als auch Waldenser umfaßte.

Das Ketzerproblem

Das Ketzerproblem, das in dieser Epoche eine so große Bedeutung erlangte, ist mehr als eine Meinungsverschiedenheit in religiösen Fragen, es ist im Grunde genommen ein geistiges Problem und als solches ein Erkenntnisproblem. Zum Problem wird das Erkennen dadurch, daß die Ergebnisse, die Anspruch auf Wahrheit erheben, nicht immer zur Übereinstimmung gebracht werden können. Ganz abgesehen von methodischen Fehlern und Irrtümern kann diese Divergenz die verschiedensten Ursachen haben. Da das Erkennen als Lebensäußerung selbst etwas Lebendiges ist, ist es auch einem geschichtlichen Wandel unterworfen. So ist der Reichtum an Weisheit in den alten Mysterien auf eine andere Art des Erkennens gewonnen worden, als die Weisheit Platos, und diese wieder auf eine andere Art, als im westlichen Mittelalter Erkenntnisse und Einsichten zustande kamen. Früher sind die Erkenntnisse in einer passiven Seelenhaltung, mehr unbewußt und anonym, als Offenbarung empfangen oder als urbildliche Ideen geschaut worden — später wurden sie im Denken bewußt und individuell als Begriffe erworben.

Früher sind die „Geisterlebnisse“ auf eine bildhafte Weise mitgeteilt worden, als Mythen und Sagen; später dagegen in Gleichnissen und Legenden oder in begrifflicher Form. Im Osten dauerte die ältere Erkenntnisart viel länger als im Westen, und im römischen Westen gelangte die spätere viel früher zur Entfaltung als im Osten. Was sich so im Großen zeitlich und räumlich überschneidet, separiert oder assimiliert, das wiederholt sich in den einzelnen Epochen, verträgt sich und stößt sich. Bald fließt die Erkenntnis aus Begabung und Veranlagung, bald ist sie erdacht und ersonnen. Bald ist ihr Wesen künstlerisch genial, bald wägend und ordnend. Und immer zeigt die Erkenntnis ein doppeltes Gesicht, das sich als eigentümliche Begriffspaarung in allen Metamorphosen wiederfindet.

Was also die mentalen Unterschiede von Ort zu Ort und von Epoche zu Epoche bedingt, das ist die jeweilige Bewußtseinslage; und die Geschichte des menschlichen Geistes spiegelt jene Skala wieder, die vom Verlust des alten Hellsehens durch alle Grade der Verdunkelung hinführt bis zur Ratio unserer Tage.

So stolz der moderne Mensch auf die Errungenschaften der rationalen Verstandeskräfte auch ist, so sehr stemmten sich in alten Zeiten die Menschen — wenn auch instinktiv — gegen diese Entwicklung. Doch der Sog der Ratio war zu mächtig, und so entstand um die Jahrtausendwende jenes eigenartige Gleichgewicht:

von „Resten“ an alter Spiritualität
und „Zugewinn“ an neuem Bewußtsein.

Das heißt, die Menschheit ist sich ihrer geistigen Situation bewußt geworden — wie in einem grellen Blitz hat sie ihre Talfahrt erkannt. Dieses Bewußtsein erzeugte die oft beschworene Untergangsstimmung, die die Geburt der Bewußtseinsseele immer begleitet; und diese Stimmung mag auch den Untergrund bilden für alles, was alsbald als Ketzerei in Erscheinung trat. Wie eine Versuchung schwebte der Wunsch über den suchenden Seelen, die alte Spiritualität in bewußter Weise zurückzugewinnen. Nach vereinzelten Offenbarungen und Geistbegegnungen formten sich aus Askese und Kontemplation

Schulungswege, die mit Erfolg beschritten wurden, so daß immer häufiger die Geistwirklichkeit erlebt und geschaut wurde. Allmählich verwandelten sich Angst und Ungewißheit in Hoffnung und Zuversicht, und an die Stelle der Untergangstimmung trat ein Enthusiasmus, der an frühe Pfingsterlebnisse erinnert.

Die wenigen Ketzer, die ins Rampenlicht der Weltgeschichte gerieten, können nur symptomatisch gewertet werden, denn hunderte und tausende ähnlicher Fälle blieben im Verborgenen. Die Zeit war reif, die Heiliggeistkirche pochte mit allen Konsequenzen an die Tür!

Ketzerische Manifestationen

Der Bauer Leuthard aus Vertus in der Champagne eröffnete um das Jahr 1000 den Reigen: Mitten in seiner Arbeit auf dem Felde wurde er von einem mächtigen Brausen überrascht und umschwirrt — er hielt es für einen Bienenschwarm — doch dann formierte sich das Gebilde zu einer Aureole, die sich bis ins Unendliche weitete, und Stimmen ermahnten ihn — — Erschrocken läßt er alles liegen und stehen und eilte nach Hause. Nicht nur seine Frau, die er verjagen wollte, war über sein Gesicht entsetzt, auch die Nachbarn waren bestürzt und erklärten ihn für verrückt. Als der Bauer schließlich Haus und Hof verschenkte und die Armut predigte, suchte die Frau bei der Geistlichkeit Hilfe. Am Ende wurde er, wie der Geschichtsschreiber Raoul le Glaber berichtet, von dem Bischof von Châlons verdammt und ausgestoßen. Er hätte sich, so wird weiter erzählt, selbst gerichtet und in einen Brunnen gestürzt.[7])

Noch in späteren Jahren (1048) stieß man in dieser Diözese auf Konventikel solcher Bauern, die vom parakletischen Geist impulsiert, sich Ehe, Fleischgenuß und jegliche Tötung — selbst die von Kücken — versagten.[8])

Während noch in Arras und auch im Süden des Landes mehrere rustici, ungebildete Leute, gestellt und als Ketzer entlarvt wurden,

[7]) H. Grundmann G9, M. Roquebert S. 34

[8]) Was später den Inquisitoren als Indiz für Ketzerei diente.

treten uns in Orléans (1022) gelehrte Chorherren und adelige Laien gegenüber, die sich zu einem Konventikel zusammengeschlossen hatten.

Ein Kleriker namens Heribert aus Rouen, der zum Studium in Orléans weilte, glaubte die „Burg der Weisheit“ erklommen zu haben. Seine unbedachte Schwärmerei gab den Anstoß zur Entdeckung der Ketzerei durch den Ritter Arefast, in dessen Diensten der Kleriker Heribert stand. Die Chronik von Orléans berichtet ergänzend von zwei Mönchen, die diesem Kreise angehörten, der eine, Etienne, war Oberster von dem Colleg St.-Pierre und der persönliche Beichtvater der Königin von Frankreich, Constanze, Gemahlin von Robert dem Frommen, der andere, Lisois gehörte zum Domkapitel von St.-Croix. Trotz der hohen Stellung verbreiteten sie ihre Ideen: Sie verwarfen die Dogmen der Trinität und die göttliche Inkarnation, sie glaubten weder an die Auferstehung, noch an die Sakramente. Auch veranstalteten sie nächtliche Zusammenkünfte, was ihnen einen schlechten Ruf einbrachte.[9])

Arifast begab sich persönlich nach Orléans, stellte den Mönchen eine Falle und forderte sie nach ihrer Entlarvung vor ein bischöfliches Tribunal, dem der König selbst vorstand. Etienne und Lisois bekannten ihre Ketzereien und wurden exkommuniziert. Als sie die Kathedrale verließen, zertrümmerte die Königin mit dem Knauf ihres Stockes das Auge ihres Beichtigers. Der König ließ einen Scheiterhaufen in der Nähe der Stadt aufrichten, die zwei Männer wurden ins Feuer geworfen und noch ein Dutzend aus ihrer Gefolgschaft dazu.[10]) Andere Berichte lassen erkennen, daß diese Menschen glaubten, einen Weg zum parakletischen Geiste und zur Heiligung gefunden zu haben: „Wir haben ein höheres, vom Heiligen Geist in den inneren Menschen geschriebenes Gesetz und glauben nichts, als was wir von Gott, dem Urheber aller Wesen, gelernt haben. Machet mit uns, was ihr wollt, schon sehen wir unseren im Himmel herrschenden König, der uns mit seiner Rechten zu unsterblichen Triumphen emporhebt.“

Vergeblich versuchte man die Ketzer zum Widerruf zu bewegen,

[9]) H. Grundmann, Bewegungen S. 477, 481

[10]) M. Roquebert S. 35

nur zwei, ein Geistlicher und eine Nonne krochen zu Kreuz, alle anderen, dreizehn an der Zahl, wurden in eine Holzhütte gesperrt und verbrannt. Dies geschah im Jahre 1022.[11])

Das klassische Modell eines Konventikels finden wir auf der Burg Monteforte bei Turin, wo um 1028 etwa 30 Adelige bei der Gräfin und Schloßherrin versammelt sind. Die adeligen Ketzer wollten ihren Besitz mit allen Menschen gemeinsam haben und verknüpften, wie es heißt, eine fromme Sittlichkeit mit einer pneumatischen Lehre. Sie folgen dem „inneren Licht", das ihnen ein wahres Verständnis des Christentums und der Evangelien erschließt und behaupten, einem großen Verband anzugehören und sprechen von der himmlischen „Tröstung" als von ihrem „Papst", der täglich ihre über die ganze Welt verstreuten Brüder besucht und ihnen von Gott zur Vergebung der Sünden geschickt wird; das sei der wahre Papst (der Paraklet), der freilich nicht wie der römische eine Tonsur trage.[12]) Die Burg Monteforte wurde mit Waffengewalt genommen, und alle an der Ketzerei Beteiligten wurden in Mailand öffentlich verbrannt.

Auch in Arras war es im Jahr 1025 zu einem Zusammenstoß mit Ketzern gekommen. Bischof Gérard von Arras forderte die angezeigten Personen auf, vor ihm zu erscheinen. Als diese versuchten, sich der Aufforderung zu entziehen, ließ er sie festnehmen und ins Gefängnis werfen. Nach drei Tagen wurden sie vor eine Synode geführt, die sich in *Arras* versammelt hatte. Vom Bischof befragt, bekannten sie ihren Glauben und verwahrten sich dagegen, von der Lehre Christi abgewichen zu sein. Als jeder mit Sorge auf sie blickte, sagten sie:

Das Gesetz und die Lehre, die wir von unserem Lehrer erhalten haben, widerspricht weder den evangelischen Grundsätzen, noch dem apostolischen Gesetz. Wir entziehen uns der äußeren Welt, unterdrücken die bösen Lüste und sichern unsere Existenz durch Handarbeit. Wir betrügen niemand und zeigen uns barmherzig gegenüber allen, die sich in der Liebe zu Ihm vereinigen wollen.

Doch dann fuhren sie fort:

[11]) J. Döllinger, Beiträge S. 65
bei L. Flathe 1017 (ob es sich um zwei verschiedene Vorfälle handelt?)

[12]) E. Broeck, Le Catharisme nach H. Grundmann, Bewegungen S. 478

Wenn man diese Gebote beachtet, dient die Taufe zu nichts. Wenn man sie verletzt, führt auch sie nicht zum Heil.

Der Lehrer, der sie zum Glauben geführt habe, hieße *Gandolphe;* er sei mit einer Anzahl Predigern aus Italien gekommen. Überraschenderweise zeigte der Bischof Geduld und belehrte die Ketzer über die Bedeutung der Taufe, und schließlich stimmten alle seiner Glaubenslehre zu, so daß es nicht zum Äußersten kam.

Diese in Arras und sonstwo vorgetragene Lehre war typisch für weite Gebiete in Frankreich. Es war primär die apostolische Lebensweise, die Ärgernis erregte und weniger die Lehre. Wie mancherorts das Volk zugunsten der Ketzer Partei ergriffen hatte, so wendete sich sehr rasch das Blatt, wenn die Ketzer als Helfer des Teufels dargestellt wurden, die mit List versuchten, die Menge für ihren Meister zu gewinnen. Nachdem in allen Teilen des Landes üble Ausschreitungen des Pöbels bekanntgeworden waren, reagierte das Konzil von Toulouse (1056) gemäßigter. Man exkommunizierte zwar weiter, aber ließ den Ketzern die Möglichkeit, in den Schoß der Kirche zurückzukehren. Nach diesem Konzil wurde es still im Lande, und es schien, als wäre die Ketzerei zurückgegangen. In Wirklichkeit war sie von einer anderen Ketzerei überlagert, die innerhalb der Kirche ans Licht kam und mit der Reform Gregors VII. in Zusammenhang stand. Kleriker selbst scharten sich zusammen und zogen gegen Simonisten und Nikolaiten zu Felde und wiegelten das Volk auf, die Teilnahme an Messe und Eucharistie zu verweigern. Im Jahre 1077 wurde bekannt, daß in einem Dorf bei Douai ein Priester namens *Ramihrdus* als Häresiarch auftrat und zahlreiche Jünger um sich gesammelt hatte. Der Bischof von Cambrai ließ ihn einer Versammlung von Äbten und Klerikern vorführen, aber der Verdächtige wurde durch das angestellte Verhör völlig entlastet. Der Bischof lud ihn hierauf ein, mit allen gemeinsam das Sakrament zu empfangen, um seine Worte zu bekräftigen. Ramihrdus jedoch verweigterte dies und sagte, daß er weder von Äbten und Priestern noch vom Bischof selbst das Sakrament empfangen könne, da sie alle der Habsucht und der Simonie verdächtigt wären.[13])

Die Verweigerung des Sakraments mußte deshalb als Ketzerei

[13]) Baldéric, Chronique d'Arras et de Cambrai M. Roquebert S. 42

erscheinen, weil schon seit geraumer Zeit von den Parfaits Occitaniens dieselben Argumente geltend gemacht wurden: daß nämlich der Wert der Sakramente an die Würde derjenigen gebunden wäre, die sie spenden. Diese einfache Formel machte Schule innerhalb und außerhalb der Kirche und führte in dem Maße zu einem Prestigeverlust der Kirche, als die Ketzerei im härenen Gewande der Armut an Achtung gewann.

Alle Anwesenden in der Versammlung zu Cambrai hielten Ramihrdus für schuldig. Er wurde abgeführt, in eine Holzhütte eingeschlossen und von den Leuten des Bischofs verbrannt. Seine Anhänger jedoch sammelten Asche und Knochen, verehrten diese Reliquien und fuhren fort, in seinem Sinne zu wirken. Die Chronik von Baldéric versichert, daß sie in seinem Namen ihr Brot als Weber (tiserand) verdienten. Auch dies entsprach den allgemeinen Grundsätzen der Ketzerei: man muß von seiner Hände Arbeit leben. Das Webermilieu kam dem Wesen der Ketzerei sehr entgegen, so daß die Bezeichnung Tiserand im Süden zum Ketzernamen wurde.

Als Gregor VII. vom Tod des Priesters Ramihrdus hörte, war er empört und drohte den Schuldigen mit dem Bann. Mehrmals sah er sich gezwungen, dem flämischen Klerus, der in der Unzucht verharrte, das Zelebrieren der Messe zu untersagen. Eine Gegenbewegung freilich versuchte, die völlige Unabhängigkeit des heiligen Sakramentes vom Wert des Priesters zu beweisen.

Da die Ketzer in dieser Zeit unversehens in den Status einer Reformpartei gerieten, konnten sie sich ungestört zu ansehnlichen Gemeinwesen entwickeln. Das typische Beispiel einer Reformpartei bot die *Pataria* in Mailand, die ihren Namen von dem Lumpenviertel dieser Stadt hat. In ihr hatte die „Armut“ in einer eigenartigen sozialen und apostolischen Mischung eine Heimstätte gefunden. Im Jahre 1057 trat sie plötzlich aus dem Untergrund hervor und rief zum Widerstand gegen allzumächtige Prälaten auf, die mit ihren Ämtern Handel trieben und auch der Unzucht frönten. Die Pataria boykottierte den Gottesdienst solcher Priester und rief zu Strafexpeditionen auf. Herlembald, ein angesehener Ritter wurde vom Papst Alexander II. als Führer der Pataria bestätigt und beauftragt, das Banner des heiligen Petrus gegen die Feinde voranzutragen.

Obwohl sich Herlembald im geheimen strengen Bußübungen unterzog und, in ein rauhes Gewand gekleidet, niederste Arbeiten im Dienste der Armut verrichtete, gab er der Pataria eine militante Ausrichtung und hatte mit ihrer Hilfe manche blutige Fehde ausgetragen.

Diese unglückliche Verkettung mit politischen Mächten läßt uns die wahre Mission der Pataria, die sie in der abendländischen Geschichte zu erfüllen hatte, fast vergessen. Indem die Patarener irrten und strauchelten, reiften sie einer Freiheit entgegen, die freilich zunächst auf politischem Terrain ihre Feuerprobe bestehen mußte. Die Vereinigung der Stände, von Adel und Bürgertum, von Ritterschaft und Zünften, die sich in ihr vollzogen hatte, war ein Prozeß, welcher der gesamten Bürgerschaft zugutekam. Ursprünglich eine *coniuratio* zwischen Adel und Volk, wurde durch die Dauer der Verschwörung die Konsularregierung vorbereitet: die gemeinsame Herrschaft des Adels und des Volkes in einer freien Kommune. Durch die Pataria erlebte die altrömische Demokratie in der Idee der Städtefreiheit eine Wiedergeburt, und durch sie wurde die Selbständigkeit der Kommune in blutigen Kämpfen errungen. Bald sprengte die Pataria den städtischen Rahmen und flutete als Freiheitsbewegung hinaus in das Land. Aus der Pataria wurde ein Patariabund, dem immer mehr Städte beitraten. Im Westen war es Toulouse, das um seine Freiheit kämpfte, im Osten war es Split, das trotz der Oberherrschaft kroatischer Fürsten seine Freiheit errang. Als letzte Stadt erlebte Rom im Jahre 1144 ihren sogenannten „Lombardischen Aufstand", der zur Errichtung einer römischen Republik führte. Durch das Eingreifen Friedrichs I. Barbarossa wurde sie jedoch im Jahre 1155 mit der Hinrichtung Arnolds von Brescia wieder vernichtet.

Das Interessante in dieser Zeit war ein neuer Ketzername, der den Patarenern wie an die Sohle geheftet schien. Es war der Name „Bonshommes" (Gutleute), der überall dort Bedeutung erlangte, wo die Patarener ein Amt in der Eidgenossenschaft übernommen hatten. Die Ausbildung des Rechts, die sowohl auf gotisches als auch auf langobardisches Rechtsgut zurückgeht, hatte besonders für die Strafgerichtsbarkeit einen Laien als Gegengewicht zu der juristischen Rechtsfindung gefordert, einen Schöffen also, der sein subjektives

Rechtsempfinden zur Geltung bringen sollte. Wer im Namen des Königs Recht sprach, alle Grafen und Herzöge und auch der König selbst, mußten einen Hüter des Rechts an ihrer Seite haben, eine würdige Persönlichkeit, von der größte Wahrhaftigkeit verlangt wurde. Auch den städtischen Behörden waren zuverlässige Leute zur Hand, die bei allen wichtigen Handlungen und Entscheidungen zugezogen wurden. Da diese Leute absolut unbestechlich sein mußten, wählte man sie gerne aus Kreisen der „Armen", die den Reichtum bewußt verachteten.

Die politische und religiöse Aktivität, die ursprünglich in der Pataria vermischt war, trat nun völlig getrennt in Erscheinung:

1. als „regium", das vom Ritterstand repräsentiert — und
2. als „sacerdotium", das von den Boni-Homines getragen und dargelebt wurde.

In dieser klaren Scheidung konnten sich Adel und Katharismus frei entfalten und nahmen eine Entwicklung, die besonders für den Süden Frankreichs von großer Bedeutung war. Dort zeitigte die Minnekultur bereits ihre erste Blüte.

Zu Beginn des 12. Jahrhunderts hatte die Ketzerei ihr wahres Gesicht noch nicht enthüllt; der seelisch-geistige Aufbruch jedoch, der zur Erscheinung drängte, warf seine Schatten voraus. Die Menschen waren seltsam erregt, und neugierig steckten sie die Köpfe zusammen, wenn von neuen Ketzereien und Exzessen der Lynchjustiz berichtet wurde. Die Gegenmächte fühlten sich herausgefordert und formierten sich, um die Manifestation des Katharismus zu verhindern. Ihre Raserei stellte alles in Frage, was sich auf neuen Wegen Eingang in das Bewußtsein verschaffen wollte. Vor allem das Konventikelwesen wurde als Brutstätte des Lasters, der Zauberei und Hexerei denunziert. Indem die Masse in perversen Vorstellungen schwelgte, beschwor sie selbst den Ungeist herauf, so daß am Ende diese klassische Zeit der Schande tatsächlich von Orgien, Ritualmorden und schwarzen Messen geprägt war.

In der Geschichte seines Lebens (de vita sua) berichtet Guibert de Nogent (1053—1124) auf Grund persönlicher Erfahrungen mit der bäuerlichen Bevölkerung von Bucy-le-Long (bei Soissons) etwa folgendes[14]): Zwei Bauern, die Brüder *Clément* und *Ebrard* fingen an zu predigen und begründeten eine kleine Sekte. Es waren die bekannten Themen, die sie verbreiteten: Verneinung der Sakramente („der Altar ist der Rachen der Hölle"), Verdammung der Ehe und der Zeugung, Verweigerung von tierischer Nahrung u. s. f. Trotz des Schutzes des Grafen von Soissons, der, wie er sagte, keinen weiseren Mann kannte als Clément, wurde dieser und sein Bruder in Haft genommen und eingekerkert. Der Bischof zögerte, den Urteilsspruch zu fällen und holte den Rat des Konzils ein, das in Beauvais tagte. Während seiner Abwesenheit stürzte sich das Volk, das die Milde der Kleriker befürchtete, auf das Gefängnis, bemächtigte sich der Ketzer und verbrannte sie vor der Stadt (1120). Dabei wurde den Ketzern allgemein bescheinigt, daß sie das moralischste Leben führten, das sich denken läßt, und auch Guibert de Nogent räumte ein, daß die Mitglieder der Sekte nur mit Leuten gleichen Geschlechts zusammenwohnten, ganz nach dem Vorbild der katholischen Mönche und Nonnen. Dagegen fänden die geheimen Zusammenkünfte, von Männern und Frauen gemeinsam besucht, in Kellern und unterirdischen Gewölben statt, und dort vereinige sich jeder mit der Nächstbesten, die ihm in die Hände fällt, und er fügte hinzu, den Orgien wären Hexerei, Ritualmorde und schwarze Messen gefolgt.

Die Kirche nützte die allgemeine Stimmung gegen die Ketzerei, schien es doch, als würden sich die beiden Strömungen selbst paralysieren. Aber dem war nicht so. Im Jahre 1135 tauchten in Lüttich andere Sonderlinge auf, die sich als Katholiken bekannten und gewisse Reformziele verfolgten. Auch sie verdammten die Ehe und begehrten, alle Frauen innerhalb einer Kommune gemeinsam zu besitzen. So endete das Eheproblem, das in dieser Zeit stark diskutiert wurde, in der „sexuellen Anarchie".

Einen ganz anderen Charakter hatte die nachfolgende zweite häretische Welle, die vom Norden des Landes ausging. Sie ist getragen von markanten Führerpersönlichkeiten (meneurs), seltsamen Phantasten, wie *Eon de l'Etoile* (1145—1148 in der Bretagne), ein Bandenführer, ebenso zweifelhaft wie sein berühmter Vorgänger *Tanchelm*

[14]) M. Roquebert II. S. 43

oder Tancelin (1112—1115 in Antwerpen und Seeland), der Ketzerfürst mit großem Anhang, wohlbekannt in Löwen, Antwerpen, Brügge, Trier und Utrecht. Einzelheiten über diese Persönlichkeit und ihr Treiben finden wir in einem Brief, den die Domherren von Utrecht an Frédéric, den Erzbischof von Köln gerichtet hatten. Es heißt dort unter anderem: Tanchelm goß zuerst das trügerische Gift seines Glaubens über jene Bevölkerungsschicht der Küstenregionen aus, die als verstoßen und enterbt galt. Dann begann er, seine Irrtümer unter den Frauen auszustreuen und ihre Gunst auszunützen, indem er sich insgeheim mit ihnen traf und das Lager mit ihnen teilte. Dann nahm er die Gekuppelten selbst in die Schlinge seiner Schlechtigkeit und predigte von nun an nicht nur während der Nacht in den Kammern, sondern wendete sich von der Höhe der Dächer auf offenem Feld an die Menge, die von weither kam. Wie ein König, der sich mit einer feierlichen Rede an sein Volk wendet, so hatte er die Gewohnheit, sich am Ort seiner Predigt mit einer Leibwache zu umgeben, die — wie auf königlichen Emblemen — Fahnen und Degen kreuzte. Das Volk hörte ihm fasziniert zu, ihm, dem Engel des Herrn. Aber es war vielmehr der Engel des Teufels, der sprach und behauptete, daß die Kirche Gottes eine Wolfsgrube (lupano) sei, daß das Opfer des Priesters in der Messe zu nichts diene, daß das alles gemeines Zeug wäre und kein Sakrament.

Dieser freiheitliche Demagoge hatte ein merkwürdiges Mittel gefunden — immer nach dem Schreiben der Domherren von Utrecht — um sich zu bereichern und die leichtgläubige Menge auszunützen. Eines Tages ließ er sich aus der Mitte seiner Anhängerschaft eine Statue der Heiligen Jungfrau bringen. Er nahm sie in die Hand und erklärte, daß er von nun an ihr Verlobter wäre:

„Vorwärts meine Freunde, die Jungfrau Maria hat sich mit mir verlobt. Bringt euere Brautgeschenke und das Geld für die Hochzeit!“ Zwei bereitgestellte Koffer, einen für die Männer und einen für die Frauen, füllten sich im Nu. Die einfältige Menge überstürzte sich beim Herbeischaffen von großen und kleinen Geschenken, und die Frauen warfen ihre Colliers und Ohrringe in den Kasten. Diese außergewöhnliche Gotteslästerung brachte Tanchelm ein enormes Geld. Kein Wunder, daß er in goldgestickten Kleidern einherging und auf sein Äußeres größten Wert legte. Nie zeigte er sich ohne Gefolge und wenn er reiste, begleitete ihn stets ein stattliches Aufgebot bewaffneter Leute: „und es gibt weder Herzog, Prinz noch Bischof, der gewagt hätte, sich ihm zu widersetzen, oder sich ihm zu nähern, ohne Mitglied der Sekte zu sein." Um das Bild zu vollenden, bleibt zu sagen, daß er sich mit Gott identifizierte: „Christus ist Gott, weil er den Heiligen Geist besitzt. Ich besitze ihn ebenfalls, also bin ich nicht von Gott zu unterscheiden." — Tanchelm hatte viele Schüler. Die bekanntesten waren *Manassès,* ein Schmied, und *Evermacher,* ein abtrünniger Priester. Nach einem angeblichen Kirchenraub wurden die drei verhaftet und nach Köln gebracht. Tanchelm gelang es zu entweichen. Er wirkte noch einige Zeit in Löwen und Brügge, bis ihm eines Tages im Jahr 1115 auf einem Schiff, das die flämische Küste entlangfuhr, ein Priester, getrieben von der Frömmigkeit und dem Eifer des katholischen Glaubens, den Schädel spaltete.

Die Chronisten sagen, daß ihn der Tanchelinismus überlebte und sich nicht nur in Belgien ausbreitete, sondern auch in Böhmen, Elsaß und in den benachbarten Ländern. Sie sagen ferner, daß Kaiser Lothar im Jahre 1135 den Scheiterhaufen entzündete und 1164 die letzten Schüler Tanchelms in Trier und Utrecht verbrannt wurden.

Angewidert von so viel Blasphemie muß man fragen, ob bei diesen Berichten nicht ein Widersacher am Werk war, der mit einer großen Verdrehungskunst das Bild entstellte, um aus reinen Erleuchteten fahrende Leute, Gaukler und Jongleure zu machen!

Nicht weniger faszinierend — aber mit einem großen Wissen begabt — traten *Pierre de Bruis* und *Henri de Lausanne* in Erscheinung. Im Jahre 1120 begann Pierre de Bruis, ein ehemaliger Priester aus der Dauphiné, gegen die römische Kirche das Wort zu ergreifen. Er verwarf die Taufe der Kinder, leugnete die Eucharistie und den Wert der Totengebete. Er wetterte gegen die Verehrung des Kreuzes und gegen den kunstvollen Kirchenbau aus Stein. Gott habe keine besonderen Bauwerke nötig. — So drang er mutig in jene übersinnlichen Bereiche vor, wo die reine und makellose Kirche ihr Wesen hat.

Von den Bischöfen aus den Alpen verjagt, ging er ins Rhônetal, wo er sich mit Henri de Lausanne, einem abtrünnigen Mönch, vereinigte. Als er jedoch predigend durch den Süden wanderte, wurde er bei Narbonne gefangen genommen und in Saint-Gille verbrannt (1140).

Auch Henri de Lausanne war eine große Ketzerpersönlichkeit. Wegen der umstürzlerischen Tendenz seiner Predigten wurde er aus Lausanne verjagt und kam im Jahre 1116 nach Le Mans. Er verstand es, den Bischof Hildebert zu täuschen, der ihm erlaubte, während seiner Romreise von seiner Kanzel herab zu predigen. Als der Bischof zurückkehrte fand er Stadt und Land in Aufruhr und hatte Mühe, die Ordnung wieder herzustellen. Henri floh in die Provence, wurde von dem Erzbischof von Arles gejagt und verfolgt und erschien im Jahre 1135 vor dem Konzil zu Pisa, bereit seine Ketzerei zu widerrufen. In der Hoffnung, Henri würde zu seinem Mönchsgelübde zurückkehren, bot ihm der anwesende Abt, Bernhard von Clairvaux, eine Zelle in seinem Kloster zur Zuflucht an. Aber vergeblich, Henri flüchtete und nahm wie gewohnt seine Predigt wieder auf. Unaufhörlich verfolgt, kam er schließlich in ein Land, wo es ihm die Verhältnisse erlaubten, seine Lehre offen auszubreiten und in großer Ruhe seine Adepten um sich zu sammeln: das war in Toulouse.

Im Jahre 1144 zeigte sich die Ketzerei in Lüttich in neuer Gestalt, nämlich als eine fertige Organisation, was bisher ganz unbekannt war und höchstes Staunen und Entrüstung hervorrief. Sogleich wandte sich der Klerus von Lüttich mit einem ausführlichen Bericht an Papst Lucius II. und überstellte ihm auch einen der inhaftierten Ketzer, damit der Souverain-Pontive sich selbst ein Urteil bilden konnte.

Was wollte diese Sekte, die in dem Dorf *Montwimer* (heute Mont-Aimé) in der Champagne ihren Ursprung nahm und wie eine Windsbraut über das Land fegte?

Dem Klerus erschien die Ketzerei so vielfältig und so verschieden von allem Gewohnten, daß es ihm unmöglich war, sie mit einem einzigen Namen zu bezeichnen. Was die Kleriker völlig verwirrte, das war die Organisation der Sekte, die Elemente aufwies, die bisher noch nirgends aufgetreten waren. Diese Kirche (um diesen Begriff handelt es sich), war hierarchisch gegliedert, sie hatte ihre Auditoren (Hörer), die in die Irrtümer eingeweiht werden, sie hatte Gläubige, die schon im Irrtum sind, sie hatte Priester und Prälaten, eine Gliederung, wie die katholische Kirche auch.

Der Brief an Lucius II. findet durch ähnliche Vorkommnisse, die sich in Köln ereignet haben, seine Bestätigung. Evervin, Vogt von Steinfeld, schrieb darüber zur gleichen Zeit an St. Bernhard und bat ihn um Rat[15]).

Mehrere Ketzer, die dem Bischof vorgeführt wurden, schwörten ab und beteuerten, daß sich die Sekte in Gläubige und Erwählte (croyants und élus) teile und daß sie ihre eigenen Missionare im Range von Aposteln hätte, denen auch Frauen zugehörten. Sie selbst seien nur Gläubige. Von zwei anderen, die in ihrem Glauben verharrten, bezeichnete sich einer als Bischof. Die Ketzer erklärten, daß ihre Sekte bis in den Ursprung der Kirche zurückreiche und lange im Orient versteckt lebte, daß sie — über die ganze Erde zerstreut — eine große Zahl glaubenstreuer Glieder hätte, an deren Spitze ein Papst (Deckname für Paraklet) regiere.

Es ist evident: die geschilderten Strukturmerkmale legen einen Vergleich mit der katharischen Kirche nahe, und das Novum, das Auftauchen von Electi (richtiger Parfaits) weist bereits auf eine durch Initiation erworbene Katharsis hin.

Nichts regte Bernhard von Clairvaux mehr auf, als Sekten, die keinen Namen haben. Er fand sie geradezu unheimlich, weist doch ein solches Gebilde auf eine einheitliche Inspiration hin, die zu durchschauen auch Bernhard nicht leicht fiel.

[15]) M. Roquebert II. S. 50

Katharismus

Toulouse

Toulouse, einst Kapitale des Westgotenreiches (413—507), dann Residenz der Herzöge von Aquitanien und seit 852 gräflicher Sitz der raimundischen Dynastie, war eine bedeutende Stadt, die sich früh dem Ost-West-Handel geöffnet hat und an Macht und Glanz Paris überragte. Seit dem Anfang des 11. Jahrhunderts ist sie — wie auch Narbonne, Beziers und Carcassonne — eine Stadtrepublik, mit einer ähnlichen Geschichte wie Mailand und Split.

Heute fällt es schwer, die alte Stadtgrenze aufzusuchen, innerhalb welcher der Katharismus sich entfaltet hat, und jenes heitere Toulouse zu finden, bevor die Schlacht von Muret sein Schicksal besiegelte und es in Feindeshand fiel. Ebenso schwierig ist es, die geistigen Anfänge des Katharismus aufzuzeigen, die Einflüsse, Eingebungen und Impulse, die so plötzlich wirksam wurden in dieser Atmosphäre und auf eine fast revolutionäre Weise ans Licht kamen. Hier wird sogleich deutlich, daß der Katharismus nur im Bereiche einer großen Toleranz seine Wurzeln schlagen konnte. Eine solche Toleranz war dem ganzen Süden eigen. Sie entsprang dem Freiheitsdrang seiner Bürger, die stark individualistisch geprägt waren. Hier, wo schon früh die fröhliche Wissenschaft blühte, die gay saber[16]), war auch der Boden für den Minnesang bereitet, der als eine äußerst wirksame Kulturströmung großen Einfluß gewann. Neben den allgemeinen Wissenschaften fanden religiöse, philosophische und kabbalistische Anschauungen größtes Interesse. In den öffentlichen Lehrsälen der Stadt drängten Juden, Araber, Mozaraber und Provenzalen zu leidenschaftlichen Diskussionen. Ein großes Bildungsbedürfnis erfaßte die Massen, und

[16]) Die Entschlüsselung der Zauberworte gay saber ist Laurence Talbot gelungen (Cahiers d'Etudes Cathares 1971/51/14). Danach bedeutet gay = géa die fruchtbare, geheimnisvolle Erde, die Quelle der echten Freude, deren inneres Wesen die Liebe ist . . . In dem Wort saber ist die Wurzel sab das Äquivalent zu sap oder sav, lat. sapa = der Saft, das Mark, das Harz, und im Sanskrit bezeichnet sapa den Lebensbaum, der im Abendland lange Zeit durch eine Tanne oder Eibe dargestellt wurde . . .

christliche, arabische und jüdische Apokryphen gingen von Hand zu Hand. Die Abhängigkeit von morgenländischen Akademien war gelockert, und Gnostizismus und Mystizismus trieben trotz vereinzelter Warnungen Roms eigenwillige Blüten. Die Begeisterung, die den inneren Aufbruch begleitete, legte sich allmählich, und es bildeten sich eine große Zahl kleinerer Gruppen, die sich in ihre *cenaculi* zurückzogen, um sich in die verschiedensten Übungen zu vertiefen. Ein solches *cenaculum* war auch der Geburtsort des Katharismus. Es brauchte seine Zeit — und viele Bächlein strömten zusammen — bis der neue Glaube die nötige Resonanz im Volke gefunden hatte. Aber mit dem Wachstum der Gemeinde ging auch ihre Gefährdung Hand in Hand. Als eine wunderbare Fügung mußte es erscheinen, daß in den gleichen Jahrzehnten der Reifung die Ritterschaft sich den Katharern in Freundschaft zuneigte und sie in ihren Schutz nahm.

Diese Geste wurde allgemein mißverstanden, und viele hielten es für einen sträflichen Leichtsinn, sich mit den Ketzern zu verbinden, anstatt sie zu vernichten. Nur wenige hatten die inner Notwendigkeit dieser Allianz erfaßt: die sinnvolle Ergänzung von Regnum und Sacerdotium. *Wenn auch die Katharer als extreme Puristen in ihrer Schlichtheit und Einfachheit nichts mit der höfischen Kultur zu tun hatten, so wurde dennoch der eingeschlagene Tugendweg zum höchsten Seelenadel, den die höfische Minne erstrebte, dadurch tangiert, daß er in der letzten Konsequenz in die Katharsis überging.*

Der Weg der Minne setzt das „Ich“ als eine Frucht der Selbsterkenntnis voraus und das Wissen, daß das Ich Tugendkeime in sich trägt, die zur Entfaltung kommen müssen, wenn der Mensch das Ziel erreichen soll. Der Katharismus dagegen ist ein Teil der Armutsbewegung, das sollte nicht vergessen werden. Sein Weg führt in den eigenen Existenzbereich hinein, der so weit aufgelichtet eine Wesensschau ermöglicht.

Halten wir fest: Katharismus und Minnedienst sind zwei getrennte Wege, Stufenwege der Einweihung, die in der Vollendung zusammentreffen. *Nicht vom Ausgang her, sondern vom Ziele her ist das gegenseitige Interesse verständlich und gerechtfertigt.*

Auch die Kurie beurteilte diese Allianz nur negativ und erklärte bald das gemeinsame Auftreten von Adel und Katharer als einen boshaften Akt gegen den christlichen Charakter des Abendlandes. An ihrer Entschlossenheit, dies zu verhindern und ihre ganze Macht zum Einsatz zu bringen, ließ sie keinen Zweifel aufkommen.

Hier erhebt sich die Frage, war sich die Ritterschaft der Schwere dieses Kampfes bewußt, fühlte sie sich stark genug, um gegen diese Macht anzutreten?

Aber diese Frage gab es für die occitanische Ritterschaft nicht. Sie fühlten sich innerhalb des großen mittelalterlichen Feudalsystems so sicher und konnten es sich nicht vorstellen, daß dieser Verband von Vasallen und Lehensherren, die ihrerseits wieder an eine königliche Gewalt gebunden waren, in zwei feindliche Lager auseinderbrechen könnte. Und eben diesen Bruch herbeizuführen, wird das strategische Ziel der Kirche sein.

Zunächst waren die Verhältnisse, die Zeit und das Klima im Toulouser Land günstig für das Wachstum des Katharismus, und so sprengte die Gemeinde auch bald den städtischen Rahmen und flutete hinaus in das Land, vereinigte sich mit verwandten Bewegungen, die ihr Initiationswissen der gleichen geistigen Quelle verdankten. Und immer häufiger wurde das wohlgehütete Arkanum durchbrochen, und ernste Bewährungsproben erwarteten die bisher namenlose Gemeinde.

Als im Jahre 1022 in Toulouse ein Scheiterhaufen errichtet wurde, war, wie Adhémar de Chabannes berichtet, noch nicht festzustellen, warum die Ketzer überhaupt verurteilt worden sind. Doch dann erklärte der gleiche Chronist, daß der Herzog von Aquitanien, Guillaume V., über die Ketzerei in seinem Land beunruhigt, die Bischöfe seines Herzogtums in Charroux versammelt hätte, um über Maßnahmen gegen Ketzer und Irrlehrer zu beraten. Nachdem aber die getroffenen Maßnahmen keinen Erfolg zeitigten und aus anderen Teilen Galliens immer neue Entdeckungen gemeldet wurden, sollten diese Probleme auf einem Konzil, das sich 1049 in Reims versammelt hatte, erneut zur Sprache kommen. Auf diesem Konzil wurde erstmals erwogen und beschlossen, nicht nur die Ketzer zu bestrafen, sondern auch die Gönner und Dienstherren und alle, die ihnen Schutz und Unterkunft gewährten. Wer von einem bischöflichen Tribunal der Begünstigung der Ketzerei überführt würde, sollte wie ein Ketzer exkommuniziert und verbrannt werden. Diese Maßnahmen waren eindeutig an die Adresse des Adels gerichtet, der nun seinerseits den Widerstand aktivierte. Das Konzil von Toulouse im Jahre 1056 versuchte einzulenken und mildere Töne anzuschlagen. Im Canon 13 wird erklärt: Wir exkommunizieren . . . gleichgültig welcher Art der Verkehr oder die Berührung mit den Ketzern und Exkommunizierten war, zumindest, wenn es nicht in der Absicht geschah, sie durch die Mittel des Verweises und der Belehrung zum katholischen Glauben zurückzuführen.

Nun tritt merkwürdigerweise in der Ketzerbekämpfung eine große Pause ein, die erst im Jahre 1119 durch ein weiteres Toulouser Konzil unterbrochen wurde, das den Schluß zuläßt, daß in dieser Ruhepause die Ketzerei nicht nur völlig verschont blieb, sondern sich auch konsolidierte, wobei sie die Konfrontation mit der katholischen Kirche zu vermeiden wußte, indem sie ihrer großen Hörerschaft Dispensation erteilte, d. h. ihr erlaubte, in dem Schoß der Kirche zu verbleiben. Um so klarer scheint sich andererseits das Leben der Perfekti und der Gläubigen gegen die Umwelt abgegrenzt zu haben. Die religiösen Übungen vollzogen sich in strengster Abgeschlossenheit. Wohl vorbereitet wirkten sie dann als Prediger, Seelsorger und Erzieher innerhalb der Gemeinde und standen als Naturheilkundige und als bonshommes in bestem Ruf; sie fungierten als Schöffen beim Gericht, man fand sie sogar als Konsul im Kapitol der Stadt.

Der einfache Gläubige verdiente sich seinen Unterhalt als Handwerker, meistens als Weber, was auch in Toulouse zur Tradition geworden war; ein Handwerk, das blühte und überall in Werkstätten und auch in der Hausgemeinschaft ausgeübt werden konnte.

Das neue Toulouser Konzil, das unter dem Vorsitz von Papst Calixtus II. tagte, knüpfte an das Konzil vom Jahre 1056 an, doch wurde jetzt nicht mehr die Frage einer möglichen Besserung der Ketzer ins Auge gefaßt, sondern die sofortige Übergabe an die weltliche Macht gefordert. Weiter bestimmte der Canon 3 folgendes: Diejenigen, die unter dem Deckmantel der Religion das Sakrament des Leibes und Blutes des Herrn, die Taufe der Kinder, das Priesteramt und die anderen kirchlichen Weihen, den rechtsmäßigen Ehebund mißbilligen, verstoßen wir wie Ketzer aus der Kirche, wir verdammen sie und verlangen von dem weltlichen Arm, strengstens gegen sie zu verfahren. Wir schließen ihre Beschützer in die Verdammung mit ein.[17])

Dieser Spruch läßt vermuten, daß hier eine große Bewegung mit antisacerdotalen und antisacramentalen Tendenzen gemeint ist und nicht ohne weiteres auf die Katharer bezogen werden kann, die sich an innerkirchlichen Lehrstreitigkeiten nicht sehr interessiert zeigten. Es liegt nahe, daß hier das Wiederaufleben des Abendmahlstreites zu dieser Ketzerei führte, die aus ihrer Geringschätzung der Sakramente keinen Hehl machte und als *Berengarismus* bezeichnet wurde.

St. Bernhard von Clairvaux

Als im Jahre 1145 ein päpstlicher Legat, unterstützt von St. Bernhard, die verseuchten Gebiete bereiste, blühte in Toulouse die große Sekte der „Tisserands", die von dem Grafen Alphonse-Jourdain (1105—1148) unterstützt, ja sogar gefördert wurde.[18]) Um diese Zeit bringt Goeffroy d'Auxerre, ein Freund von St. Bernhard, in seinem Brief an die Mönche von Clairvaux (1145) einen neuen Ketzernamen ins Spiel, er nannte sie *Arriens*, ohne eine Erklärung dafür abzugeben. Eine Zeitlang blieb dies die Bezeichnung für die Katharer, und es scheint, als wären alte Ressentiments aus der Gotenzeit aufgebrochen; hatte doch das Frankenreich den Goten nie verziehen, daß sie ein Christentum vertraten, das mit der späteren römischen Lehre nicht übereinstimmte und auf dem Konzil von Nicaea 325 von Arius verteidigt wurde. Vielleicht sind es auch viel näherliegende Gründe, die zu dieser Bezeichnung führten. Guillaume de Puylaurens erinnert sich, daß der Kanoniker von Toulouse „Bernard Raymond", eine zwielichtige Persönlichkeit, den Spottnamen „l'Arrien" bekam, weil sich dieser ehemalige Chef der Katharer nach dem Fall von Lavaur (1181) als treuer Katholik entpuppt hatte.

Der Aufschwung der „Arriens" war seit der Mitte des 12. Jahr-

[17]) P. Fredericq I, no 23, Roquebert II. S. 49

[18]) M. Roquebert S. 57

hunderts sehr beachtlich. In seinem Brief jedoch — an die Mönche von Clairvaux vom Jahre 1145 — sagt Geoffroy von Auxerre,[19]) daß die in Toulouse nachgewiesenen Ketzer weniger zahlreich wären, daß diese wenigen aber im Schoße der Familien von Hochgestellten ganz eingeschlossen sind. Es ist also offensichtlich, daß Geoffroy nur von den *„parfaits“* redet und nicht von der Masse der *„croyants“*. Um zu zeigen, wie tief die Ketzerei das Bürgertum erfaßt hat, weist er auf einen der reichsten Bürger der Stadt hin, der, begeistert für die verdammte Lehre, zusammen mit seiner Frau Haus und Kinder verließ und in eine Stadt ging, die so sehr mit Ketzerei angefüllt war, aus der sie, wie es heißt, kein Gebet der Angehörigen würde je wieder herausholen können. Der Fortgang dieser Studien wird zeigen, daß es zahlreiche Orte gab, die als typische Katharernester in die Geschichte eingegangen sind, wie z. B. Verfeil, aber auch feste Plätze, wie Castelnaudary, das seinen Namen — nach einer lateinischen Urkunde — den Arriens verdankt: „castrum novum Arrii“. —

Nach einigen stillen Jahren und angesichts des völligen Mangels einer Reaktion entschloß sich der päpstliche Legat *Henri Albéric*, selbst zu intervenieren. Als er im Frühling 1145 in Bordeaux weilte, besprach er sich mit St. Bernhard und den Bischöfen von Chartres und Agen. Es wurde beschlossen, in der ganzen südlichen Region eine Mission zu organisieren. Bevor St. Bernhard nach Toulouse aufbrach, richtete er an Alphonse-Jourdain ein persönliches Schreiben mit folgendem Inhalt:

Wieviel Schlechtigkeiten — die zu unseren Ohren gekommen sind und uns zur Kenntnis — hat der Ketzer Henri verursacht und verursacht sie noch täglich gegen die Kirche Gottes.[20]) Das ist ein gefräßiger Wolf, der in euerem Land unter den Schafen wütet; aber nach der Ankündigung des Herrn werden wir ihn an den Früchten erkennen. Die Basiliken sind der Gläubigen beraubt, die Gläubigen der Priester und die Priester der Verehrung, die man ihnen schuldet: mit einem Wort, die Christen sind ohne Christ: Die Kirchen sind zu Synagogen geworden und die Heiligkeit des Allerheiligsten wird

[19]) Voix et Image de Toulouse, Roquebert S. 57

[20]) Henri de Lausanne war in Toulouse untergetaucht

geleugnet. Die Sakramente sind verunglimpft, die Feste werden nicht mehr begangen — — —

Deshalb habe ich mich, trotz meiner vielfältigen Gebrechen auf den Weg gemacht, in diese Region zu kommen, die ausgesucht wurde unter allen, um von diesem außergewöhnlichen Monstrum zerstört zu werden, und wo sich niemand findet, ihm Widerstand zu leisten und dieses Land zu retten. Aus ganz Frankreich verjagt — wegen seiner Schlechtigkeit — hat es nur diese Region gefunden, die ihm offenstand, und hier hat es in aller Stille unter deiner Herrschaft seine Wut gegen die Herde Christi entfesselt. Urteile selbst, erlauchter Fürst, ob das mit deiner Ehre übereinstimmt.[21])

Mitte Juni kam St. Bernhard und seine Freunde in Toulouse an und erhielt — nach dem Bericht von Geoffroy de Auxerre — zunächst einen recht frostigen Empfang. Dank der Predigt — und auch der Wunder, wie Geoffroy versichert — gewann er nach und nach die Sympathie der Menge. Der Augenblick kam, wo er Henri de Lausanne und die notorischen „Arriens" auffordern konnte, vor ihm zu erscheinen und sich öffentlich zu rechtfertigen. Als dies nicht geschah, versprachen die Toulouser Bürger, jede Verbindung mit den Ketzern abzubrechen. Hierauf leisteten auch die Ritter den Eid, die Ketzer zu verjagen. Die hohe Geistlichkeit fällte zu guter Letzt gegen die Urheber der Ketzerei und ihre Beschützer einen Spruch, der grundsätzlich jeglichen Verkehr mit Ketzern untersagte, sei es bei Zeugenvernehmungen und bei gerichtlichen Entscheidungen, sei es im Privatbereich, beim gemeinsamen Mahl oder bei einer geschäftlichen Angelegenheit. Dieser Spruch der Geistlichkeit ist insofern aufschlußreich, als das darin ausgesprochene Verbot nur die *bonshommes* betreffen kann, ein Beweis dafür, daß sie tatsächlich als Schöffen und Verteidiger den Gerichtsverfahren beiwohnten.

Von Toulouse aus begab sich die Mission nach Albi, wo auch der päpstliche Legat Henri-Alberic eingetroffen war. Dieser war sehr schlecht empfangen worden: die Leute kamen ihm auf Esel reitend entgegen und schlugen das Tambourin . . . Bei der heiligen Messe, die er zelebrierte, blickte er zur Not auf 30 Getreue. Als zwei Tage

[21]) Voix et Images de Toulouse, Roquebert S. 59

später St. Bernhard eintraf, schlug die Stimmung um. Am Festtag des hl. Petrus war die Kirche nicht groß genug, um alle aufzunehmen, die seine Predigt hören wollten. Er behandelte die ketzerischen Thesen, widerlegte sie Punkt für Punkt und erhielt die Zustimmung des Volkes, die — wie Geoffroy versicherte — von Begeisterungsausbrüchen begleitet war.

Unglücklicherweise folgte dem Erfolg von Albi eine empfindliche Niederlage in *Verfeil,* dem berüchtigten Ketzernest. Eine Niederlage, die dem Chronisten Guillaume de Puylaurens noch nach hundert Jahren als krassestes Beispiel der Untreue diente. Er zögerte nicht, einen ausführlichen Bericht von diesem Ereignis in seine Chronik aufzunehmen:

St. Bernhard begab sich in die Kirche, um eine Predigt anzukündigen. Er knüpfte sich zuerst die Herren der Stadt vor und ihre Ritter, die den Ketzern Schutz gewährten und die Entfaltung der ketzerischen Ideen ermöglichten. Als sich die Herren so ins Visier genommen sahen, verließen sie den heiligen Ort, und das Volk drängte ihnen nach. Auch St. Bernhard folgte ihren Schritten und setzte auf dem öffentlichen Platz seine Predigt fort. Aber die Bürger besetzten die Häuser ringsum und machten mit Läden und Türen einen solchen Krach, daß man kein Wort verstehen konnte. Alsdann schüttelte der heilige Mann den Staub von seinen Füßen, um zu bezeugen, daß sie Staub wären und wieder zu Staub würden. Langsam ging er weg, wendete sich noch einmal um zu dem Ort, verfluchte ihn und sagte: Verfeil, daß dich Gott austrockne . . .

„viride folium, verte feuille, sei weiterhin Verfeil"! . . . so blieb von der Mission Bernhards nur ein Wortspiel übrig.[22])

Ende August war Bernhard nach Clairvaux zurückgekehrt. In einem Brief an die Toulousaner gab er der Hoffnung Ausdruck, daß seine Reise doch einige positive Spuren im Languedoc hinterlassen habe, dank der Wahrheit, die sich durch ihn offenbarte — und nicht nur in Worten, sondern auch in wunderbaren Wirkungen — so sind die Wölfe aufgescheucht worden, die zu euch in Schafskleidern kamen. Aufgeschreckt worden sind ferner die Füchse, die den kostbarsten

[22]) I. Döllinger, Beiträge S. 92

Weinberg des Herrn verwüsten: euere Stadt. Aufgeschreckt, aber nicht ergriffen! —

So also, meine Teueren, verfolgt sie, ergreift sie und zögert nicht, sie alle umkommen zu lassen . . . Empfangt keinen fremden und unbekannten Prediger in euerer Stadt, wenn er nicht vom Heiligen Stuhl gesandt wurde und ohne Erlaubnis eueres Bischofs zu euch kommt — — —[23])

Durch die Reise Bernhards ist deutlich geworden, wie stark das Land von Ketzerei durchsetzt war, mehr als die Städte, und welcher große Anteil der Landadel hatte, der nicht aufhörte, die aktive Stütze der Katharer zu sein, der die Prediger verpflegte und die Versammlungen ermöglichte; er war es, der Krankenhäuser baute und Gemeinschaftshäuser eröffnete. In der Tat, die „Parfaits" von Verfeil: ein Arnaud Arrufat, ein Guillaune Salamon, ein Arcurand Ros, ein Pons Jourda und jene, die 1207 mit St. Dominique diskutieren, werden für eine lange Ketzertradition sorgen, auf die der Abt von Clairvaux nicht den geringsten Einfluß hatte. Obwohl mit jedem Jahr die Bedrohung wuchs, können wir sagen, daß die Ketzerbewegung unaufhaltsam weiterschritt.

Nur „einen" hat Bernhards Fluch tödlich getroffen. Es war Henri de Lausanne. Er wurde noch im selben Jahr (1145) aufgegriffen und in das bischöfliche Gefängnis von Toulouse geworfen, wo seine 30jährige Wirksamkeit als Reformer und Aufklärer ein bitteres Ende fand. Wie Pierre de Bruis lebte auch Henri de Lausanne für die Idee einer reinen und makellosen Kirche, die nach seiner Auffassung von Kreuzen, von ornamentalem Beiwerk und allem Prunk, sogar von vielen geweihten Dingen befreit, ganz dem Heiligen Geiste zugeordnet werden sollte. Er verweigerte der römischen Hierarchie den Gehorsam und rühmte die Evangelien als die einzige Autorität. Durch ihn gewann die *„Vita apostolica"* erneut an Bedeutung und nicht ungern wurde er vom späteren Protestantismus in die vorreformatorische Tradition eingeordnet. Auch *Petrus Waldus* von Lyon senkte seine Wurzeln in den von Henricanern vorbereiteten Grund.

Auf dem Konzil zu Reims — im Jahre 1148 von Papst Eugen III.

[23]) Voix et image de Toulouse p. 55

und seinem Schüler und Schützling, St. Bernhard, einberufen — wurden die Erfahrungen, die mit den Ketzern gemacht wurden, noch einmal ausgewertet. Dabei wurde der Akzent sehr stark auf den Tatbestand der Komplizenschaft gelegt und der Begriff der *häretischen Hehlerei* ausgebildet, der alle Kontakte mit Ketzern praktischer, sozialer und familiärer Art umfaßte und geeignet war, die juristische Grundlage der Inquisition abzugeben. Es würde also in Zukunft nicht mehr nötig sein, nach Bekenntnissen, Empfindungen und Meinungen zu fragen, sondern nach exakten Kriterien, die auf Tatsachen gegründet sind.

Auf dem gleichen Konzil wurden auch die Strafen verschärft, die vom kleinen Bann (dem Verbot an den Sakramenten teilzunehmen) über den Verlust bürgerlicher Rechte bis zum Anathema (dem großen Bann-Fluch) reichten, mit Straffolgen, die durch den weltlichen Arm wirksam gemacht wurden.

Eine weitere Verschärfung der Strafen beschloß das zweite Konzil von Reims (1157), das in den „Tisserands" die gefährlichsten Propagandisten der Ketzerei sah, die ihre soziale Position geschickt ausnutzten, um den manichäischen Glauben unter die Leute zu bringen. Ehe sie gefaßt werden konnten, mußte man den ganzen Mißkredit über sie ausschütten, wobei man an Verleumdungen nicht sparte und vor allem immer wieder die angebliche Verdorbenheit der Sitten als Zugpferd benützte.

Der Erzbischof Samson redigierte persönlich die neue Strafprozeßordnung, die von Unmenschlichkeiten nur so strotzte. Hier ein Auszug:

Die „unreine" Sekte der „Manichäer" versucht religiös getarnt mit heimtückischen Mitteln die einfältigen Seelen in die Verdammnis zu stürzen. Sie macht es mit Hilfe der verkommenen Weber (tisserands), die unter falschem Namen reisen und sich der gefallenen Frauen bemächtigen. Neben anderen Gotteslästerungen und Entweihungen, durch die sie die Kirche schmähen und beschmutzen, verwerfen sie auch die von Gott eingerichtete und geheiligte Ehe und glauben, auf diese Weise rein und keusch zu werden. Aber das ist eine schamlose, trügerische Heuchelei: denn er mischt sich in die Intimität der Frau, sogar in die ihrer Eltern.

Weil wir mit Sorge über die Herde des Herrn wachen, damit sie nicht in den Abgrund gezogen werde, ergeht folgende Anordnung:

daß diejenigen ausgestoßen werden durch den Bischof, welche ihre Beziehungen zu den Frauen nicht beenden,

daß ihre Güter konfisziert werden, wenn sie verharren,

daß ihre Führer, die die andern verderben, nachdem sie geständig und überführt worden sind, lebenslänglich eingesperrt werden unter dem Vorbehalt, ihnen noch härtere Strafen aufzuerlegen . . .

daß alle Anhänger, die schon verdorben sind, mit dem glühenden Eisen im Gesicht und auf der Stirn gezeichnet würden, wenn sie nicht spontan bereuen . . .

daß jeder, der Ketzer entdecke, wo es auch sei, die Sache aus freien Stücken an sich reißen kann. Die Möglichkeit, Buße zu tun, wird dem Betroffenen zugestanden . . . Viele würden so abgeschreckt, ihrem Beispiel zu folgen . . .

daß jeder von dieser unreinen Sekte Beschmutzte seine Unschuld zu beweisen hat, indem er sich dem Gottesurteil des roten Eisens unterwirft . . .

daß er, sobald er als schuldig erkannt, im Gesicht und an der Stirn gebrannt wird, wie es oben beschrieben ist . . .

daß er als Katholik anerkannt werde, wenn er sich als schuldlos erweist.

Die Strenge dieses Dekrets überrascht; denn die Art der „Beweise", die die Prozedur verlangt:

aveu	temoignage	ordalie
Geständnis	Zeugnis	Gottesurteil

zeigt, daß für den Angeschuldigten, selbst für den unschuldig Angeklagten keinerlei Hoffnung auf Gnade besteht, wird doch schon die Verweigerung, sich der Feuer- und Wasserprobe zu unterziehen, als Geständnis seiner Schuld gewertet. In den Ordalien sind dekadente Atavismen beschworen, die aus früheren Bewußtseinszuständen stammten und in der Astralsphäre ihr Wesen hatten; in dieser Zeit jedoch jeglichen Sinn entbehrten. Obwohl das offizielle Rom das Ordalienwesen bekämpfte, wurde die in Reims entwickelte Prozedur lange Zeit angewendet und praktiziert. Die Anstrengungen des

Papstes richteten sich darauf, höchste Wirksamkeit der Maßnahmen auf juristischer Grundlage zu erzielen, und im Rahmen der zeitlichen Mentalität Barbarei und Willkür möglichst zu vermeiden.

Aus einem Brief Papst Alexanders III. an den Erzbischof von Reims, Henri, geht hervor, daß er zur größtmöglichen Nachsicht drängt und daran erinnert, daß es wertvoller sei, Schuldige freizusprechen als Unschuldige zu verdammen ...

Die Sorge des Papstes, die er zum Ausdruck brachte, um die Gerechtigkeit zu garantieren, fand auf dem Konzil zu Tours vom Jahre 1163, das unter seinem Vorsitz tagte — zumindest im Prinzip — einen Niederschlag. Wie die Beschlüsse bezeugen, zeigte sich die stark besuchte Versammlung bemüht, die Ketzerbekämpfung mit einer kanonischen Prozedur auszustatten, die geeignet war, Denunziation und Gottesgericht zu beseitigen. Aber die allgemeinen Erwartungen blieben gedämpft; denn die Dynamik der Ketzerei drängte dem Höhepunkt zu.

Im Kanon 4 des Konzils ist von einem Krebsgeschwür die Rede, das in der Gascogne und in anderen Provinzen grassiert; oder von Schlangen, die auf eine *okkulte* Weise den Weinberg des Herrn zugrunde richten. 17 Kardinäle, 124 Bischöfe und mehr als 400 Abbés einigten sich, daß jetzt der Akzent ganz auf den ungreifbaren Charakter der Häresie zu legen ist.[24])

Tradition und Initiation

Schon früh hatte sich auf Weisung Roms der Klerus zu einem Angriff von besonderer Art gerüstet. Man horchte auf, als plötzlich die ganze Ketzerei als Manichäismus deklariert und diffamiert wurde. Die päpstlichen Bullen, bischöfliche und fürstliche Schreiben . . . überall war von sogenannten Neumanichäern die Rede, und man verpflanzte so die Problematik auf ein Gebiet, auf dem der Klerus und jeder gebildete Katholik zu Hause war.[25])

24) Fredericq, Corpus I, n 39, Roquebert S. 70

25) L. Flathe, Vorläufer S. 227

Die Kirche beschwor eine Tradition, die auf den hl. Augustinus zurückging und dort anknüpfte, wo er zum unerbittlichen Gegner des Manichäismus geworden war. Ursprünglich selbst Anhänger des Manichäismus scheiterte Augustinus an der Initiationsweise der Manichäer; er blieb Auditor und fühlte sich darüber zutiefst enttäuscht. In seinem Groll schrieb er 33 Bücher gegen die Manichäer, die der Nachwelt die Abgründigkeit des Manichäismus vor Augen führen sollten. Diese Bücher sind zur informatorischen Hauptquelle über den Manichäismus geworden und auch geblieben, bis 1930 manichäische Originalschriften gefunden und zugänglich gemacht wurden.

Augustinismus und Manichäismus, das waren die unüberwindlichen Gegensätze, die zur Spaltung des abendländischen Geistes führten. In hochgezüchteten Streitgesprächen wies Augustinus manichäische Irrtümer nach und präzisierte gleichzeitig die katholische Lehre.

Einer der Hauptvorwürfe, der gegen die Manichäer von jeher erhoben wurde, betraf die Zweiprinzipienlehre, den sogenannten „Dualismus“, der besagt, daß zwei Urwesen, gleich ewig und gleich mächtig, den Kosmos beherrschen, das eine dem Lichtreich, das andere dem Reich der Finsternis zugehörend, zwei Götter also, deren dramatische Auseinandersetzung zu der Erschaffung der Welt führte.

Dieser Kampf war von der altiranischen Mysterienkultur in einen bilderreichen Mythus gekleidet worden, der auch weiterhin den Hintergrund für die manichäische Weltschau bildete.

An diese fremdartige Bilderwelt hatte Augustinus rationale Maßstäbe angelegt und ihren Widersinn nachgewiesen. Es ist jedoch nicht zu übersehen, daß Mani dem alten Mythus gänzlich neue Elemente einfügte, die beweisen, daß er die Zeichen der Zeit durchaus begriffen hatte.* Ein solches Element war die gigantische Idee der Rettung zugunsten der von der Finsternis überwältigten und in Körper eingeschlossenen Lichtteile. Diese Idee der Rettung der Seelen und der Befreiung des Geistes — durch gottgesandte Männer realisiert — durchzog den ganzen Manichäismus und führte notwendig zu dem Christus hin, der von Mani als der wahre „Soter“ (Retter) erkannt und anerkannt wurde.

* siehe auch: E. Roll „Mani“, J. Ch. Mellinger Verlag

Diese Grundtatsachen des Manichäismus hatte Augustinus nicht wahrgenommen, und so blieben die Manichäer für ihn weiterhin hochmutverrückte Menschen, die an heidnischem Brauchtum festhielten und an Irrtümern, die ihnen den Weg in die Kirche versperrten.

Augustinus stand an der Schwelle der Zeiten. Lehnte er einerseits die Versuche, durch Initiation die Geistwirklichkeit zu erfahren — was den Platonikern noch mühelos gelang — als Vermessenheit ab, so stand er anderseits der rationalen Bibelkritik, mit der ihn sein persönlicher Gegner, der manichäische Bischof Faustus von Mileve, ständig traktierte, völlig hilflos gegenüber. In dieser mißlichen Lage war es dem ernsten Sucher gänzlich entgangen, daß sich hier Altes und Neues durchdringt und sich zu unlösbaren Knoten verschlingt, wenn man dieser Tatsache nicht Rechnung trägt. Gezwungen, nach zwei Seiten zu kämpfen, füllten sich Bücher und Bände mit Verteidigung und Rechtfertigung, aber auch mit scharfen Angriffen gegen seine Feinde, die er zu Feinden seiner Kirche stempelte.

In dem so entstandenen Schrifttum stellte Augustinus der Kirche ein ganzes Waffenarsenal zur Verfügung, das im 11. Jahrhundert gegen die Katharer zum Einsatz gebracht wurde.[26])

Bis zu diesem Zeitpunkt hatten die Katharer in Italien und Frankreich nichts von Manichäismus gewußt, nichts von dualistischer Kosmologie und dergleichen und waren auf solche Angriffe, die wie schwere Hämmer auf sie niedergingen, auch nicht vorbereitet. Sie waren alles andere als Dogmatiker, und so wendeten sie sich an arabische Philosophen und an gelehrte Juden, die mehrere Schulen in Südfrankreich unterhielten, und erfuhren so auf Umwegen, was ihnen zum Vorwurf gemacht wurde.

Der Rückgriff auf den Manichäismus, seitens der Kirche, hatte noch andere Vorteile im Gefolge: es konnten damit die getroffenen Maßnahmen gegen die Ketzer gerechtfertigt werden; denn kaiserliche Edikte hatten schon immer die Todesstrafe als Sühne für den Manichäismus verlangt. Auch Augustinus selbst konnte zur Rechtfertigung von Feuer und Schwert herangezogen werden. Bald werden sich Inquisitoren und Henker auf ihn, den Heiligen, berufen, der erstmals

[26]) Gegen 1015 versuchte der Erzbischof von Limoge gegen Ketzer zu intervenieren, die man Manichäer nannte. Roquebert II. S. 34

im Namen der Kirche die staatliche Gewalt sanktionierte. Und doch erlaubt die historische Situation keinen Vergleich; denn Augustinus litt an einer Wunde der Zeit, aus der der Ungeist der Circumcellionen wie ein wüster Eiter hervorbrach.[27]) Die Circumcellionen zerstörten den Frieden. Unberechenbar in ihrer Raserei und dämonisch in ihrem Willen bedrohten sie alles mit Feuer, Knüttel und Messer . . . Wie tausend andere, schwebte auch Augustinus in ständiger Lebensgefahr; und all das Ungeheuerliche brandete Tag für Tag an seine Behausung oder als Gerücht an sein Ohr.

Unter dieser Eindrucksgewalt greift er zur Feder und schreibt an seinen Freund Bonifatius, der als kaiserlicher Statthalter in Afrika regierte: Du sollst durch Krieg dem Frieden dienen, damit du diejenigen, die du besiegst, zu einem nützlichen Frieden führst.

Mit einem guten Recht hat Augustinus das römische Schwert zu Hilfe gerufen. Doch was soll man sagen, wenn die Ketzer keine Landstreicher, keine Übeltäter und keine Räuber sind, sondern fromme Pilger, die nicht den Frieden stören, sondern den Frieden begehren, und wenn sie dennoch Schwert und Feuer trifft und ein unversöhnlicher Haß?

Mit Sorgen sahen manche die Gefahr der Inquisition am fernen Horizont heraufziehen und erhoben ihre warnende Stimme, wie es schon Wason, der Fürstbischof von Lüttich in seinem Gutachten von 1048 getan hatte, wo es heißt: habt acht beim Ausreißen des Unkrauts, reißt nicht auch den guten Samen aus. Laßt alles bis zur Ernte zusammen wachsen, die Zeit der Ernte wird kommen und ihr werdet zu den Schnittern sagen: Sammelt zuerst das Unkraut in einen Bottich, daß man es verbrenne und bringt den Weizen in die Scheune.

Übte das Bild, das der hl. Augustinus von dem Manichäismus seiner Zeit zeichnete — in der Interpretation der Kleriker des 11. und 12. Jahrhunderts — rein theoretisch ein gewisses Strafgericht aus, so war es doch weit entfernt davon, die Ketzerei selbst zu beeinflussen. Hier stellt sich die Frage nach den eigentlichen Quellen und nach dem Weg, den die Ketzertradition gegangen ist, um diesen Katharismus hervorzurufen, *dessen Struktur erst nachträglich als Manichäismus bezeichnet*

[27]) Theodora Büttner, Circumcellionen

wurde. Obwohl viele zu Recht vermuten, daß es sich bei den abendländischen Ketzereien um autochthone Erscheinungen handle, bestehen die Historiker darauf, daß es genügend Traditionsstoffe gegeben habe, um den Manichäismus neu aufblühen zu lassen. Vor allem hätten die „Bogomilen" ihre Sendboten schon früh (1150?) in das westliche Europa geschickt, so daß genügend Infektionskeime in den Süden Frankreichs gekommen wären. Aber selbst, wenn diese Sendboten mit Engelszungen oder mit allen Künsten der Demagogie redeten, hätten sie keinen Erfolg gehabt, es sei denn, sie wären auf einen wohl vorbereiteten Grund gestoßen.

Und eben dies war in der Lombardei und im Süden Frankreichs der Fall. Die Katharer hatten sich aus eigener Kraft zu ihrer religiösen Anschauung durchgerungen und sind in die apostolische *Armut* gegangen. Nicht aus Opposition zur „reichen" Kirche, sondern weil sie die Armut als notwendige Voraussetzung ihres Weges erkannten. In ihrer Entwicklung spielte die Tradition eine sekundäre Rolle, wie sich auch die Katharer der Geschichte gegenüber völlig passiv verhielten. Wer trotzdem eine direkte Geschichtsabhängigkeit behauptet, der findet zur Not einen gnostischen Einschlag, den jede mittelalterliche Ketzerei aufwies und der sich bei den Katharern darauf beschränkte, die Körperlichkeit für verdorben zu halten und die Initiationserkenntnis (die Gnosis) als das einzige Mittel der Befreiung.

Wenn aber über Kontinente hinweg in den Kosmogonien gewisse Ähnlichkeiten festgestellt werden, so beweist das nicht, daß es eine historische Quelle für all diese Ähnlichkeiten gab, sondern: daß die Initiierten aus der gleichen übersinnlichen Quelle geschöpft haben.

Nur auf dem Hintergrund geistiger Realitäten ist es zu verstehen, daß die Fackel der manichäischen „Freiheit" von Persien und Mesopotamien über Kleinasien und den Balkan nach Westen getragen wurde. Und wenn es in Italien und Frankreich zu solchen Flächenbränden kommen konnte, wie wir es gesehen haben, beweist dies erneut, daß höhere Mächte mitgewirkt haben; denn es geschahen Zeichen und Wunder, die man garnicht im gewöhnlichen Sinne lehren und propagieren könnte.[28])

[28]) Vergl. Rudolf Steiner, Die Impulsierung des weltgeschichtlichen Geschehens durch geistige Mächte, GA Nr. 222

Freilich werden sich Pragmatiker dieser Auffassung nicht anschließen und die große Masse jener, die die Geistwirklichkeit leugnen oder — wie St. Bernhard — von einer Offenbarung des Teufels reden, werden weiterhin Verächter des Katharismus bleiben.[29]) Für den spirituellen Teil der Menschen zeichnen sich immer deutlicher Mittel und Wege ab, die einmal ergriffen, zum Verständnis dieses Phänomens führen. Was ihm zugrunde liegt, ist nichts anderes, als die Geburt des „Ichs" in der menschlichen Seele.[30])

Um die Jahrtausendwende wurde der Zeiger der Menschheitsentwicklung eine Stunde vorgerückt, und hohe Geistwesen wie Exusiai und Archai ermöglichten es, die menschliche Individualität weiter zu festigen und die Ich-Kräfte zu stärken. Wir beobachten, wie Impulsierung von oben und Spontaneität von unten sich ergänzen, um alte Gesetzesbindungen zu lösen und eigenen Aktivitäten Platz zu machen und vor allem, die Gedankenkraft in sich selber zu erzeugen.

Neben dem Faktum der Vereinzelung gewann die Idee der Sammlung an Bedeutung. Dem trennenden Schicksal trat die einende Kraft des Geistes zur Seite. Und so stand — wie alle Welt in dieser Epoche — auch der Katharer unter dem chiliastischen Druck einer Hoffnung, daß die Heilig-Geist-Kirche, die Kirche des Parakleten, sich in Kürze verwirkliche. Aber die Aufgeschlossenheit seitens der offiziellen „Geistträger" war nicht in dem notwendigen Maß vorhanden, und so suchte und fand der parakletische Geist esoterische Kanäle zu den einzelnen Menschen und verursachte innerseelische Aufbrüche und Offenbarungen. Aus diesem Prozeß erblühte den Katharern die wesenhafte „Tröstung", das Consolamentum.

Der Weg zu diesem Ziel führt zunächst in die Armut, in die Leere, wo alles entschwindet, was je Bedeutung erheischte. Auch die Tradition ist ein Teil jenes Reichtums, von dem sich der Katharer befreit. Alles was in gesetzlicher Form, als Doktrin und Dogma, die Seele belastet, fördert nicht, sondern verhindert die Initiation, die

[29]) St. Bernhard, in cantica Sermo 66, Flathe S. 231

[30]) daß es sich hier um einen Evolutionsprozeß von kosmischem Ausmaß handelt, in dem selbst die kurze, tragische Epoche der Katharer einen hohen Stellenwert hat, soll hier nur erwähnt werden

durch ihren Offenbarungscharakter einen polaren Gegensatz zur Tradition bildet.

Lebendige Geschichte zieht von beiden Polen ihre Nahrung. So kann einerseits nur an dem Gewordenen menschliches Bewußtsein erwachen, und anderseits wird nur dort die Werde-Welt in ihrer Urbildlichkeit geschaut, wo sich die Seele in vollkommener Reinheit (Katharsis) öffnet und das höhere „Ich" als vermittelndes Organ zur Entfaltung gebracht wird, so daß es im milden Glanz des parakletischen Geistes erstrahlt.

Was uns fesselt an diesem Weg ist nicht der theologische Unterbau, sondern der praktizierte Existenzialismus in einer radikalen Innerlichkeit, von der aus der Katharer seine Erneuerung vorantreibt.

Höhepunkte

Lombers 1165

Trotz großer Erfolge, die die Katharer erzielten, war ihre Situation — äußerlich gesehen — nicht triumphal. Von einem erstarkten Selbstbewußtsein getragen, setzten sie sich gegen Anfeindungen der Kirche zur Wehr und griffen immer häufiger in die Diskussionen ein. So sahen sie sich außerstande, der großen Herausforderung zu widerstehen, mit der sie der Bischof von Albi, *Guillaume,* aus ihrer Reserve lockte, und verabredeten sich zu einem großen Streitgespräch, das in *Lombers,* unweit Albi, ausgetragen werden sollte. Lombers beherbergte zu dieser Zeit eine große Katharergemeinde, der ein gewisser *Ollivier* vorstand. Später wurde es der Sitz des Katharerbischofs *Sicard Cellier.* Die katholischen Veranstalter erhofften sich einen großen psychologischen und moralischen Erfolg und luden höchste Würdenträger und Äbte aus dem Midi zu dieser Debatte nach Lombers ein. Außer den bekannten Prälaten wurden auch berühmte Laien und weltliche Autoritäten wie Raymond Trencavel, Vicomte von Béziers und Carcassonne, Sicard, Vicomte de Lautrec, sowie Constance, die Gemahlin von Raymond V. von Toulouse und Schwester des Königs von Frankreich eingeladen. Wer die eigentlichen Wortführer auf katharischer Seite waren, ist nicht bekannt.

Im Juni 1165 wurde das angekündigte Streitgespräch eröffnet, das sich sofort in ein Tribunal verwandelte und mit einem „Verhör" begann. Trotz des heftigen Einspruchs, seitens der Katharer wurde dieses Verfahren[31]) fortgesetzt, das aus sechs Fragen bestand.

Die *erste* betraf das Alte Testament, worauf erwidert wurde, daß die Katharer nur die Evangelien, die Paulusbriefe, die sieben kanonischen Briefe, die Apostelgeschichte und die Apokalypse anerkennen.

Auf die *zweite* Frage — nach dem Glauben — wurde die Antwort verweigert.

Zur *dritten* Frage nach der Taufe der Kinder — ob sie durch die Taufe gerettet würden — meinten sie, das erkläre sich alles aus den Evangelien und den Briefen von selbst.

Zur *vierten* Frage nach Leib und Blut des Herrn . . . antworteten sie, daß nur die Würdigen gerettet würden und daß diejenigen, die das Sakrament unwürdig empfingen, es zur ewigen Verdammnis genommen hätten. Sie fügten hinzu, daß die Gaben durch alle gerechte Menschen, seien es Laien oder Geistliche, geheiligt würden . . . im übrigen wollten sie nicht weiter gezwungen werden, über Glaubensdinge zu sprechen.

Hierauf *(fünftens)* über die Ehe befragt . . . schien ihnen ein Hinweis auf Paulus zu genügen.

An *sechster* und letzter Stelle die Frage nach der Strafe und dem jüngsten Gericht . . . ob sie es mit Jakobus halten, der sagt: Bekennt einander eure Sünden . . . Sie erwiderten, daß Jakobus nur von Kranken spreche, und Kranke mögen ihre Sünden beichten bei wem sie wollen.

Der Bischof von Lodève glaubte das Schlußwort zu haben und verlas eine Sentenz, die die Ketzer feierlich verdammte. Sie werden in diesem Dokument ausdrücklich als „Bons-Hommes" bezeichnet, und es wird deutlich, daß sie allein die Träger des Katharismus sind. Die Sentenz wiederholte alle Fragen und widersprach den Ketzern, die

[31]) Labbe, X, 1470, Roquebert II S. 72

sich nur auf Schriftstellen des Neuen Testaments stützten und kein Urteil annehmen wollten, das auf eine andere Weise begründet würde. Die Sentenz erklärte auch jene *Stille* verdammenswert, die bisweilen geherrscht hatte: „denn es gäbe sowohl Lügen zu verschweigen, als auch Lügen zu reden".

In großer Erregung nahmen die Ketzer noch einmal das Wort. Sie erklärten die Sentenz für null und nichtig; denn der Bischof von Lodève wäre der eigentliche Ketzer und nicht sie . . . Sie klagten ihn an, ihr persönlicher Feind zu sein, und beriefen sich auf den Evangelisten Matthäus, der sagte: „Hütet euch vor den falschen Propheten, die in Schafskleidern unter euch weilen und innerlich fressende Wölfe sind."

Der Bischof erwiderte, daß er bis nach Rom gehen würde — und vor den König von Frankreich — um sie anzuklagen.

Der gereizte Ton stieg weiter . . .

Die Ketzer baten alsdann die Menge, für die Wahrheit zu zeugen: Höret gute Leute, das ist unser Glaube, so wie wir ihn bekennen. Wir wiederholen ihn aus Zuneigung und Achtung zu euch . . .

Der Bischof unterbrach sie: Ihr bittet nicht um die Liebe Gottes, sondern um die Gunst der Öffentlichkeit . . .

Die Ketzer sprachen weiter. Werden sie endlich den wahren Grund ihres Glaubens öffentlich bekennen? Werden sie ihre Lehre ausbreiten in ihrem wirklichen Gegensatz zum orthodoxen Glauben? Nichts von alldem. Sie proklamierten, daß sie an einen einigen Gott glauben, dessen Sohn im Fleisch erschienen sei, daß sie an die Auferstehung glauben und niemand gerettet werde, wenn er den Leib Christi nicht empfange, daß nur die Kirche den Leib konsekrieren könne — durch einen guten oder schlechten Priester — und niemand ohne Taufe gerettet werde, daß Mann und Frau gerettet werden, wenn sie sich auch fleischlich vereinen. Kurz, ihr Bekenntnis enthielt nur orthodoxe Artikel.

Nun trieb sie der Bischof in die Enge: „Seid ihr bereit zu schwören, daß dieser Glaube und dieses Bekenntnis die euren sind?" Sie antworteten, daß sie auf keine Weise schwüren, sie kennten diese Schlinge, die sie wie schon so oft zu Fall bringen sollte: den Eidschwur, den zu leisten ihnen gemäß Jak. 5, 12 das Gewissen verböte.

Die Kontroverse loderte bei diesem Punkt wieder auf. Die Katharer identifizierten sich geradezu mit dem Jakobusbrief, in dem ihr religiöses Wollen durch den *bon-homme* Jacques in klassischer Form zum Ausdruck kam. Sie beherrschten den Text und die Klerikalen empfanden es als unerträgliche Provokation, wenn ihnen vorgeworfen wurde, die öffentlichen Ehren zu lieben, die höchsten Sitze in dem Konzil und die ersten Plätze an der Tafel einzunehmen, weiße Gewänder zu tragen und Ringe mit kostbaren Steinen . . . „Alles Dinge, die euch euer Lehrer Jesus nicht gelehrt hat." Man dürfe ihnen nicht gehorchen, weil sie keine guten Ärzte sind. Jakobus sage es ihnen deutlich (Jak. 5, 1 ff.): Wohlan ihr Reichen, weint und heult über euer Elend, das über euch kommt. Euer Reichtum ist verfault, euere Gewänder sind von den Motten zerfressen, euer Gold und euer Silber ist verrottet; der giftige Rost wird gegen euch zeugen und schließlich euere ganze irdische Existenz verzehren, wie wenn sie im Feuer verbrennte. Ihr habt Schätze gesammelt, aber die letzten Tage des Äons sind da . . . Ihr habt euch, solange ihr auf Erden lebt, dem Genuß und der Schwelgerei ergeben; wie bei einem Schlachtfest habt ihr der Wollust eurer Herzen gefrönt. Den Geistesmenschen habt ihr um sein Recht gebracht, ihr habt ihn getötet, und er hat sich nicht gegen euch gewehrt. —

Empört über die Verdrehungskünste der Katharer rief der Bischof von Lodève mit lauter Stimme: Seid ihr bereit, dem Irrwahn abzuschwören? Aber die Ketzer beriefen sich auf eine Absprache mit dem Bischof von Albi, der ihnen zugesagt hätte, zu keinem Schwur gezwungen zu werden.

Der Bischof von Albi erhob sich spontan und widersetzte sich dieser Behauptung mit einem formalen Dementi. Er bestätigte den gefällten Spruch und alle anwesenden Bischöfe und Äbte schlossen sich an, und auch der Adel und ein großer Teil des Volkes pflichteten seinem Spruch bei. Obwohl die Bons-hommes mit guten biblischen Argumenten angetreten waren, sahen sie sich der Ketzerei überführt.

Ein unbefriedigendes Ergebnis. Jedermann war sich klar darüber, daß das Thema sehr eingeengt war und daß die Gutleute weit davon entfernt waren, ihren Glauben preiszugeben. Sie hüteten die Quelle ihrer Offenbarung wie ein Arkanum, damit sie nicht versiege — —

Das öffentliche Streitgespräch von Lombers ging zu Ende, aber die Diskussion pflanzte sich fort, durch Jahrzehnte, Jahrhunderte. Jede Epoche stellte neue Fragen, die zumeist unbeantwortet blieben. Was die Welt an der Lehre der Katharer tadelte, war der Mangel an systematischer Dogmatik. Tatsächlich mußte ihre *Lehre* hinter dem gelebten Leben, das moralisch-praktisch ausgerichtet war, zurückstehen. Es wäre geradezu tödlich für sie, mit Vernunftgründen für ihre mystische, gnoseologische Sache zu kämpfen. Nicht die christliche „Lehre“ erschien ihnen wichtig und notwendig, sondern die christliche „Lebensform“, die apostolische Armut, die sie mit großem Ernst praktizierten.

Gewiß setzt auch ein ethisch-religiöses Leben Grunderkenntnisse voraus, die jedoch nicht einer theoretischen Beweisführung bedürfen, weil sie auf eine persönliche, innerseelische Erfahrung gegründet sind. Die so gewonnenen Erfahrungen erzeugen durch Übereinstimmung mit anderen Weggenossen bestimmte Ansichten und Meinungen, Gebräuche, Rituale und Regeln; aber dies alles haben die Katharer nicht öffentlich bekanntgemacht. Wir wissen zwar, daß die Katharer gewaltige Prediger waren, aber nicht eine einzige Predigt ist uns überliefert. Wenn sie sich gegenüber den Inquisitoren mit biblischen Argumenten verteidigten, läßt das vermuten, daß sich auch ihr Tun auf evangelische Räte stützte. Aber das schließt nicht aus, daß letzten Endes die Initiationserkenntnis die eigentliche Quelle ihrer Religionsbegründung war. Ein berechtigter Vorwurf aus kirchlicher Sicht müßte sich auf diese Praxis beziehen, die die volle menschliche Selbstbestimmung voraussetzt, eine „Autonomie“, die die Kirche von Grund auf bezweifelt und als ketzerischen Hochmut verdammt.

Über solche Dinge hätte man in Lombers sprechen und streiten müssen; aber die inneren Erfahrungen, welche die Katharer in reichem Maße besaßen, gaben sie nicht preis. Gerade die Autonomie war samt der Dreigliedrigkeit des Menschenwesens (als Leib, Seele und Geist) schon längst in Frage gestellt. Die Verwerfung derselben durch den Beschluß des 8. ökumenischen Konzils in Konstantinopel 869/870 beweist, daß das absolute „Geschiedensein“ von der göttlich-geistigen

Welt, als religiöse Grundstimmung, in dem allgemeinen Zeitempfinden aufgegangen war. Die Meinung, daß die menschliche Kreatur, wie alles geschaffene, ohne jeglichen Anteil an geistiger Substanz von Gott aus dem Nichts gemacht wurde, war längst zur Voraussetzung jeder religiösen Überlegung geworden und führte so auch zu dieser Konsequenz, dem Menschen den Geistteil höchst offiziell abzusprechen und ihn nicht mehr als ein *autonomes* Geistwesen zu betrachten. Den trennenden Schnitt zog man mitten durch die menschliche Seele, indem man das eingesenkte „Ich" als nicht existent erklärte und ein zweigliedriges, verstandbegabtes, sterbliches Geschöpf übrigließ. Als Trost in der Verworfenheit hielt die Kirche die Lehre von der göttlichen Gnade bereit, und schon Augustinus errichtete ein großes metaphysisches System, um die Wesensungleichheit zwischen Gott und Mensch zu beweisen . . . und selbst die Hochscholastik hat die Beweisführung in der Lehre von der *Ähnlichkeit des Seins* auf eine beachtliche Spitze getrieben. Trotzdem wurde — auch nach dem Konzil von Konstantinopel — laut und überzeugend von dem „Ich" des Menschen, von der Moral des Menschen, von seiner Verantwortlichkeit, von seiner Schuld gesprochen und so getan, als ob das menschliche „Ich" die letzte geistige Instanz in unserem Menschsein wäre, durch die unsere Moral begründet, unsere Verantwortung getragen und unsere Schuld erkannt würde . . . im Grunde jedoch waren sich die Gelehrten einig, daß sich diese punkthafte Scheinexistenz des „Ichs" bei näherem Zusehen in Nichts verflüchtigt. In Gewissensnot und Zweifel sah sich der abendländische Mensch der Existenzfrage gegenüber, die sich ihm aus dem Christentum heraus stellte, völlig allein gelassen. Und keinem Menschen — bis in unsere Tage — kann es erspart bleiben, in die Tiefen der eigenen Seele vorzudringen, um in harter Selbstprüfung sich in seiner existentiellen Abhängigkeit zu erfassen, und die Grundlage seiner Geschöpflichkeit entweder als ein wesenloses Nichts, oder als ein substantielles Etwas zu bestimmen.

Die Konsequenzen aus dieser Gewissensentscheidung sind ungeheuer; denn sie führen zu einer Spaltung der Menschheit, wovon der eine Teil sich von Gott verworfen, der andere Teil sich „wesenhaft" mit Gott verbunden weiß. Diese Alternative ist ein schicksalbildender Faktor, der uns zu Gläubigen oder zu Ketzern macht.

Ein weiterer Grundzug des menschlichen Wesens war durch den Zusammenstoß des individuellen Bewußtseins mit der Umwelt in Erscheinung getreten. Ein Vorgang, den man als Wesensspaltung verstehen kann und der dem menschlichen Bewußtsein eine bestimmte Richtung gab. Das menschliche „Ich" setzt sich immer deutlicher von der „Welt" ab, d. h.: „der Mensch stellt sich als selbständiges Wesen der Welt gegenüber.[32]) In jeder Geschichtsepoche tritt der Mensch auf neue Weise dem Urgegensatz von Ich und Welt gegenüber und fühlt sich aufgerufen, seinen Geist zu aktivieren und sich über die stoffliche Natur zu erheben. In einer solchen Phase sehen wir auch den Katharer bemüht, den Zugang zum Geist auf einem Weg zu finden, der durch das innere Selbst führt. Obwohl seine Erfahrung der materiellen Welt noch nicht gerecht werden konnte, gelangte er in ein entscheidendes Stadium, in welchem ihm das Licht der „Freiheit" in einzigartiger Weise erstrahlt. Er überwindet den mittelalterlichen Zeitgeist mit seinen institutionalisierenden Kräften und Mächten, die nur gesetzliche Gebundenheit erzeugen: er macht sich frei von allen Banden der Erbsünde, von dem kirchlichen Pönitenzwesen und der kirchlichen Verwaltung der göttlichen Gnadenfülle; denn eine dualistische Weltauffassung läßt solche Überlegungen nicht zu. Die Ursache der Erbsünde, die Urschuld, wird auf einen vorzeitigen Prozeß zurückgeführt, in welchem zwei Prinzipien Einfluß auf die Weltentwicklung erlangten. So redeten die Katharer nur von einer persönlichen Schuld, die jedoch restlos getilgt werden muß, was nur durch wiederholte Erdenleben möglich sein dürfte. Er näherte sich der Anschauung des irischen Mönches *Pelagius*, der um das Jahr 400 an die Öffentlichkeit trat und für die Willensfreiheit kämpfte. „Der Mensch könne ohne Sünde sein", das war das kühne Wort, „wenn er nur ernstlich wolle." Wohl räumte Pelagius ein, daß erfahrungsgemäß kein Mensch ohne Sünde ist, aber der Möglichkeit nach halte er eine Freiheit von Sünde gerade in der Freiheit des Willens gegeben. Und wir fügen hinzu: wenn unser Ich auf Grund eines geistig schöpferischen Aktes die Richtung und Stärke des Willens bestimmt. Für schöpferisch halten wir den Menschen dann, wenn er durch Erkenntnis und Emp-

[32]) Rudolf Steiner, Die Philosophie der Freiheit S. 28, GA Nr. 4

findung Anteil an der objektiven Wertwelt hat und aus dem Reich der Ideen schöpft . . . dann mag sein Urteil die Motive seines Willens bestimmen.

Die Anschauung der Katharer dürfte mit solchem Gedankengut durchsetzt sein . . . ja, sie lieferten geradezu den Beweis, indem sie sich im Augenblick der „Tröstung" frei von Sünde wußten.

Ein weiterer schwelender Konfliktstoff kann in dem Problem von Gut und Böse gesehen werden. Hierüber sinnvoll zu diskutieren erlaubte ihnen diese Zeit noch nicht. Die Katharer fühlten sich nicht in einem Widerspruch zu ihrer Umwelt, wenn sie die Attribute gut und böse an Götter, Engel und Wesen verteilten und letzten Endes in zwei konträren Prinzipien verabsolutiert sahen.

Allein, die Kirche meinte, das Ur-Böse käme gar nicht von einem unabhängigen Prinzip, sondern aus der „Freiheit" der Kreatur, die im Ursprung als gut zu betrachten sei. Das Übel würde so gleichsam aus dem Nichts durch den freien Willen Luzifers geboren werden, und ein zweites Mal, wenn man will, aus dem freien Willen des ersten Menschen.

Dieser Meinung hätten die Katharer nicht zustimmen können; denn sie würden zu keiner Zeit eingesehen haben, daß ein vollkommenes Wesen, wie es Luzifer vor seinem Sturz war, überhaupt die Möglichkeit gehabt hätte, sich gegen Gott zu erheben. Dies war eines der katharischen Argumente für die Existenz des bösen Prinzips. Leider brachen alle diese Probleme erst richtig auf, als das Epos der Katharer bereits verklungen war. In der Rückschau wird jedoch erkennbar, daß auch katharische Schulen für Philosophie im Ansatz vorhanden waren.

Das katharische Konzil von Saint-Felix-de-Caraman

Das große Katharer-Konzil von St. Felix trat als eine machtvolle Demonstration auf den Plan. Der Katharismus — so scheint es — hatte seinen Höhepunkt erreicht und war dabei, nicht nur den Süden Frankreichs in Diözesen aufzuteilen und neue Bischöfe in ihr Amt einzuweisen, sondern auch in Oberitalien eine kirchliche Ordnung herzustellen. Die geistige Brunnenstube dieser italienischen Ketzergemeinden ist in der Pataria zu suchen, jener Reformpartei, von der schon gesprochen wurde. Als diese expansive Partei, der viele Städte ihre Selbständigkeit verdankten, in Bosnien-Herzegovina Fuß faßte, ereignete sich etwas höchst Merkwürdiges: dieser aus dem Westen kommenden Bewegung kam eine andere aus dem Osten entgegen, eine geistige Bewegung, die als Teil der Armutsbewegung ihre eigene Geschichte hatte: das waren die „Bogomilen".

Diese historische Begegnung führte zu einer gegenseitigen Durchdringung, und während große Teile Jugoslawiens patarenisch wurden, drang alt-bogomilisches Geistesgut in den Westen ein und ließ in Frankreich und in der Lombardei jene Kirchen aufblühen, die — wie man später sagte — dem gemäßigten Dualismus der Schule von Concorezzo zugehörten. Da aber die Bogomilen, von Serbien kommend, erst 1180 in Bosnien seßhaft wurden, muß dieser Wanderung eine sporadische Missionierung vorausgegangen sein, was allgemein angenommen wird. Die Handelsstraßen der Republik Venedig und die Kreuzzüge ermöglichten es einzelnen Sendboten, in den Westen zu gelangen und neben bogomilischem auch paulikianisches Gedankengut zu kolportieren. Als im Jahre 1167 *Papa Nicetas*, ein ketzerischer Bischof von Kontantinopel, nach Frankreich kam, waren diese Kirchen bereits ausgereift und machten ein Konzil notwendig, weil schismatische Bestrebungen in Erscheinung getreten waren. Erst im Jahre 1190 reiste der Katharerbischof von Concorezzo, *Nazarius*, nach Bulgarien, um persönlich Erfahrungen zu sammeln. Bei seiner Rückkehr brachte er die ersten apokryphen Schriften nach Frankreich mit, deren Inhalt allerdings den Bogomilen schon seit 100 Jahren bekannt war. Es handelt sich um die „Interrogatio sancti Johannis" und die „Visio Jesaia". Erst jetzt also, könnte man sagen, hatte die Woge der *manichäischen* Tradition, von der eingangs die Rede war, modifiziert und abgewandelt, den Westen erreicht. Die aufgeschlossenen Katharer glaubten in diesen und anderen Stoffen ein Spiegelbild ihres Glaubens zu erkennen: eine geistige Verwandtschaft, die auf spirituelle Weise schon bestand und nunmehr durch die Tradition bestätigt wurde.

Die *Bogomilen* (Gottesfreunde) sind aus der allgemeinen Mönchsbewegung — asketisch-mystischer Prägung — wie sie von *Origenes*

(† 254) und dem *hl. Basilius* (330—379) im östlichen Mittelmeerraum inauguriert wurde, hervorgegangen. Im 9. und 10. Jahrhundert nahm diese Bewegung erneut einen ungeheuren Aufschwung. Tausende von Neophyten drängten hinzu, ein Ansturm, dem die Klöster nicht gewachsen waren. Unter solchen Umständen war es nicht überraschend, wenn sich orthodoxe Gruppen von der Kirche loslösten, sich unabhängig machten und auf die hl. Messe und den Segen der Priester verzichteten.

Solche abgelösten Gruppen gab es viele. Eine der bedeutendsten und vielleicht auch die größte scharte sich (935) um den Popen *Bogomil*, der in Makedonien als Bußprediger wirkte. In diesem zerklüfteten Hochland konnten die Bogomilen, die durch die Aktivität ihres Führers zu einer Volksbewegung geworden waren, sich in friedlichen Jahren der inneren Ruhe, der *Apatheia*, weihen, die ihnen ermöglichte, eine höhere Bewußtseinsstufe zu erreichen und das Taborlicht zu erblicken.

Die *Paulikianer* traten unter der Führung von Paulus von Samosata schon früh geschlossen in Erscheinung. Sie bildeten einen Sektenstaat und leisteten heftigen Widerstand, als der byzantinische Kaiser *Konstantin* IV. Progonatus (668—685) mit Heeresmacht gegen sie vorging.

Die Geschichte der Paulikianer ist äußerst bewegt: sie kämpften in wechselnden Bündnissen, bald für, bald gegen das Byzantinische Reich, sie siegten, gründeten Städte (Kibossa) und unterlagen; sie verschwanden in den Weiten Armeniens und Syriens und tauchten ebenso plötzlich wieder auf. Nachdem *Leo der Isaurier* im Jahre 717 den Thron bestiegen hatte, öffnete er den Paulikianern die Grenzen seines Reiches und benützte sie im Kampf gegen den Bilderdienst, den er gegen die eigene Sippe auszutragen hatte. Sein Sohn *Konstantin V. Kropronymos* (741—775) setzte die Politik seines Vaters fort und verpflanzte große Teile des paulikianischen Volkes nach dem Balkan, wo sie zum Schutz der Grenzen in Dragowitsa in Thrakien angesiedelt wurden. Aber auch in der Hauptstadt Konstantinopel ließen sich Paulikianer nieder, wo sie aus den Kreisen der Handwerker und kleinen Händler großen Zulauf hatten.

Die Begegnung zweier so grundverschiedener Weltanschauungen in

Thrakien war unvermeidlich, aber von einer Vermischung, wie man aus einem Sendschreiben des Patriarchen von Konstantinopel, Theophilaktos, an den Zaren Petar schließen könnte, kann nur bedingt die Rede sein. Hier wird die bogomilische Bewegung als manichäische und paulikianische Häresie bezeichnet.[33])

In Wirklichkeit fand in der Landschaft Dragowitsa zweierlei statt: nämlich eine Vereinigung der beiden Gruppen und eine Separation. Bogomilen, die paulikianische Züge angenommen hatten, bezeichneten sich als „dragowitische Kirche" im Gegensatz zu jenen Bogomilen, die auf Separation bedacht waren und weiter in der „bulgarischen Kirche" die altbogomilische Tradition pflegen wollten.

Von der Spaltung einer ursprünglichen Einheit in eine Kirche mit einem gemäßigten Dualismus und in eine Kirche mit einer schroffdualistischen Weltanschauung kann keine Rede sein. Der Unterschied war da, als beide Bewegungen auf byzantinischem Boden in Erscheinung traten. Eine gegenseitige Beeinflussung war zu keiner Zeit auszuschließen, zumal sich die beiden Parteien nicht feindlich gegenüberstanden.

Trotzdem hat ihre Gegensätzlichkeit auf die ketzerischen Strömungen des Westens eingewirkt und in Frankreich und Oberitalien ein Spiegelbild altbogomilischer Verhältnisse erzeugt. Nicht ohne Widerstand haben sich die ketzerischen Kirchen Italiens und Südfrankreichs dem dragowitischen Einfluß geöffnet. Das Erscheinen Nicetas auf der Synode von Saint-Felix-de-Caraman (1167) macht diese Einflußnahme deutlich. Im Jahre 1660 hatte sich der Historiker *Guillaume Besse* um die Konzilsakten von Saint-Felix-de-Caraman gekümmert und in seiner „Geschichte der Herzöge, Marquis und Grafen von Narbonne" eine Abschrift der Konzilsakten hinterlassen.[34]) Wir entnehmen dieser Abschrift folgendes:

Im Jahre 1167 der Fleischwerdung unseres Herrn, — im Monat Mai — ließ die katharische Kirche von Toulouse den papa(popen) Nicetas nach Saint-Felix kommen, wo sich eine große Zahl Männer und Frauen der Kirche von Toulouse und anderer benachbarten Kirchen versammelt hatten, um das Consolamentum von dem Herrn papa

[33]) H. C. Puech spricht von einer bogomilischen Enklave im Paulikianismus S. 322

[34]) Nach einer Kopie vom 14. Aug. 1232, die vielleicht schon fehlerhaft war

Nicetas zu empfangen. Es kamen noch: Robert d'Epernon, Bischof der Kirche von France mit seinem Rat; Marcus aus der Lombardei, ebenfalls mit seinem Rat, Sicard Cellerier, Bischof der Kirche von Albi, und B. Chathala mit dem Rat der Kirche von Carcassonne und auch der Rat der Kirche von Aran.[35])

Alle Teilnehmer wollten einen Bischof haben. So erwählte die Toulouser Kirche Bernard Raymond. Auf gleiche Weise erwählte Bernard Chathala und der Rat der Kirche von Carcassonne, auf die Bitte der Kirche von Toulouse und mit Zustimmung des Herrn Sicard Cellier, Albi: Guiraud Mercier. Diejenigen von Aran (= Agen) erwählten Raymond de Casalis.

Nachdem Nicetas die Neugewählten ordiniert und die schon ordinierten Ältesten konfirmiert hatte, spendete er jenen das Consolamentum, die es begehrten. Auf Fragen der Teilnehmer erklärte er, daß die Kirchen von Romanien (Konstantinopel), von Drogométie (Dragowitsa), von Mélinguie (Pelopones), von Bulgarien und Dalmatien nach dem Vorbild der sieben Urkirchen Asiens[36]) errichtet worden wären, und er wünschte, daß man im Abendland ebenso verfahre. Diese Organisation sei notwendig, damit sich keine der Diözesen in die Interessen anderer einmische und der Friede bewahrt bleibe. Von den katharischen Kirchen der Lombardei und ihrem Ursprung hat der Dominikaner *R. P. Dondaine* auf Grund einiger, bislang unbekannter Texte[37]) eine abweichende Darstellung gegeben. Für ihn steht fest, daß der Bogomilismus um 1147 von Kreuzfahrern, die im Orient Ketzer geworden waren, nach ihrer Rückkehr in Frankreich eingepflanzt wurde. Es war dies die bulgarische Richtung, die in Kontantinopel heimisch war. Von der französischen Pflanzstätte aus — wahrscheinlich Mont-Aimé in der Champagne — war die bulgarische Lehre in den Süden getragen worden, wo sich vier Kirchen — Carcassonne, Albi, Toulouse und Agen — organisierten. Eines

[35]) Hier handelt es sich um einen Abschreibefehler: es kann nicht „aranensis“ heißen, sondern „agenensis“; denn es betrifft, wie aus anderen Zeugnissen hervorgeht, die Kirche von Agen

[36]) Vielleicht wurden zwei Kirchen in Kleinasien mitgezählt

[37]) Traité sur les hérétiques (1270) von Anselm von Alexandria, „De l'hérésie des Cathares en Lombardie (1210)

Tages überquerte (nach Dondaine) ein französischer Ketzer, Notar seines Zeichens, die Alpen und kam nach Concorezzo in der Grafschaft Mailand. Er machte dort die Bekanntschaft eines Totengräbers, namens Markus, den er bekehrte. Markus, seinerseits, gewann weitere Anhänger in seiner Umgebung und begann, zusammen mit einem Weber (tisserand) namens Jean Juif und einem Handwerker eine intensive Propaganda in der Lombardei. Alle drei empfingen das Consolamentum aus den Händen eines französischen Katharerbischofs, und Markus anvancierte zum Vorsteher der Kirche von Concorezzo.

Was uns bei dieser Version befremdet, ist der Umweg über Frankreich, den die bulgarische Lehre gemacht haben soll, um in die Lombardei zu gelangen. Und doch scheint diese Auffassung auch durch die Akten von Saint-Felix gestützt zu werden. Gerade die Wahl von Saint-Felix im Laurageais als Konzilsort deutet darauf hin, daß die Mutterkirche in Frankreich zu suchen ist. Vermutlich hatte papa Nicetas bei seiner Anreise am Gardasee Halt gemacht und die Kirche von Concorezzo besucht. Er kam ebenfalls, wie sein unbekannter Vorgänger, mit einer Botschaft aus Konstantinopel, jedoch in der Absicht, den bulgarischen Ordo zu widerlegen. Er pries die Lehre von Dragowitsa und stellte die Lehre von zwei Urwesen, den absoluten Dualismus, in den Vordergrund. Es gelang ihm, Markus zu überzeugen, der ihm nach Saint-Felix-de-Caraman folgte. Dort wurde er zum Bischof der neuen Richtung ordiniert.

Was unverständlich bleibt, ist die abgründige Feindschaft, die zwischen der bulgarischen und dragowitischen Lehrauffassung aufkam, so daß die Verfechter des einen und des anderen Ordo sich gegenseitig ausschlossen und jede Kirche die Sakramente und Ordinationen der anderen für null und nichtig erklärte.

Von dieser Intoleranz aus kann man überhaupt erst verstehen, was in Saint-Felix passierte. Es war, wie Michel Roquebert es nennt: ein völliger Wechsel der Oboedienz. Nicetas hat nicht nur Markus und seine lombardische Kirche in die neue Ordnung geführt, sondern auch die Kirche Frankreichs und die vier Kirchen Occitaniens, die alle bis dahin dem bulgarischen Ritus gefolgt sind. Es bleibt die Frage, ob die katharischen Kirchen diesen Zwiespalt überwinden werden, oder ob dem äußeren Zwiespalt ein innerer folgen wird.

Diese Konsequenz hatte Besse nicht gesehen, er konnte auch von seiner Warte aus, die 1660 schon stark rationalistisch geprägt war, den wahren Katharismus in seiner spirituellen Eigenart nicht mehr erkennen. So spricht er ganz unbefangen von der Neuordinierung des einen und der Konfirmation des anderen — — und gleicherweise auch von dem Consolamentum, das Nicetas allen Anwesenden erteilte. *Ein Consolamentum kann man weder erteilen, noch entziehen; es ist ein Mysterium, und jeder muß es im tiefsten Innern als wesenhafte Tröstung erfahren.* Als Offenbarungsgeschehen verlangt es zwar eine Vorbereitung und bleibt dennoch dem menschlichen Einfluß völlig entzogen.

In dieser Hinsicht enttäuscht der Konzilsbericht und wirft vielleicht unberechtigterweise einen Schatten auf das Konzil. Anderseits muß man bezweifeln, daß in Saint-Felix das eigentliche Katharertum zutage getreten ist. Scheint es doch vielmehr, daß es unbekümmert um Richtungen und Formeln in seiner Verborgenheit dem wahren Ordo diente.

Kaum war das Konzil beendet und der „Oberhirte" nach Konstantinopel zurückgekehrt, starb Nicetas, und die dragowitische Kirche verlor ihren Führer in doppelter Hinsicht; denn kurz vor seinem Tod wurde bekannt, daß Nicetas einem Irrtum erlegen war. Ein neuer Schatten fiel auf das Konzil, als alle erteilten Weihen und Ordinationen für ungültig erklärt wurden. Gleichzeitig wurde die Integrität seines eigenen Weihepriesters — banaler Sünden wegen — in Frage gestellt. Markus, der ebenfalls seinem Ende nahe war, hatte sein Bischofsamt bereits dem tisserand Jean Juif übergeben, ehe die neue Delegation „gemäßigter" Bogomilen unter Führung von *Petrakios* in Venedig an Land ging. Diese hatte den Auftrag, die Reinheit des Wandels und der Lehre in Italien und Frankreich wieder herzustellen, die durch *Simon,* dem Amtsvorgänger des Nicetas zerstört worden war (man hatte ihn nämlich bei einer Frau ertappt).

Wie dem auch sei: Zwei starke Anstöße sind von diesem Konzil ausgegangen.

1. Die Reflexion über den Dualismus wurde mächtig angeregt, und es entstanden Traktate und philosophische Werke; es entstand eine Renaissance zu Gunsten antiker und apokryphischer Literatur.

2. Die klerikale Opposition in Rom erhielt durch diese öffentliche Katharerdemonstration einen massiven Anreiz, die Alarmglocke zu läuten.

Dualismus

Zum ersten Punkt ist zu sagen, daß es Bände füllen würde, alle Gedanken zu den Thema „Dualismus" auch nur annähernd auszuschöpfen. Es scheint wirklich das größte Welträtsel zu sein, mit dem sich denkende Menschen befassen und sich oft mutvoll in metaphysische Weiten hinauswagen, um ganz bescheiden wieder zurückzukehren. Greifen wir diesen Begriff „Dualismus" ernstlich an, so fällt er in zwei harte Brocken auseinander: in Sein und Nichtsein. Nichts als Abstraktionen und ein dialektischer Kunstgriff obendrein! Erst wenn wir beginnen, diese Abstraktionen wieder mit Inhalt zu füllen, die eine Seite mit Reinheit, Schönheit, Würde und die andere mit Bosheit, Häßlichkeit und Aufruhr, wenn also die Extreme beginnen, sich zu vermischen, kommen wir der alltäglichen Erfahrungsweise wieder näher. Und von dieser Seite her sollten wir versuchen, die Katharer zu verstehen und nicht von abstrakten Systemen aus, die unsere eigene Substanz zerstören; denn wie soll man ein absolutes Nichts denken ohne sich selbst zu vernichten (annihiler). Aber der Dualismus lieferte den Katharern zumindest den Grund zur Freiheit, zur Sorge um das eigene Sein, zum Aufschwung zum höheren Sein.

Es ist nicht zu übersehen, daß in dem Katharismus, wie er sich auf dem Konzil zu Saint-Felix darstellte, verschiedene Auffassungen zu entdecken sind, die von den Historikern dem gemäßigten und dem radikalen Dualismus zugeordnet werden. Es handelt sich um die religionsphilosophische Frage, ob *Satanas* ein Sohn Gottes sei, oder ein in seinem eigenen Reich allmächtiger Gott. Obwohl es zwischen den einzelnen Auffassungen keine exakten Abgrenzungen gibt, spricht man von zwei „Schulen", wovon die eine einen radikalen und die andere einen gemäßigten Dualismus lehrt. Die radikale Tendenz ist, wie schon vermerkt, im Paulikianismus, der manichäische Elemente aufweist, besonders ausgeprägt, während sich die gemäßigte Tendenz auf den Bogomilismus stützt und auf origenistische Einflüsse zurückgeht.

a) Der gemäßigte Dualismus deutet auf die Schule von *Concorezzo* in Italien und auf *Makedonien*, als dem Ursprungsland der „Bulgarischen Kirche“.

b) Der radikale Dualismus deutet auf die Schule von *Descenzano* am Gardasee und auf *Dragowitsa* (eine Landschaft in Thrakien) dem Siedlungsgebiet der Paulikianer.

Radikaler Dualismus

Wenden wir uns zunächst dem *radikalen Dualismus* zu, der die Existenz und Gegnerschaft zweier Prinzipien zur Voraussetzung hat, so daß die Welt nicht allein das Werk eines guten Gottes ist, sondern ein Werk, das unter Mitwirkung einer Gott feindlichen Macht entstanden ist. Die meisten Religionen geben die Existenz eines Widersachers zu, eines Teufels, der zwar einen Anfang hat, jedoch niemals ein Ende, eine halbe Ewigkeit also, was schwer vorstellbar ist. Man hilft sich weiter, indem man sagt: das Urböse gründe nicht in einem unabhängigen Prinzip, sondern in der „Freiheit“ einer Kreatur, die als ursprünglich gut zu betrachten ist. „Das Übel wäre gleichsam durch den freien Willen des Teufels aus dem *Nichts* geboren worden, und ein zweites Mal aus dem freien Willen des ersten Menschen im Paradies.“ Dieses Ergebnis geht mit dem hl. Augustinus überein, der es auf die Formel brachte: „Böse“ ist Mangel an „Gut“. Aber ein „Bös“, das weiter nichts ist, als ein „Ausfall“ an Gut, niemals Realität, verdankt seine Scheinexistenz dem Zufall. Dann ist aber auch das „Gut“ die zufällige Abwesenheit von „Bös“, was besagt: alles ist relativ. Und das „Gut“ sollte doch in einem absoluten Sinn wesenhaft göttlich und ewig sein![38])

[38]) Confessiones 3/7 „. . . daß das Übel weiter nichts ist, als ein Ausfall an Gut, der schließlich bis zum Nichtsein führt.“
Confessiones 7/12 „. . . alles, was Verderb erleidet, wird an Gut beraubt.“
Confessiones 7/14 „Alles ist wahr, insoweit es ist, und Irrtum entsteht nur, wenn dem, was nicht ist, Sein zugeschrieben wird.

Gerade die Relativierung des teuflischen Prinzips mußte von den Katharern abgelehnt werden. Denn, so wird argumentiert: wenn der erste Mensch, von einer teuflischen Suggestion versucht und verführt werden konnte, so war mit Sicherheit das „Böse" schon existent. Dasselbe gilt in höherem Maße für Luzifer. Wie hätte dieser göttliche Sproß, der vor seinem Sturz eine vollkommene Kreatur war, die Idee haben können, sich gegen Gott zu erheben und — angesichts des unendlichen Aufschwungs in der ewigen Liebe Gottes — dem Hochmut der Endlichkeit den Vorzug zu geben.[39]) Das war eines der solidesten Argumente der Katharer, die diese Schwierigkeiten ausnützten, um zu beweisen, daß das böse Prinzip von Anfang an existierte; denn die Freiheit, sagten sie, hätte keinen Sinn, wenn das Übel nicht schon als Alternative da wäre, um sich der „freien Wahl" anzubieten, und wenn auf unerklärliche Weise das Böse wie eine Fiktion aus der Freiheit herausspringen würde.

„In der Hypothese unserer Gegner, schrieb der radikal-dualistische Häresiarch *Jean de Lugio* (1230)[40]), würde das, was die Existenz besitzt und die Ursache dieser Existenz, nämlich das Gute zu wissen, weniger Wirkung auf die Engel gehabt haben, als das, was die Existenz nicht besaß und deren Ursache, nämlich das Böse zu wissen, noch gar nicht existent war . . . und das im Gegensatz zu dem, was man bei den Philosophen liest: ein Ding muß zuvor existieren, bevor es handeln kann."

Nichts beginnt ohne Ursache: die guten Engel konnten nicht schlecht werden, sie konnten nicht ohne Ursache das Gute hassen und das Böse lieben. „Wie das Andere aus dem Verschiedenen kommt, so bleibt das Gleiche im Gleichen", eine klare platonische Position! Das Verschiedene und das Gleiche: dieses Begriffspaar ist die Quelle des kosmischen und moralischen Dualismus.[41])

Das wahre Gut, sagt Schelling in seiner Identitätsphilosophie, kann nur durch eine göttliche Magie hervorgebracht werden, d. h. durch

[39]) vergl. René Nelli, Phenomène Cathare S. 19

[40]) Sein Werk ist nur in Abschriften vorhanden wie z. B. in Rainer Sacconi's Summa oder in dem anonymen „liber de duobus principiis", *v. A. Dondaine* wiederentdeckt

[41]) Deodat Roché, le Catharisme T. II S. 15

die unmittelbare Gegenwart des Seins in dem Bewußtsein und in der Erkenntnis. Es ist selbst für die gemäßigten Dualisten einleuchtend, daß die tiefere Ursache der Entartung Luzifers ein „Mysterium" bleibt, denn auch sie konnten die Erscheinung der Negation nicht allein durch die Freiheit erklären, auch sie setzten das *„Monstre des Chaos"* voraus, dem ein guter Gott den *„Kosmos"* abgerungen hat. Das ist der Aspekt Satans, der die untersten Regionen beherrscht, obwohl er für ein Nichts gehalten wird.

Der Philosoph drückt das vorliegende Phänomen so aus: Es scheint in der Manifestation Gottes eine Realität, eine Kraft des Widerstandes gegen das „Sein" vorhanden zu sein, eine Negation, die hervorzubringen, der wahre Gott weder gewollt noch gekonnt hat und die er doch berücksichtigen muß, so daß er konsequenterweise leidet, wenn er schaffend tätig ist.

Was hier anklingt ist die göttliche Passion, ein Motiv, das geradewegs nach Golgatha hinweist. Tatsächlich hatten die Katharer noch Kenntnis davon[42]), daß die kosmische Mission des Christus in den oberen Welten schon erfüllt worden war, ehe der Einbruch Satans in die Himmel erfolgte. Diese Mission bestand darin, die Zone der Heiligkeit zu verlassen und sich dem Bösen zu opfern.[43])

Für die Dualisten war es klar, daß für die obere Welt keine Möglichkeit bestand wider das Böse zu streiten, da Gott nur Waffen der Barmherzigkeit zu seiner Verfügung hatte: Er war ganz mächtig in dem Gut und konnte schaffen, was er wollte, aber so, daß er nur Gutes wollen konnte. „Wenn Gott kein Übel will, schrieb Jean de Lugio, wenn er nicht betrügen, noch sich selbst zerstören will, ohne Zweifel, er kann es nicht. Denn das, was dieser Gott in seiner Alleinheit nicht will, kann er auch nicht, und das, was er nicht kann, will er auch nicht . . . Gott selbst und seine Güte sind eine einzige und selbe Sache."[44]) Er fügte hinzu, daß der gute Gott nicht mit der Allmacht ausgestattet sei, auch die Übel zu machen, die waren, sind

[42]) Rud. Steiner, Erdensterben und Weltenleben, GA Nr. 181, „diese gnostischen Kenntnisse (der Katharer) waren darauf gerichtet, sich konkrete Vorstellungen über den kosmischen) Christus und das Mysterium von Golgatha zu machen."

[43]) R. Nelli, Phénomène Chatare S. 44

[44]) Vergl. die Tempellegende von R. Steiner bei Albert Steffen, Mani S. 58

oder sein werden, sondern allein ganz mächtig ist in dem, was alle Güter umfaßt, die waren, sind und sein werden, umsomehr, als er die absolute Ursache ist und das Prinzip von allem Gut und daher niemals durch sich selbst und wesenhaft die Ursache eines Übels sein kann. Dieser Tatsachen bewußt und angesichts der Unvollkommenheiten und Mängel in der Welt, mußten die radikalen Dualisten auf einen „Widerpart" schließen, mit dem — innerhalb der Zeitlichkeit — selbst der Schöpfer rechnen mußte. Im Gegensatz zu Augustinus, der nur eine fix und fertige Welt kannte, mußte postuliert werden: die Schöpfung ist unvollendet, weil nach ihrer Meinung der gute Gott die Bosheit, die sie verdirbt, erst an der Schwelle der Ewigkeit ausmerzen kann. Erst dann wird wieder ein Zustand hergestellt sein, wie er am Anfang war.

Je radikaler, d. h. je absolutistischer die Fronten gedeutet werden, desto kleiner ist der Freiheitsraum der gefallenen Wesen. Dies ist nicht nur in der Zweiprinzipienlehre der Fall, sondern auch im absoluten Monismus geht die Freiheit in einem Determinismus unter. Auf dem religiösen Sektor führt dieser Glaube letztlich zu einer doppelten Prädestination, wie sie von Augustinus vertreten wurde. An die Stelle des freien Willens tritt der Gehorsam und an die Stelle der menschlichen Freiheit tritt die göttliche Gnade, durch die der Barmherzigkeit und Liebe Gottes wieder Raum gewährt wird. Anders wäre auch ein allmächtiger Gott nicht zu ertragen.

Gemäßigter Dualismus

Der gemäßigte Dualismus geht davon aus, daß ein guter Gott Ursprung und Ursache dieser Welt ist, indem er in schöpferischer Weise einen Teil seiner eigenen Substanz hingibt und die Werde-Welt hervorbringt. Entgegen dieser Version des „Hervorbringens" (creare) neigte der hl. Augustinus zum Begriff des „Machens" (facere), d. h. daß sich nach seinen eigenen Worten die Schöpfung so vollzieht: „wie ein Tischler eine Lade macht". Deutlicher kann man die Trennungslinie von Schöpfer und Geschöpf nicht ziehen; denn sein „Wille" bleibt bei ihm, dem Schöpfer, nichts Wesenhaftes geht auf das Werk über. Der Mensch ist *von* Gott und nicht *aus* Gott, das ist heute noch das Grundmotiv der katholischen Lehre.[45])

Wir wissen von Raynier Sacconi, daß Jean de Lugio anderer Meinung war. Er lehrte, daß die Schöpfung untrennbar vom Schöpfer sei, so wie die Strahlen der Sonne untrennbar von der Sonne selbst sind. Damit ist diese Art von Dualismus mit der gnostischen Emanationslehre verwandt und manches ist mit Hilfe der Gott-Nähe und Gott-Ferne leichter zu erklären. Je weiter sich die Wesen vom Ursprung entfernen, je feiner und dünner wird das geistige Band, und es ist durchaus vorstellbar, daß gradweise Unterschiede der „Wesen" (Êtres) entstehen.

In diesen bogomilisch-katharischen Anschauungsweisen erkennt man deutlich die Patenschaft des großen alexandrinischen Lehrers *Origenes!* Er kennt keine Kluft im absoluten Sinn; was wir in seiner Theologie vorfinden, ist ein graduelles Teilhaben aller Wesen am „Sein" Gottes. Ihm ging es darum, die absolute *Priorität* des Vaters als der vollgöttlichen Überpersönlichkeit festzuhalten. So ist auch der „Logos" Ausstrahlung und Abglanz seines Wesens und bleibt doch immer in der Sohnschaft mit ihm verbunden. Wie der Sohn dem Vater, so ist auch der Heilige Geist dem Sohn subordiniert; sein Kommen hat Christus versprochen (Joh. 14, 16).

Diese „Subordination" der obersten Trias bildet gleichsam den Auftakt zu der nun folgenden graduellen Abstufung der hierarchischen Sphären. Sie spiegelt sich aber auch in den unteren Lebensbereichen wieder als dunkler und dichter werdende Psyche. Hier wie dort ist das eigene sittliche Verhalten der Geister, die ursprünglich alle gleich begabt und gleich geschaffen sind, die alleinige Ursache, daß sie nicht nur die verschiedensten Stufen einnehmen, sondern auch in feinere und gröbere Leiber eingehüllt sind. Die Depravation des reinen Seins, die durch den ganzen Kosmos ihre Furchen zieht, erklärt Origenes als den Verlust an Liebeskraft. „Wenn das, was heilig ist, Feuer und Licht und brennend genannt wird, das Gegenteil davon aber kalt, und wenn es heißt, die Liebe werde in vielen erkalten, so ist zu untersuchen, ob nicht vielleicht der Name Seele, griechisch Psyche, daher

[45]) Vergl. Otto Willmann, Gesch. des Idealismus S. 268

kommt, daß sie nach einem göttlicheren und besseren Zustand erkaltete."

Diesen Gedanken, den Origenes an der Psyche gebildet hat, überträgt er nun auf kosmische Verhältnisse und sagt: auch die ausgegossene Liebe Gottes ist erkaltet, sie ist zu einer *Katabolē Kósmu*, zu einem sinnlich-stofflichen Niederschlag geworden.

„Das glaube ich, nicht übergehen zu dürfen, daß die heiligen Schriften die Schöpfung der Welt mit einem ganz neuen und eigentümlichen Namen bezeichnet haben, wenn sie von einer Katabolē sprechen.[46])

Nach Origenes wirken in allem Geschehen Gott und vernünftige Geistwesen zusammen. In dem Niedergang: Gottes Vorsehung und menschliche Freiheit; in dem Aufstieg Gottes Gnade und eine Freiheit, die — nach der Aktivierung des menschlichen Kernwesens — den Weg des Evangeliums erwählt, der in die Fülle der göttlichen Gnaden führt. Für Origenes ist das Leben der Menschen nichts anderes, als unbedingt freies Handeln, stete Bewegung, Abfall und Wiederkehr unter fortwährendem Richten, Lenken und Hilfeleisten des Ewigen.[47])

Die kreative Emanation schafft Zonen der Vermischung (Mélange) vor allem dort, wo wesenhaftes Sein den Raum durchdringt und sich mit Kälte, Finsternis und Stofflichkeit vermischt. Man kann sagen, daß es dem *Nichts* zum Sein verhilft, das anders keine Möglichkeit hätte, zur Realisation zu gelangen.

Dieser Art dürfte auch die Vorstellung von Jean de Lugio gewesen sein, wenn er erklärt, daß das Gut hinabreicht bis auf den Grund des Bös, und das Bös hinaufreicht — auch wenn es zuletzt nur noch ein Nebel ist — bis zu dem höchsten Gut. Mit der moralischen Vollkommenheit, der Katharsis, ist das Ende der Vermischung gekommen, denn jetzt haben Dämonen und alle Übel keine Möglichkeit mehr, existent zu sein. Indem Raynier Sacconi über Jean de Lugio Rechenschaft ablegt, erklärt er, daß das Bös nur durch Sünden und Gebrechen zur Erscheinung kommt, und daß alle Mängel eine gemeinsame Ursache haben. Er präzisiert diese Ursache an Hand heiliger Texte,

[46]) de Princ. III, 109. Redep. S. 23, Spörri S. 115

[47]) E. Redepenning, Origenes II, 111

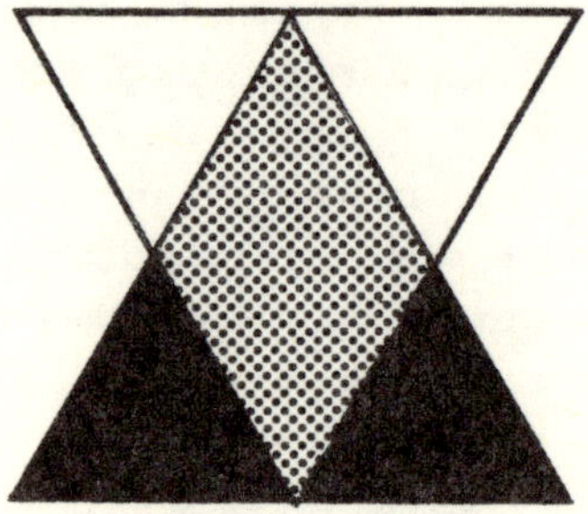

in denen der Schreiber die Gläubigen beschwört, vor allem die Zunge zu bezwingen: „Das *Übel der Unruhe* (mal inquiet) wohne in ihr, voll tödlichen Giftes“ (Jak. 3, 8). Auch Paulus greift dieses Thema auf und sagt von der Sünderin (Röm. 3, 13): „Ihr Schlund ist ein offenes Grab; mit ihren Zungen handeln sie trüglich; Otterngift ist unter ihren Lippen.“ Am deutlichsten sagt es der Psalmist (Ps. 140, 4): „Sie schärfen ihre Zunge wie eine Schlange, Otterngift ist unter ihren Lippen.“

Eine kühne Gedankenverbindung von

Mensch — Luzifer — Schlange!

Nurch durch List dringt die Schlange in das Gehege des Guten ein, und als Parasit lebt sie vom guten Sein, indem sie die Kreaturen schwächt und beraubt.

So gewiß das Böse abhängig ist vom guten Sein, durch das es allein existiert, so nahe ist auch sein Ende: wenn es einmal voll erkannt und geächtet sein wird. Für die katharischen Theoretiker, besonders für die Parfaits war es keine Frage, daß alles in der Welt dem guten Gott zugehört und daß selbst Luzifer und Satanas — einmal durchschaut und entlarvt — gerettet würden. Dies ist in der Tat nötig, da sie nur eine geliehene Existenz haben und dem Sein einen illusorischen Charakter verleihen. Beide halb existent (est et non est), sind unfähig aus ontologischer Fülle zu handeln.[48])

Mit dieser Relativierung des Bösen kann sich der *Liber de duobus principiis* nicht zufrieden geben. Alle Welt redet von Sünden, Züchtigung, Ängsten, von Irrtümern, Feuer, Folter, Brennen und Tod, man spricht sogar vom Teufel selbst. — „Sind das Dinge, so fragt er, die sich auf das böse Prinzip beziehen, oder sind es nur Namen, die eine Wirkung kenntlich machen?“ Man sieht, Jean de Lugio ist nicht geneigt, das böse Prinzip mit seinen Wirkungen zu verwechseln, er unterscheidet klar zwischen diesen und der Macht Satans, die allein und grundsätzlich dem Prinzip des Bösen entspringt.

Ein wichtiges Argument war für die Katharer „die Liebe“, der im creativ-emanistischen Prinzip eine wichtige Funktion zukommt. Das Band der Liebe ist es, das die Welt zusammenhält. Diese Liebessubstanz bestimmt auch den Wert jedes Einzelnen, so daß Paulus bekennt: „Wenn ich nicht die Liebe hätte, wäre ich nichts“ (1. Kor. 13, 2). Die Angleichung des Wesenlosen an das Nichts entspricht aber auch dem Johannesevangelium, das die Katharer ganz ähnlich interpretieren, wie es auch Augustinus getan hatte:[49]) „Im Anfang war das Wort, und das Wort war bei Gott, und Gott war das Wort. Dasselbe war im Anfang bei Gott (Joh. 1, 1—4). Alle Dinge sind durch es gemacht, und ohne es ist Nichts gemacht. Was gemacht ist, in dem war das Leben. Und das Leben war das Licht des Menschen.“

Was Augustinus durch eine Änderung der Interpunktion erzielte, das erreichten die Katharer durch die Akzentuierung des Wörtchens „nichts“ . . . und ohne es ist nichts gemacht worden . . . d. h. „Was ohne das Wort gemacht worden ist, das ist das Nichts.“

Damit näherten sich beide Standpunkte einer spiritualistischen Lösung, wie sie schon *Plotin* vertrat, indem er Sein und Nicht-sein in qualitativem Sinne deutete: als gut und bös. Hieraus folgerte Augustinus, daß das Bös keinerlei Wesenheit hat und daß selbst auch unsere Geisteskraft nicht höchstes und unwandelbares Gut ist“ (Conf. 4, 15).

So fatal es ist, einerseits das „Nichts“ als Mangel und Verlust an

[48]) R. Nelli, Phénomène cathare S. 34

[49]) O. Willmann, Gesch. des Idealismus S. 290

Gut zu erklären, wie es Augustinus getan hat, und andererseits das Postulat aufzustellen: Gott hat die Welt aus „Nichts“ gemacht, ein Satz, der zum Axiom der katholischen Dogmatik geworden ist, so sicher ist es, daß in diesem Fall unter „Nichts“ ein „Gut“ zu verstehen ist, das von Gott ins Dasein gerufen wird.

Auch für die Katharer hatte das Wörtchen „Nichts“ keinen guten Klang. Nicht nur der Mensch, sondern der ganze Kosmos hat sich auf das „Nichts“ zubewegt. Aber ihre Konsequenz ist derjenigen des hl. Augustinus diametral entgegengesetzt. Warum — so fragen sie — sollte der Schöpfer dieser mißratenen Welt nicht selbst ein „Nichts“ gewesen sein, wenn der wahre Gott nur Gutes vollbringt?

Augustinus machte es sich leicht, die dualistischen Prinzipien als „manichäisch“ zu diffamieren. Sein Gottesbild erlaubte es ihm; denn in diesem sind dieselben Probleme inhärent: zu Lasten Gottes. Nur einem Genius war es vorbehalten, die strafende Gerechtigkeit und Unerbittlichkeit *Jahve-Eloah's* mit der unendlichen Barmherzigkeit und Güte des *Vaters* in Einklang zu bringen:

„Gott hat die Welt durch seinen Willen aus dem Nichts geschaffen“. — „Die Welt ist, weil Gott will und wie er will“. „Ein Wille, eine Kraft, eine Majestät!“ —

Hier zeigt sich der Schöpfer nicht nur in unendlicher Ferne, sondern auch in einer völligen Seinsgeschiedenheit von seinem Werk. Andererseits wird auch das Liebeswalten erkannt, wie es sich im göttlichen Heilsplan offenbart. Aber was ist das für eine Liebe, die Augustinus interpretiert, eine Liebe, die nicht die wesenhafte Vereinigung sucht, sondern sie verwirft und der Willkür eines Gottes unterworfen bleibt.

Auch das *Menschenbild*, das Augustinus zeichnete, muß uns befremden. Augustinus hatte einen ausgeprägten Sinn für alttestamentliche Tugenden, für Demut, Gottesfurcht und Gerechtigkeit. Diese religiöse Grundstimmung erzeugte in ihm das Bewußtsein, dem Bilde Gottes alle Macht und Herrlichkeit, alle Ehre und Würde, alle Weisheit und Gerechtigkeit — in absoluten Größen — schuldig zu sein. Es ist klar, daß andererseits ein solcher Turmbau der Gefühle die völlige Entleerung des Menschen verlangte. Er mußte dieser „Allfülle Gottes“ gegenüber das „Selbst“ der menschlichen Persönlichkeit als ein „Nichts“ bestimmen.

Augustinus hatte ursprünglich sehr freiheitliche Thesen vertreten. Erst im Verlauf des pelagianischen Streites veränderte sich seine Auffassung. Man könnte meinen, Augustinus hätte den freien Willen einer schroffen Diesseits-Jenseits-Idee geopfert, weil seine persönliche Art von Religiosität den freien Willen des Menschen einfach nicht ertragen konnte. Der diesseitige Mensch durfte in seiner Verworfenheit von sich aus nichts Gutes vollbringen; denn seinen Willen hält Augustinus für so geschwächt und von der Triebnatur überlagert, daß er nur Böses vollbringen kann: „Der Mensch hat nur Freiheit zur Sünde" (de spir. et lit. 3). Wenn aber dem menschlichen Willen nur eine Tür offen steht, dann kann von Wahl und Freiheit keine Rede sein. So kennt das Menschenbild, das Augustinus auf dem Gipfel seines Wirkens und Schaffens zeichnete, keine Freiheit. Nach Augustinus Auffassung mußte eine Kurve entstehen, die bei Gott die höchste Vollkommenheit, bei dem gefallenen Menschen den Nullpunkt erreichte. Freiheit im wahrsten Sinn des Wortes war für Augustinus gleich Unsterblichkeit. „Durch die Strafe der Übertretung verlor Adam die Unsterblichkeit" (Op. imp. VI. 30). Durch die Sünde also, das stand für Augustinus fest, haben wir die freie Beherrschung der leiblichen Natur verloren, vielmehr werden wir jetzt von ihr beherrscht. In einem Wesen aber, das ganz der Erbsünde unterworfen, dessen Instinkt alles, dessen Freiheit gleich Null ist — das zu sagen, sei unserem Zweifelmut zugestanden — kann das Bild des Menschen nicht mehr gesehen werden. Vielmehr ist es die Spezies Tier, die in dieser Konsequenz offenbar wird (vergl. de pecc. mer. T 2, 4, 16).

Dualismus in neuer Sicht

Der Dualismus hatte noch lange Zeit die Gemüter bewegt, bis er erst in unserem Jahrhundert als *berechtigter Dualismus* eine Lösung erfuhr. Immer deutlicher zeichnete sich die Erkenntnis ab, daß die Dualität von „Sein und Nichtsein" keinen echten Gegensatz darstellt (Nietzsche), daß es vielmehr „Sein und Werden" heißen müßte. Aber dieses „Werden" stand noch ganz im Bann der „ewigen Wiederkehr

des Gleichen". Erst in seinen Zyklen, die nach 1900 erschienen, brachte Rudolf Steiner Klarheit in dieses Problem.
„Werdendes und Ersterbendes" nannte er das Begriffspaar, das dem „Werden" des schöpferischen Weltenwortes gerecht wird und zum „Sein", als dem Gewordenen, Ersterbenden hinführt. Der ontisch-statische Zustand war damit überwunden, und die Welt der Ideen geriet in Bewegung. Wie schon in altpersischer Zeit zwei gegensätzliche Götter die Schöpfung tief beeinflußten, so sind noch immer geistige Kräfte und Mächte als dienende Helfer in den Weltprozeß eingeordnet und der Menschheitsentwicklung dienstbar gemacht. Ihre konträren Tendenzen, auf eine berechtigte Einflußnahme reduziert, dienen dem göttlichen Weltenplan. Für die äußerst wirksamen Kräfte, heute ihrer Göttlichkeit beraubt, hat die Geisteswissenschaft die altpersischen Namen Luzifer und Ahriman beibehalten. Als äußerlichstes Kennzeichen dieser beiden Gegner der menschlichen Seele, bezeichnet Rudolf Steiner zum ersten die Phantasie, die unter Luzifers Einfluß zur Phantasterei entartet, und zum andern die Philisterei, die unter Ahrimans Einfluß in einer pedantischen Lebensart erstarrt.[50]) Weit gefährlicher sind die luziferischen Kräfte im Bündnis mit menschlichen Begierden, Trieben und Leidenschaften, was eine permanente Versuchung bedeutet und den Menschen zu erhöhten Anstrengungen zwingt, dem Bösen zu widerstehen und ein selbständiges, freies Wesen zu werden. Aber die luziferische Tendenz zielt dahin, den Menschen egoistisch zu isolieren, ihn loszuschnüren vom geistigen Kosmos, auch in seinem Wissen vom Zusammenhang mit dem physischen Kosmos.[51])

Die zweite Macht, die ahrimanisch genannt wird, und in ihrer Totalität als Ahriman bekannt ist (bibl. Satan), ist in ihrer Tendenz der luziferischen entgegengesetzt. Sie bedroht den Menschen von außen und wirkt durch die Sinne auf ihn ein; sie erfüllt ihn mit Furcht und will ihm den Zugang zum Geist verwehren. Es ist das Ziel Ahrimans, die Erde samt dem Menschenreich in seine Machtsphäre zu bekommen. „So ist die Welt, in der wir drinnenstehen, durchdrungen von luziferischen und ahrimanischen Wesenheiten, und es besteht dieser gewaltige

[50]) Vergl. R. Steiner, Die Sendung Michaels S. 13, GA Nr. 194

[51]) Vergl. Erdensterben und Weltenleben, GA Nr. 181

Gegensatz zwischen der befreienden Tendenz der luziferischen Wesenheiten und der nach Macht strebenden Tendenz der ahrimanischen Wesenheiten".[52])

Trotz ihrer Gegensätzlichkeit sind die beiden Mächte in bezug auf ihre Wirkungsweise von einander abhängig, und Ahriman erscheint oft als Gefolgsmann Luzifers. Hat dieser die Tendenz, die Entwicklung zu beschleunigen und eine Frühreife zu begünstigen, fördert er auch ein vorzeitiges Altern mit sklerotischen Merkmalen. Das ist das Signal für Ahriman, der die leibliche Verhärtung bis zur Verknöcherung, bis zum Tod fortsetzt. In ähnlicher Weise ist auch die Erbsünde an sich luziferisch, die Folgen jedoch des vorzeitigen Abstiegs sind ahrimanisch.

Rudolf Steiner charakterisierte diese beiden Mächte in allen Einzelheiten, um ihre Wirkungsweise den Menschen vertraut zu machen. Wir erfahren, daß das Luziferische der Vergangenheit und dem Osten in stärkerem Maße zugeordnet ist, das Ahrimanische dagegen der Zukunft und dem Westen, und wie dazwischen ein Freiheitsraum entsteht. Was sich so in geographischer Hinsicht ein Abbild schafft, kann auch im geistigen Spektrum wahrgenommen werden. Es ist jene „Mitte", in der sich das höhere Menschentum entfaltet, entfalten muß, um die Zukunft zu retten. Nur jener Teil des menschlichen Wesens, der sich als Geistkeim der übersinnlichen Erkenntnis öffnet, ist fähig, dieser Zukunft — im Sinne des wiederkommenden Christus — zu dienen. Deshalb wehrte sich schon das frühe Mittelalter gegen die aufgerissene Kluft zwischen Schöpfer und Geschöpf; denn wo völlige Seinsgeschiedenheit herrscht, gibt es keine Möglichkeit des Erkennens und keine Freiheit.

Von unserer heutigen Warte aus fällt es uns nicht schwer, mit Nachsicht auf die Katharer zu blicken. Sie hatten noch nicht die Möglichkeit, über die Sache so zu reden, wie wir es heute tun können. Aber sie wußten, daß — gemäß dem Mysterium der Trinität — die Zweiheit ein Drittes braucht: den göttlichen Anhauch, durch den erst alles seine Richtigkeit hat.

[52]) Vergl. R. Steiner, Die Sendung Michaels S. 18, GA Nr. 194

Oppositionelle Kräfte

Klerus und Ritterschaft

Der zweite Anstoß, der von dem Konzil von Saint-Felix-de-Caraman ausging, war politischer Natur. Die Kirche mobilisierte alle Kräfte und Mächte, und selbst die höchsten Instanzen, die sich bisher den Katharern gegenüber ohnmächtig zeigten, sahen sich gezwungen, Alarmrufe auszustoßen. Im Jahre 1172 schrieb der Erzbischof von Narbonne *Pons d'Arsac* erstmals an den König von Frankreich:

Der katholische Glaube ist in unserer Diözese sehr bedroht. Das Schiff des hl. Petrus ist leck geschlagen von der Schmach der Ketzer, was uns mit größter Besorgnis erfüllt. Möge die Macht eueres Eifers den Schild des Glaubens und die Waffen der Gerechtigkeit hochhalten, damit ihre Stärke dem Herrn zu Hilfe komme, und die ketzerische Verworfenheit ganz und gar aus unserem Land vertreibe.

Auch ein occitanischer Regent, auf den die Kirche zählen konnte, ergriff das Wort. Es war *Raymond V., Graf von Toulouse*, der die Ketzer des Landes verwies. Noch immer zögerten die Konsuln der großen Städte, und auch seine Ritter, der ländliche Adel, sahen sich außerstande, den Befehl auszuführen. Zur Not machten die Ritter den *service d'ost*, zu dem sie in Kriegszeiten verpflichtet waren. Darüber hinaus hatte der Graf weder die Autorität, noch die Mittel, sie zu zwingen, gegen die Katharer vorzugehen und ihre Freunde und Verwandten zu verjagen. Raymond V. hatte keine andere Wahl, als seine Sorge dem Generalkapitel des Ordens von Citeaux mitzuteilen. Eine Sorge, hinter der er seine Ratlosigkeit versteckte. Hier der wesentliche Inhalt aus seinem Brief vom September 1177:

Diese pestartige Seuche hat die Ketzerei so sehr verbreitet, daß sie alle diejenigen in Zwiespalt gestürzt hat, die vereinigt waren, trennte ach! den Gemahl von der Frau, den Vater vom Sohn, die Schwiegermutter von der Schwiegertochter. Sogar diejenigen, die schon zum Dienst in der Kirche eingekleidet waren, sind durch die Einflüsterung verdorben worden. Die alten Kirchen, die man bis jetzt respektierte, sind verlassen und verfallen. Man verweigert die Taufe, verachtet das Abendmahl, verspottet die Strafe, leugnet hartnäckig die Erschaffung des Menschen und die Auferstehung des Fleisches; alle kirchlichen Sakramente werden geleugnet, und — o Frevel! — man glaubt sogar an zwei Prinzipien.

Was mich betrifft, der ich bewaffnet bin mit einem der göttlichen Schwerter und der ich bekenne, zum Zweck der Rache des göttlichen Zorns berufen zu sein, und der ich Gott dienen will, ich suche vergeblich die Mittel, einem so großen Übel ein Ende zu setzen. Ich bekenne, daß mir die Kräfte fehlen, eine so große und schwierige Aufgabe zu lösen, weil die meisten Adeligen meines Landes schon der Untreue verfallen sind und eine große Zahl von Leuten veranlaßt haben, den Glauben zu verlassen. So kann ich nichts wagen und nichts unternehmen. Ich erflehe deshalb mit Demut euere Hilfe, eueren Rat und euer Gebet, um diese Ketzerei auszurotten. Wisset, daß ihr Gift so tief eingedrungen ist, daß es nur von der mächtigen Hand Gottes ausgeschnitten werden kann und von seinem bewehrten Arm. Und weil wir wissen, daß die Autorität des geistigen Schwertes nichts unternehmen kann, um eine solche Verkommenheit zu zerstören, muß sie mit der Wucht des weltlichen Schwertes angegriffen werden. Deshalb fordere ich den Herrn und König von Frankreich auf, in unser Land zu kommen, in der Überzeugung, daß seine Gegenwart beitragen könne, so große Übel auszureißen. Wenn er hier sein wird, werde ich ihm die Städte öffnen. Ich stelle ihm Dörfer und Schlösser zur Verfügung und werde ihm die Ketzer-Nester zeigen, und überall, wo es nötig ist, werde ich ihm beistehen bis zur Hingabe meines eigenen Blutes, um alle Feinde Jesu Christi zu vernichten.[53])

Was Raymond V. mit großer Beredsamkeit zu Papier brachte, entspricht im großen und ganzen den Tatsachen, daß der Adel zutiefst den Katharern verpflichtet war und daß Strafen, Anathematas und Exkommunikationen unwirksam waren. Es ist auch wahr, wenn er sagt, er wage nichts zu unternehmen: weil er nichts unternehmen konnte, wenn er nicht die ganze Minnekultur zerstören wollte, deren geistiger Kern der Katharismus nun einmal war, sowohl in der Substanz als auch in der Idee. Wenn er dennoch den König zu Hilfe

[53]) Dom Bouquet, Recueil des Historiens des Gaules et de la France, M. Roquebert S. 83

ruft — er ist ja sein Oberlehensherr und kein Ausländer — tat er es vielleicht aus taktischen Gründen, um seine eigene Bewegungsfreiheit nicht zu gefährden. Er suchte das Vertrauen des Königs — — und hatte ihn ungewollt zum *Kreuzzug* ermutigt. Dieses Schreckgespenst stand von nun an im Raum, wenn es zunächst auch nur ein Geplänkel war, das sein Alarmgeschrei entfachte.

Der König von Frankreich, Louis VII. und auch der König von England, Henri II. hörten von diesem Hilferuf. Sie kamen gerade von Nonancourt, wo sie mit Unterstützung des päpstlichen Legaten, Pierre de Pavie, Frieden miteinander geschlossen hatten. Die beiden Könige beschlossen sogleich, nach Toulouse weiter zu reiten, ließen jedoch diesen Plan wieder fallen und zogen es vor, Pierre de Pavie und seine Begleitung nach Toulouse zu schicken.

Wie ein Menetekel mochte ihnen Eleonore von Aquitanien erschienen sein, die seit vier Jahren, des Aufruhrs verdächtig, die Gefangene ihres eigenen Gemahls Henri war und in England streng bewacht wurde. In gewissem Sinne hatte das Zerstörungswerk der Südkultur bereits begonnen, als Henri II. die hohe Schule der Courtoisie in Poitiers zerstörte und die Lehrkräfte in die Verbannung schickte.

Kaum war die päpstliche Legation unter militärischem Schutz ins Toulouser Land eingedrungen, als ihnen auch schon Rufe und Hohngelächter entgegenschallten. Doch allmählich schlug die Stimmung um, und die Bevölkerung zeigte Zuneigung und Interesse für den katholischen Glauben. „Die Füchse, sagte Henri de Marsiac, haben sich in Maulwürfe verwandelt . . .“[54]) Daraufhin stellte Pierre de Pavie die katholischen Freunde unter Eid und zwang sie, die Katharer zu denunzieren.

Auf diese Weise wurde unter vielen anderen auch Pierre Maurand verhaftet, ein früherer Konsul und Mitglied einer vornehmen Familie. Der Graf führte ihn persönlich dem Legaten vor, der ihn befragte. Aber Pierre Maurand leugnete. Als er schließlich schwören sollte, verweigerte er den Eid. Hierauf wurde er als Ketzer erklärt und dem Grafen zur Bestrafung übergeben. Als Maurand erfuhr, daß seine Häuser konfisziert würden, und er aller Güter beraubt sei, ver-

[54]) M. Roquebert II S. 85

langte er abschwören zu dürfen, was ihm auch gewährt wurde. Daraufhin wurde er von dem Bischof und dem Abt vom Gefängnis abgeholt und in einem jämmerlichen Aufzug, halb nackt und ohne Schuhe, unter Geißelschlägen durch die Stadt zur Basilika Saint-Sernin geführt. Vor dem Altar warf er sich nieder und bat um Verzeihung für allen Irrtum und gelobte Gehorsam. Zur eigentlichen Buße befahl ihm der Bischof, während der 40tägigen Fastenzeit nach Jerusalem zu pilgern und dort drei Jahre im Dienst der Armen tätig zu sein.

Obwohl da und dort Bekehrungen erzielt wurden, hielten die Katharer nicht nur dem wachsenden Druck stand, im Gegenteil, ihr Bekennermut wuchs mit der Gefahr. So wurde in diesen Tagen der Bischof von Albi an das Sterbebett seines Verwandten Guillaume-Pierre de Brens gerufen, um aus dem Munde des sterbenden Sénéchals zu erfahren, daß dieser ganz in den Händen der Bons-Hommes sein Leben beschließen wolle.

Aber der Aufruf von Raymond V. zeitigte doch eine erste Konsequenz in Toulouse: dort wurde für drei Monate ein richtiges Inquisitionstribunal installiert, und viele Bürger wurden der Ketzerei überführt. Kaum hatte diese Legation das Languedoc verlassen, wurde von Papst Alexander III. das *3. Laterankonzil* einberufen, zu dem mehr als 300 Teilnehmer eingeladen wurden. Schon in dem Einladungsschreiben war die Ketzerbekämpfung als ein unmittelbarer, von der Primatstellung des Papstes abhängiger Auftrag bezeichnet. Dabei zitierte Alexander III. das Jeremiaswort (1, 10): „Ich setze dich heute über Völker und Königreiche, daß du ausreißen, zerbrechen, verstören und verderben sollst und bauen und pflanzen" — und bereitete damit den Boden für die Politik und Weltmachtsansprüche des späteren Papstes Innozens III. vor.

Das Konzil befaßte sich unter anderem auch mit dem zunehmenden Antiklerikalismus des bäuerlichen Adels, der der Kirche Landbesitz, Wiesen, Äcker, Weinberge und Mühlen entreißt und seine Domäne vergrößert. Plünderung bedeutete bares Geld; denn das Kirchengut war verhältnismäßig leicht zu erlangen. Man darf bei diesen Übergriffen nicht übersehen, wie reich die Kirche durch Beschlagnahme, Konfiskation und Enteignung von Ketzerbesitztum geworden war. Andere

Canones befaßten sich mit der Würdelosigkeit, dem Luxus und den üblen Sitten des hohen Klerus und brachten ältere Maßnahmen in Erinnerung.

Der Kanon 27 befaßte sich mit den *Routiers,* das waren ausgehobene Banden, Söldner übelster Abkunft, die zur Auffüllung der Heere gebraucht wurden. Sie kamen aus Navarra, Aragon und Katalonien, aus dem Baskenland und aus Brabant. Und in der Tat, das Konzil ordnete die Brotgeber der ausgedienten Routiers in die gleiche Strafklasse ein, wie die Begünstiger der Ketzer, und bedrohte auch sie mit Kirchenbann und Schwert. Schließlich sieht der Kanon 27 noch vor, daß diejenigen, die gegen die Feinde des Glaubens (Ketzer) und gegen die Feinde des Friedens (Routiers) kämpfen, der besonderen Protektion der Kirche gewürdigt und den Verteidigern des Heiligen Grabes als gleich erachtet würden. Damit wurde der Kreuzzugsidee in allen Punkten entsprochen, und H. Maisonneuve konnte zu Recht vermerken, daß die Kreuzzugsidee zur Vernichtung der Ketzer von Raymond V. suggeriert, von Heinrich von Clairvaux befestigt, auf Befehl Alexanders III. vollzogen, von jetzt an in das kanonische Recht und in die juristische Gepflogenheit der Christenheit aufgenommen ist.[55])

Innozenz III.

Neunzehn Jahre später, am 8. Januar 1198 bestieg der größte Jurist seiner Zeit, der jugendliche Kardinal Lotario, Graf von Segni, als Innozenz III. den Stuhl Petri.

Seine Vorstellungen, die mit der Idee des Primats eng verknüpft sind, gingen dahin, der Vormachtstellung Roms höchstes Ansehen und die ungeteilte Gewalt über Völker und Reiche zu geben und sie über den ganzen Erdball auszudehnen. Die Legitimation für diese in seinen unbeugsamen Willen aufgenommene Kirchenreform fand er im Priesterkönigtum nach der Ordnung Melchisedeks gegeben, woraus er folgerte, daß Christus „einen einzigen allein an die Spitze gestellt

[55]) Henri Maisonneuve, Übersetzer der Histoire albigeoise von Pierre Des-Vaux-de-Cernay

hat, einen Stellvertreter hier auf Erden, damit, ähnlich wie vor ihm selbst jedes Knie sich beugt im Himmel, auf Erden und in der Unterwelt, so auch alle seinem Stellvertreter gehorchen und willfahren, und so ein Hirte und eine Herde sei".[56]) Abgesehen davon, daß die Idee der *„plenitudo potestatis directae"* dem historischen Grundphänomen des Mittelalters diamentral entgegensteht, hat sie sich in keiner Phase seiner Regierungszeit auch nur annähernd realisiert. Gewiß hat das alte Priesterkönigtum Davids im Mittelalter noch eine gewisse Bedeutung als Ideal, an dem man sich orientierte, aber in der Praxis treten die in ihm wirkenden Kräfte als königliche und priesterliche Funktionen längst getrennt in Erscheinung und werden jeweils von berufenen Persönlichkeiten repräsentiert. Diese Teilung der göttlichen Machtfülle in zwei polare Machtsphären geht auf David zurück, dessen Söhne Salomo und Natan die königliche und die priesterliche Linie begründet haben. Und so treten diese geschichtswirksamen Kräfte das ganze Mittelalter hindurch in zweierlei Gestalt in Erscheinung: als Kaiser und Papst, als König und Bischof, als Ritter und Mönch. Wieviel solcher Begriffspaare es auch geben mag, immer sind es Ausdrucksweisen dieses einen Phänomens.

Das *Mittelalter* war die große Hoffnung der oberen Welt und alle Menschen waren irgendwie ergriffen und im Banne dieser Hoffnung, wie sie der 85. Psalm besingt: „Gnade und Wahrheit werden sich begegnen, Gerechtigkeit und Friede werden einander küssen, die Wahrheit wird aus der Erde hervorsprossen und die Gerechtigkeit vom Himmel herniederschauen".

Es ist schon merkwürdig, daß immer wieder Kaiser und Papst das Geschichtsbild beherrschen und auftreten in dem Bewußtsein, Spiegelbild der göttlichen Machtfülle zu sein, die sich um der Menschheit willen teilte: um den Völkern besser dienen zu können. Aber so sehr auch *regnum* und *sacerdotium* zur Realisation gedrängt wurden, es ist fast nichts daraus geworden; wir kennen das „Reich" nur verzerrt und korrumpiert. Anstatt auf Gerechtigkeit und Friede, wovon der Psalmist singt, stoßen wir auf einen tödlichen Haß.

Doch, was im Großen nicht gelingen konnte, finden wir am Rand

[56]) Vergl. Carl Andersen, Konzile S. 117

der Weltgeschichte, gleichsam *en miniature* in einer zauberhaften Vollkommenheit im *Süden* Frankreichs, wo Ritter und Katharer einen Bund schlossen und das maßvolle Zusammenspiel von regnum und sacerdotium zum Quellpunkt einer einzigartigen Kultur werden konnte.

Der occitanische Volksgeist hatte Ritter und Katharer zusammengeführt und an ein gemeinsames Schicksal geknüpft. Mit der Thronbesteigung Innozenz III. jedoch war das Katharerschicksal in eine entscheidende Phase eingetreten, die kein Erbarmen kennt. Der Versuch der Katharer, dem christlichen Liebesimpuls durch die Schaffung einer sozialen Ordnung den Weg zu bereiten, wird vorzeitig abgebrochen, und die parakletische Vision von einem Friedensreich wird einem atavistischen Weltmachtsanspruch zum Opfer fallen.

Bereits vor der Wahl Innozenz III., teilweise schon seit 200 Jahren, hatte die Kirche Lehenshoheit über Fürsten und Staaten ausgeübt; aber was zu einem theoretischen Beiwerk geworden war, wurde von Innozenz zu neuem Leben erweckt, er zog alte und neue Vasallen nicht nur zur Bezahlung der Jahreszinsen heran, sondern verpflichtete sie auch zu militärischen Hilfeleistungen.

Im Jahre 1213 erklärte sich der König von England, Johann ohne Land, nicht ohne List als treuer Vasall des Heiligen Stuhles und versprach, einen jährlichen Zins von 1000 Mark-sterling zu entrichten und — samt seinen Erben — die Lehenspflichten zu übernehmen, d. h. bei Regierungswechsel den Huldigungseid zu erneuern.

Mit Philipp-August, seit 1180 König von Frankreich, war das eine andere Sache. Durch seine Heiraten und Scheidungen zeitweise im Bann, war er dem päpstlichen Stuhl nicht sehr willfährig, besonders nicht, wenn sich dieser in den englisch-französischen Krieg einmischte. Der Papst verlangte nämlich, die Feindseligkeiten sofort einzustellen, weil die orientalischen Kreuzzüge die Einigung aller Christen in Europa notwendig machten. Philipp-August, von seinen Baronen nachhaltig unterstützt, setzte sich über diese päpstliche Intervention hinweg und ließ den Papst wissen, er hätte keinen Auftrag, sich in feodale Dinge einzumischen. —

Am 31. Oktober 1203 antwortete Innozenz III. auf seine Weise und belehrte den König, daß er nur im Namen der Gerechtigkeit und des Friedens vermittle; im übrigen hätten die beiden Könige, indem sie sich gegenseitig bekriegten, eine ernste Sünde begangen, und das wäre es genau, was in sein Ressort fiele.

Auf solche Feinheiten ging Philipp-August nicht ein und wies jegliche Art von Einmischung in königliche Angelegenheiten zurück.

Eine ähnliche Zurückhaltung übte der König auch in der Albigenser-Affäre. Selbst, als er die Notwendigkeit, die Häresie zu bekämpfen längst einsah, hatte er die dem Papst von den Konzilien zugesprochenen Rechte nicht anerkannt, auch nicht jene, die den Papst ermächtigten, die Barone des Südens abzusetzen, und sei es auch mit der Begründung, daß sie Ketzer wären oder Ketzer begünstigt hätten. Philipp-August, seiner Hoheitsrechte bewußt, weigerte sich hartnäckig, auf die wiederholten Ermahnungen des Heiligen Stuhles zu antworten. Erst als sich der Papst herbeiließ, die königliche Autorisation für gewisse Maßnahmen zu erbitten, z. B. die großen Vasallen zum Kreuzzug aufrufen zu dürfen, lenkte der französische König ein. So dauerte es 11 Jahre, bis der Kreuzzug gegen die Albigenser in greifbare Nähe rückte.

Noch immer schossen neue Widerstände aus dem Boden, Widerstände innerhalb des hohen Klerus selbst, der aufgerufen war, die weltlichen Partner zum Eingreifen zu bewegen. Wo blieben die Armeen? — Keiner der Mächtigen im Lande zeigte sich bereit, seine Stärke in den Dienst der Prälaten zu stellen. Angesichts einer solchen allgemeinen Trägheit sah sich Innozenz III. gezwungen, einen eigenen Mechanismus in Gang zu bringen; denn der Kampf gegen die Häresie wird nur durch ein hartes Durchgreifen ermöglicht: durch die Vertreibung der widerstrebenden Ritter und der zögernden Prälaten.

Während die Absetzung der Prälaten eine innere Angelegenheit der Kirche war, die sie mit eigenen Mitteln regeln konnte, bedurfte es bei der Vertreibung der Ritter ganz anderer Mittel. Hier war es notwendig, Männer zu finden, die entschlossen waren, die südländischen Barone nicht nur zu verjagen, sondern auch zu ersetzen; und solche konnten naturgemäß nur außerhalb des Languedocs gefunden werden. Kein Wunder, daß die Operation wie ein Kreuzzeug erscheinen mußte, weil sich die Rekrutierung nur in Ländern durchführen ließ, die treu zur Kirche standen. Innozenz III. zeigte einen

Spürsinn für das Nord-Süd-Gefälle in Frankreich, das noch immer durch Unterschiede des fränkischen und gotischen Adels vorhanden war. Diesen untergründigen Zwiespalt wußte er mit Erfolg zu beschwören.

Zunächst war es notwendig, die erforderlichen Schritte dadurch zu rechtfertigen, daß man ihnen Rechtskraft verlieh. Die Ritter mußten in einem solchen Grad der Komplizenschaft verdächtigt und überführt werden, daß sie wie Ketzer unter das Gesetz der Landesverweisung fielen.

In einem Rundschreiben vom 21. April 1198 an die Erzbischöfe, Grafen und sonstige Autoritäten des Midi kündigte Innozenz III. an, daß er im Begriffe wäre, eine spezielle Mission in die verseuchten Gebiete zu entsenden. Ihre Führung läge in den Händen von Bruder *Rainier* und seinem Stab und dem Bruder *Guy*, seinem Assistenten.

In der Tat: Rainier war in einer Weise autorisiert, wie es bisher noch nie der Fall war. Der Papst befahl den Prälaten strikt, sich demütig den Maßnahmen zu fügen, die der Bruder Rainier gegen die Ketzer, Aufwiegler und ihre Verteidiger glaubt ergreifen zu müssen, und Sorge zu tragen, daß sie in einer unverbrüchlichen Weise befolgt werden.

Kaum hatte Innozenz III. Rainier entsandt, erließ er einen neuen direkten Aufruf, in dem es heißt: Wir befehlen dem ganzen Volk in euren Provinzen, sich gegen die Ketzer zu bewaffnen, währenddessen Bruder Rainier und Bruder Guy gemäß ihrem Auftrag Gericht halten. Diejenigen, die sich mit Treue und Hingabe für die Rettung des Glaubens einsetzen, wollen wir — angesichts der Gefahr, die die Kirche bedroht — den gleichen Sündenerlaß gewähren, wie jenen, die zu St. Peter oder St. Jakob pilgern.

Dieses Rundschreiben enthält noch einen besonderen Hinweis, der — neben der Zubilligung von Ablässen in einem zukünftigen Kreuzzug — genau bestimmt, daß die Herren gehalten sind, die Güter der Schuldigen einzuziehen, und daß die schuldig Erkannten scharfen Verhören zu unterwerfen sind, damit herausgebracht wird, wer Ketzer begünstigt, wer ihnen Schutz gewährt, und wer mit ihnen zusammenwohnt.

Ein Jahr später verkündete Innozenz III. zu Viterbe ein Dekret

(1199), das dem Prinzip der Enteignung den endgültigen, juristischen Status gab und zwar durch Übertragung des altrömischen Staatsbegriffs auf die Kirche. Dieser Schritt bedeutet, daß sich die Kirche als höchstes Richteramt betrachtet und sich das Recht anmaßt, Güter von Personen zu beschlagnahmen, die eines Verbrechens gegen den Staat schuldig geworden sind, gerade so, als ob die Ketzerei das ernsteste Staatsverbrechen wäre. —

Indem man aus Quellen des kaiserlich-römischen Rechts schöpfte und die Ketzerei in ein Majestätsverbrechen verwandelte, rühmte sich die Kirche als Hüter der sozialen Ordnung und beschuldigte die Ketzerei des Verbrechens gegen das soziale Gefüge und gegen den bürgerlichen Frieden. Und doch wurde dieses Gebaren eines mächtigen Papstes vom gesamten südländischen Adel als Betrug empfunden; denn in dem Maße, als sich das römische Machtwesen entfaltete, wurde das Lehenswesen seiner Grundlage, der „Vasallentreue", beraubt, und der 1000fach geleistete Lehenseid 1000fach gebrochen. So sehr hatte Innozenz III. die Welt als Aufgabe begriffen, daß seine ganze Wirksamkeit letztlich in politischen Zielen aufging.

Schon einmal — beim Untergang des Römischen Reiches — hatten sich die Bischöfe als *defensores civitatis* betätigt, um die abendländische Kultur zu retten. Doch was im 4. Jh. seine Berechtigung hatte, war im 12. und 13. Jh. eine schwere Belastung für das Glaubensleben: *Über das Bild des Priesters schob sich immer mehr das Bild des Richters,* und in dem Zusammenfließen der pastoralen und richterlichen Funktionen wurde die Verdüsterung der Gnadenkraft sichtbar, die einst sonnenhaft in die Welt strahlte — eine Verdüsterung durch den dunklen Machtimpuls, der in persona auf dem Stuhl Petri Platz genommen hatte! —

Zweifellos wären die päpstlichen Gesandten durchaus in der Lage gewesen, den befohlenen Krieg zu entzünden. Aber angesichts der Tatsache, daß niemand in Occitanien den Krieg ernstlich wollte, obsiegte das Gewissen über das Kriegsgeschrei. Im Norden erwies sich der König selbst als größter Hemmschuh, weil er das Feudalrecht in Gefahr sah. Was nützte es ihm, wenn der Krieg nach kanonischem Recht legal war; angesichts seiner Verpflichtung gegenüber den Kronvasallen war er es nicht. In dieser Flaute richtete sich die Aufmerksamkeit auf die Priester selbst, und auch die Missionare des Papstes richteten ihren Eifer auf die notwendige Säuberung des hohen Klerus. In welchem Umfang der Katharismus beim Klerus selbst Eingang gefunden hatte, wird sich erst später herausstellen, wenn Inquisitionsakten über zurückliegende Fälle in größerer Zahl vorliegen.[57]) Der Schwerpunkt der Ereignisse verlagerte sich vorübergehend nach Südosten, wo im Bistum Magelone, südlich von Montpellier unweit Palavas les Flots, ein Mann tätig war, dessen tragisches Schicksal unweigerlich mit dem Drama der Katharer verknüpft war. Es war *Pierre de Castelnau,* der aus dieser Gegend stammte und 1182 als Mönch in das kleine Kloster Maguelone eintrat. 1197 wurde er Erzdiakon und zwei Jahre später erfolgte sein Eintritt in die große Politik dadurch, daß ihn der Papst nach Languedoc berief, um den Missionar Rainier zu vertreten, der mit einem Auftrag nach Spanien entsandt wurde. Pierre de Castelnau sollte, zusammen mit Bruder Guy, die Untersuchung, die gegen den Abt von Saint-Guilhem-le-Désert wegen Simonie anstand, zu Ende führen.

Überraschend schnell kam Rainier aus Spanien zurück, und der Papst stattete ihn erneut mit Vollmachten aus und wandelte seine Mission in eine Legation um. Aber es zeigte sich, daß die Gesundheit Rainiers stark angegriffen war. Er verließ das Languedoc für immer und zog sich in ein italienisches Kloster zurück. Bis zum Herbst 1203 zeigte sich kein Ereignis von Bedeutung und auch die Rolle, die Pierre de Castelnau in diesen Jahren spielte, blieb völlig im Dunkeln. Innozenz hatte ihn zwar als Erzdiakon von Magelone bestätigt, dennoch übersiedelte er bald darauf in die Zisterzienserabtei Frontfroide. Dort erreichte ihn und seinen Mitbruder Raoul de Frontfroide der päpstliche Ruf, eine schwierige Aufgabe zu übernehmen. Das ketzerische Toulouse war wieder einmal in den Mittelpunkt gerückt. In diesem Jahr hatte Innozenz III. den Grafen Raymond VI. von Toulouse begnadigt und seinen Legaten ermächtigt, ihn vom Banne freizusprechen, den Célestin III. im Jahre 1196 über ihn verhängt hatte. Trotz des Pardons von 1198 reagierte Raymond VI. nicht und ließ die Appelle des Papstes unbeantwortet. Pierre de Castelnau und

[57]) Hierüber berichtet Roquebert ausführlich, siehe: L'Epopée Cathare S. 145 ff.

Raoul de Frontfroide sollten sich weniger um die Person des Grafen kümmern, sondern sich direkt an das Volk wenden und vor allem die Konsuln untern das Gebot der Kirche beugen. So machten sich also die beiden bevorrechtigten Legaten im Herbst 1203 auf den Weg nach Toulouse. Die ursprüngliche Idee, mit einer großen Gefolgschaft von Mönchen in die Stadt einzuziehen, ließ man fallen. Es standen auch keine Mittel bereit, da der Bischof Bérenger von Narbonne und der Bischof Guillaume de Roquessels von Béziers sich weigerten, jegliche Hilfe zu leisten.

Noch am 13. Dezember des Jahres 1203 fand eine Aussprache mit den Konsuln und den Vertretern der Toulouser Bevölkerung statt und hierbei wurde ein kühner Schachzug seitens der Legaten eingeleitet. Sie versuchten, den Senat von den Vorteilen zu überzeugen, die ihm zufielen, wenn er sich entschließen könnte, die Häresie abzulegen, die Ketzer zu verjagen und mit einem Eidschwur ihre Treue zur Kirche zu bekunden. Auf diesen Schachzug reagierten die Toulouser gelassen und nahmen an dem zu leistenden Treueid keinen Anstoß, verlangten jedoch sehr detaillierte Sicherheiten für den Senat, für die Bevölkerung, und vor allem verlangten sie eine Generalamnestie für die Katharer! —

Die päpstlichen Legaten sahen sich Juristen gegenüber, die mit einem Fachwissen nur so brillierten und eine Mentalität an den Tag legten, die an das Patarenertum erinnerte und sehr fortschrittlich war.

Die Toulouser wollten sich vergewissern, daß jede Verfolgung von Bürgern, die jetzt oder später — auf Grund früherer Anklagen — erfolgen könnte, unterbleibt; daß also in Zukunft nur derjenige betroffen sein würde, der verweigert, sich dem allgemeinen Schwur anzuschließen.

Dies alles sollte erst gelten, nachdem die Legaten die formale Zusicherung erhalten haben, daß die Konsuln, die Notabeln und die angesehensten Bewohner der Stadt in ihrem eigenen Namen und im Namen der ganzen Gemeinschaft schwörten: „daß jeder den römisch-katholischen Glauben bewahren wird.“[58])

Übrigens scheint eine Fußnote dieser Akte die ganze Wahrheit zu

[58]) Roquebert, L'Epopeé S. 159

enthalten. Dort ist vermerkt: „Die Toulouser wollen gute Katholiken bleiben, aber sie werden gegen die Katharer nichts unternehmen . . ." Wenn die Kriegsgefahr auch keineswegs gebannt war, so konnten die Katharer durch das Eidversprechen, das andere für sie einlösten, immerhin einige Jahre der Ruhe gewinnen.

Es ist wichtig, festzuhalten, daß diejenigen, die die Ketzerei nur protegierten, immer — auch während des Krieges — ihre Rechtgläubigkeit beteuerten, sie konnten dies mit guten Gründen tun; denn als Ritter und Kämpfer konnten sie keine Katharer sein. Niemand erwartete dies von ihnen, und es wird allgemein beteuert, daß die Ritter erst in der Sterbestunde das Consolamentum begehren. Es entspricht durchaus der Wahrheit, wenn Guillaume de Puylaurens bis hin zu Guillaume de Tudèle den Rittern, den Adeligen und den Bürgern bescheinigen, daß sie gute Katholiken wären — freilich ohne die Toleranz und Liberalität aufzugeben. Anders ist es, wenn sich die Konsuln weigern, die Ketzer ihrer Stadt der Inquisition auszuliefern, hier muß man vermuten, daß viele unter ihnen Katharer sind.

Der Schwur der Toulouser war in den Augen des Papstes nicht mehr und nicht weniger als ein dilettantisches Manöver. Er schrieb sogleich von neuem an alle Prälaten des Midi und auch an den Abt von Cîteaux, Arnaud-Amaury, und verlangte, nur beste Leute in den Süden zu schicken. Genau sechs Jahre nach seiner Inthronisation schrieb Innozenz III., enttäuscht über den Mißerfolg, an Philipp-August und ersuchte ihn in aller Form, im Süden zu intervenieren. Sollte er persönlich verhindert sein, möchte er seinen Sohn oder an seiner Statt einen der französischen Großen nach seiner Wahl beauftragen, an der Spitze einer militärischen Expedition in den Süden zu marschieren und die Häresie endgültig zu zerschlagen.

Dieser Appell vom 28. Mai 1204 an den König von Frankreich war zu seiner Rechtfertigung notwendig; denn Innozenz III. war äußerst korrekt. Indem er den König zum Haupt des ganzen Unternehmens machte, praktizierte er die „Theorie der zwei Gewalten", die auch für die Königswürde verbindlich war. Was bisher nur in Andeutungen heraufbeschworen wurde, das wagte Innozenz III. jetzt offen auszusprechen.

Alle occitanischen Ritter sind der Komplizenschaft verdächtigt und als faidits für vogelfrei erklärt. Dem weltlichen Arm obliegt die Pflicht der Ahndung:

„Konfiszieren sie die Güter der Grafen, der Barone und der Bürger, die die Ketzerei in ihrem Land nicht vernichten wollen, sondern sie unterstützen. Zögern sie nicht, ihre Länder der königlichen Domäne anzugliedern".[59])

In dieser „verlockenden Suggestion" kann man das Abgleiten erkennen, das sich seit den Appellen von 1198 in den Gedanken des Papstes vollzogen hat; aber auch der Stolz des Königs hat an Glanz eingebüßt. Wie lange wird er sich noch dem Angebot des Papstes widersetzen — —

Kurz nach dem Appell an den König ergriff Innozenz eine weitere Initiative, indem er der Legation von Pierre des Castelnau und Raoul de Fontfroide durch die Hinzunahme von Arnaud-Amaury, dem Abt von Cîteaux, neuen Glanz verlieh.

Von der Autorität dieses Mannes, dem Chef eines angesehenen Ordens und bekannt wegen der Strenge seiner Regel, versprach sich der Papst in der Ketzerbekämpfung allen Erfolg. In seiner Bulle vom 31. Mai 1204 bestimmte er die Methode dieser Aktion und sagte mit Nachdruck:

„Man muß predigen und vor allem exemplarisch predigen; hierzu sind Aufrichtigkeit und Sittenreinheit notwendig, damit nichts in eueren Äußerungen und in eueren Taten die Mißbilligung der Ketzer finden kann".

Hier konzipierte Innozenz III. genau das, was in spätestens zwei Jahren von Diego von Osma und von Dominikus verwirklicht werden wird. Sicher hat der Papst hierzu den Boden bereitet; denn er war sich klar, daß man der religiösen Überlegenheit der Ketzer Rechnung tragen muß, jener der Barmherzigkeit und Demut, und daß hierzu — wenn es nicht durchschaut werden soll — eine wirkliche innere Konversion notwendig ist.

So verlangte er also von seinen Legaten, in seinem Namen eine disziplinarische Kontrolle gegenüber der hohen Geistlichkeit auszuüben, das Predigtwesen jedoch zu fördern und zu steigern gemäß seinem Wahlspruch: ausreißen und pflanzen!

[59]) Roquebert, Epoppée S. 164

Aber trotz der Subtilität blieb der Erfolg aus. Das Grundgeheimnis der Katharer, zutiefst in der Seele verborgen, konnte nicht irritiert werden. Und sollte es den Missionaren je gelingen, selbst in die existentielle Sphäre der Katharer vorzustoßen, dann blieb es zuletzt doch bei einer plumpen Nötigung, deren sich z. B. ein Pierre de Castelnau schämte.

Verzweifelt schreibt er am Ende des Jahres 1204 an den Papst und begehrte, von dem Amt entbunden zu werden. Nichts wünscht er sehnlicher als in sein Kloster zurückkehren zu dürfen. Aber der Papst schrieb ihm an 23. Januar 1205: Der Kampf ist mehr wert als die Kontemplation. In den Schwierigkeiten bewährt sich die Tugend und schöpft neue Kraft . . .

In diesem Tenor ermutigte ihn der Papst, standhaft zu sein und das evangelische Werk mit Geduld und Beredsamkeit zu bestehen.

Foulques alias Folquet

Im Zuge der Säuberung des hohen Klerus wurde der Bischof von Toulouse, Raymond de Rabastens, abgelöst und Folquet von Marseille zum neuen Bischof von Toulouse bestimmt. Es war eine merkwürdige und in ihrer Art einmalige Entscheidung, daß ein bekannter Troubadour zur Bischofswürde aufrückte. Folquet von Marseille war der Sohn eines aus Genua zugezogenen Kaufmanns. Er selbst erwarb sich auf gleiche Weise wie sein Vater ein beachtliches Vermögen. Sein Schicksal erinnert an das so mancher edlen Jünglinge, die in den gleichen Verhältnissen aufwuchsen und ihre Zeit in übermütigen, lebensfrohen Taten verbrachten. Hierzu gehört auch Spiel und Gesang und vor allem das Dichten von Liedern, das Folquet vorbildlich verstand und ihn an allen Höfen bekannt machte. Seine vida rühmt, daß er von König Richard Löwenherz, von Graf Raymond von Toulouse, von König Alphonse von Aragon und von Raimon Gaufredi Barral von Marseille sehr geschätzt war, daß ihm jedoch das Glück bei den Frauen versagt blieb. So mußte er mit ansehen, wie seine edle Gönnerin Eudoxia von ihrem Gemahl Guilhem VIII. von Montpellier und Adélaide, von Herrn Barral, ihrem Gemahl, verstoßen wurden.

Er zeigte sich über diese Vorfälle sehr empört, obwohl ihm keine der Damen irgendwelche Gunst in der hohen Liebe erwiesen hatte. In seinen Liedern klingt der herbe Liebesschmerz nach. Enttäuscht pochte er schon im Jahre 1199 an die Klosterpforte von Toronet, nachdem er seine Ehefrau und seine beiden Söhne ebenfalls zum Klostereintritt bewegen konnte und sein Vermögen der Kirche vermacht hatte. Als plötzlich Adélaide starb und ihr nicht nur ihr Gemahl nachfolgte, sondern auch seine großen Gönner, „der tapfere König Richard und der gute Graf Raymond von Toulouse und der edle König Herr Alfons“[60]), vertiefte sich der Gesinnungswandel, der den lebensfrohen Troubadour bis in die Fundamente seines Wesens veränderte. Er wurde zum grimmigen Hasser der Albigenser und ihrer Beschützer, was die Vermutung bestätigt, daß er bei seinem Streben nach höherer Minne keiner Erleuchtung gewürdigt worden war, sondern in eine tiefe Enttäuschung gestürzt wurde.

Als Foulques nach Toulouse kam, fand er den bischöflichen Sitz in einem verwahrlosten Zustand und eine Bevölkerung, die ihm gegenüber in einer feindlichen Gesinnung verharrte, so daß Guillaume de Puylaurens in seiner Chronik sagen konnte: Foulques konnte nicht wagen, seine vier Maulesel ohne Eskorte zum Trinken an die Tränke zu führen.

Und das von einem der beliebtesten Poeten seiner Zeit, der jetzt ein fanatischer Verfechter des Kreuzzugs war:

Und als er toulouser Bischof genannt,
Entflammt' er ein Feuer im ganzen Land,
So heiß, daß kein Wasser es löschen kann.
— O, meiner Treu', ihr wißt was das heißt —
Verloren das Leben, den Leib und den Geist.
Wer fordert die Fron, ihr ahnet es schon:
Der Antichrist ist es, ein Bote aus Rom![61])

Das ist die schreckliche Anklage, die das „Chanson de la croisade“ dem Grafen von Foix in den Mund legt, als er die occitanische Sache vor Innozenz III. zu verteidigen hat.

[60]) vida Folquets, Sammlung Dietrich S. 176

[61]) nach A. Berry, Florilège des Troubadours Paris 1930

Es ist wahr, die Toulouser gehen unverändert durch die Zeiten. Der Katharismus ist sowohl vom Adel als auch vom Bürgertum geduldet und bisweilen akzeptiert. Für diese Tatsache spricht folgende Anekdote aus der oben erwähnten Chronik: Als Foulques, der neue Bischof von Toulouse, den Ritter Pons-Adhémar de Roudeille, der selbst von der Wahrheit des occitanischen Glaubens überzeugt war, fragte, warum die Katholiken des Landes die Ketzer nicht verjagen, erwiderte Pons-Adhémar: „Wir können es nicht, wir sind ihre Schüler gewesen, wir haben Vettern und Basen unter ihnen und wir sehen, sie leben alle honorablement (ehrenvoll)."

So wurde unversehens die Forderung immer lauter, man solle den *Irrtum* verfolgen und nicht die Menschen, die ihm verfallen sind. Mit anderen Worten: man soll das Gewissen dieser Menschen respektieren und durch Diskussion, aber mit Güte und ohne Schrecken der Wahrheit dienen.

Saint Dominique

In dieser vorübergehend entspannten Atmosphäre geschah es, daß die päpstlichen Legaten in Montpellier dem Bischof von Osma, *Diègue d'Acébès,* und seinem Begleiter *Dominique,* dem Unterprior seines Kapitels, begegneten. Diese beiden befanden sich auf dem Wege nach Rom, um vom Papst die Erlaubnis für eine Slawen-Mission zu erbitten, die sie in den Osten Europas führen sollte. Als Gesandte des Königs Alphons VIII. von Spanien hatten sie bereits mehrmals Occitanien durchquert und kannten die ketzerische Situation hierzulande sehr genau. Der päpstlichen Mission gaben sie den Rat, sich die Armut zu eigen zu machen, um am Ende die Katharer an Heiligkeit zu übertreffen. Man muß in allen Punkten den katharischen Evangelismus imitieren, d. h. die Ketzerei auf ihrem eigenen Felde bekämpfen. Auf Fragen der Legaten präzisierte Diego seine Gedanken und meinte: Man müsse in aller Demut gegen die Ketzer ausziehen, zu Fuß, ohne Pomp und ohne Dekor; ohne Geld, ohne Silber, mit dem einzigen Sack des Pilgers als ganzem Reichtum und mit der Stärke des Glaubens als einziger Autorität.

Der Grundirrtum hatte sich auch bei diesen beiden spanischen Religiosen eingeschlichen, der darin bestand, daß sie nur von einer simulierten Frömmigkeit der Katharer ausgingen und dadurch nicht bis zum Kern der Sache, d. h. nicht bis zu dem heiligen Wesen der Katharerindividualität selbst vorstoßen konnten und somit in keiner Weise die Wahrheit auf ihrer Seite hatten. Auch als sich die päpstlichen Legaten von jeglichem Prunk getrennt und ihren großen Aufwand abgelegt hatten, als sie bereits als demütige Bußprediger einherschritten, blieben die Katharer mißtrauisch und weigerten sich, ihnen zu folgen.

Innozenz, der ja die Idee der absoluten Anpassung kreiert hatte, glaubte in Diego von Osma und Dominikus verständige Partner gefunden zu haben. Er bemühte sich, die beiden ganz für die Bekehrung des Südens zu gewinnen und ihnen die Slavenmission auszureden. Tatsächlich nahm die gesamte Legation noch im August 1206 im Verein mit Zisterziensermönchen ihre Tätigkeit in Montpellier auf.

Es ist nicht zu übersehen, daß trotz des guten Willens der Legaten, die vordergründige „Strategie" des Spaniers dominierte, die darauf baute, die Scheinheiligkeit der Ketzer durch legitimierte Heiligkeit zu überstrahlen — —

Seht die Häretiker! Sie tragen ihre Heiligkeit zur Schau, bieten das Bild einer evangelischen Bedürfnislosigkeit und Strenge — und führen dadurch einfältige Menschen auf Irrwege . . . Macht den Schlüssel der Häretiker unbrauchbar, indem ihr ihre vorgespielte Heiligkeit durch echte, wahre Religiosität entlarvt, denn der pharisäische Hochmut der falschen Apostel will durch offenbare, echte Demut überwunden werden . . .[62])

Im Dienste dieses utilitaristischen Prinzips machte sich die vorerst noch kleine Gruppe: Diego, Dominikus, Pierre de Castelnau und Raoul — von Zisterziensermönchen begleitet — auf den Weg, um ihre neuen Erkenntnisse zu erproben. Je tiefer sie jedoch in katharisches Gebiet vordrangen, um so deutlicher zeigte es sich, daß sie an den eigentlichen Kern der Katharer mit seinen „Getrösteten" oder „Parfaits" überhaupt nicht herankamen. Wer sich ihnen zur

[62]) H. Chr. Scheeben S. 30

Diskussion stellte, war die Katharergemeinde im weitesten Sinn: Gläubige, Hörer, Freunde und Sympathisanten, deren Neigung zur Konversion ohnehin schon bekannt war. In diesen Kreisen wurden Erfolge verzeichnet, die selbst den Papst optimistisch stimmten. Am 17. November 1206 richtete er an Bruder Raoul ein Schreiben mit dem Ersuchen, möglichst viele Gruppen von Wanderpredigern zu organisieren.

Das Volk staunte, als es die Legaten und Missionare plötzlich ihrer Pracht ledig und ohne Pferde reisen sah, wie sie hungrig und müde am Straßenrand lagerten und milde Gaben in Empfang nahmen: Wahrlich, die Reform der Sitten forderte ihren Preis!

Als die Bürger und Bauern Pierre de Castelnau, den Legaten, in dem zerschlissenen Gewand der Armut erblickten, nannten sie ihn Heuchler und bewarfen ihn mit Lehm und Kot. Der sonst so wackere Mann war sich seines Lebens nicht mehr sicher, und Diego und Raoul rieten ihm, sich vorübergehend in Schutz zu begeben. Natürlich gelang es der Gruppe auch, echte Ketzer zu stellen. In diesem Fall wechselte die Bußpredigt rasch in eine Diskussion, die auf das Volk großen Eindruck machte. Diego von Osma, ein heiliges Buch in der Hand, bewies seinen Gegnern, daß sie nichts vom Evangelium des heiligen Johannes begriffen hätten und geriet — angesichts der intellektuellen Armseligkeit und dem Mangel an Subtilität der Ketzer — in Zorn.

Andererseits machte er auch sensationelle Entdeckungen. Er stieß auf eine ketzerische Tatkraft — gänzlich abseits hoher Gelehrsamkeit — auf Pioniertaten, die ihn sehr nachdenklich stimmten. Wohin er seine Schritte im Lauragais lenkte, nach Mas-Saintes-Puelles, Castelnaudary, Laurac, Fanjeaux, Montreal . . . überall stieß er auf Frauenkonvikte, Mädcheninternate, angeschlossen an kleinere klösterliche Frauengemeinschaften und dem ähnliches. Diese Anstalten waren vorzüglich geführt und standen bei allen Bevölkerungsschichten in hohem Ansehen. Sie ersetzten Schulen und erreichten einen hohen Bildungsgrad. Wir werden die Gelegenheit noch wahrnehmen, um über die Bedeutung der „bonne-femme", wie die Parfaite noch heißt, ausführlich zu sprechen.

Durch diese sozial-pädagogischen Leistungen fühlten sich die Missionare herausgefordert, ein Gleiches zu tun. Durch den Wintereinbruch in Fanjeaux festgehalten, versuchten Dominikus und seine Freunde sogleich, diese Gedanken zu realisieren. Man gründete am Fuße des Hügels von Fanjeaux das Frauenkloster Notre-Dame de Prouille. Der zuständige Bischof Foulques von Toulouse sagte seine Unterstützung zu, und auch der Bischof von Narbonne, Berenger, der als geizig verschrien war, stellte seine Großherzigkeit durch reiche Zuwendungen für die Klostergründung unter Beweis. Immerhin dauerte es fünf Jahre, bis hier die ersten, namentlich bekannten Nonnen, neunzehn an der Zahl, versammelt waren. Daß es sich hierbei ausschließlich um bekehrte Ketzerinnen handelte, ist durch nichts erwiesen.

Auffallend ist, daß Dominikus einen starken Einfluß auf Frauen ausübte und der Welt der Troubadours auf seine Weise einen Tribut zollte. Er verfügte über gewisse Fähigkeiten, die zum Teil faszinierten, zum Teil erschreckten: ein Doppelwesen also von jugendlichem Schwung, durchsetzt mit visionären Elementen. Ähnlich charakterisierte ihn auch sein Biograph Jourdain de Saxe: als ein „Kind-Greis" (enfant-vieillard), bei dem sich die größte Ernsthaftigkeit mit jugendlicher Frische und Spontaneität vermählte. Man hielt ihn für scheu, verstockt, durchglüht von einer inneren Flamme, und stets bereit, seinen Leib und seinen Geist der Askese zu unterwerfen. Das kontemplative Leben löschte in ihm nicht den Willen, dem apostolischen Ruf auf abenteuerlichste Weise zu folgen.

Trotz seines Umgangs mit Frauen in katholischen und katharischen Hospizen hat er seine Reinheit und Jungfräulichkeit bewahrt. Matronen haben seine Kleider in Ordnung gehalten, mit Frauen hat er sich zu Tisch gesetzt, wenn er des Bettelns einmal müde war. —

Seit 1207 hatte er in Prouille ständigen Kontakt mit Mädchen und Frauen und seit dem Jahre 1215 betreute er in Toulouse die „Reuerinnen", jene Frauen, die früher Dirnen gewesen waren und sich dann bekehrt hatten. Die Chronik der heiligen Agnes berichtet von der tiefen, geistigen Freundschaft, die ihn seit 1219 bis zu seinem Tod mit Diane d'Andolo vereinte, einem Fräulein des bolognesischen Adels, das von seiner Familie mit Gewalt wieder dem Kloster entrissen wurde, in das es eingetreten war; eingesperrt von seinem Vater, erhielt es kaum mehr die Briefe, die ihr Dominikus im geheimen schickte. Und die Chronik sagt ferner, daß nach ihrem Beispiel viele Damen und junge Mädchen der *haute société* von Bologna Dominikus und seine Freunde öfters besuchten.

Dieser Zauber, den er auf die Frauen ausübte, sollte seinen Lebensweg mit weltlicher Versuchung säumen, daß er einer Gratwanderung glich. Aber Dominikus hat die Prüfung bestanden und ist jungfräulich ans Ziel gekommen. Dies bezeugt auch Bruder Ventura, der seine Lebensbeichte entgegennahm. Auf seinem Sterbebett ermahnte Dominikus seine Brüder: „verdächtigen Umgang mit Frauen, vor allem mit jungen Frauen, zu meiden; denn das weibliche Geschlecht ist sehr verführerisch und fähig, den Seelen, die noch nicht von allen Schlacken befreit sind, Schlingen zu legen. Seht, bis zu dieser Stunde hat die Barmherzigkeit Gottes mich in unversehrter Reinheit des Leibes erhalten. Ich bekenne aber, daß ich die Schwäche nicht überwunden habe, daß die Unterhaltung mit jungen Frauen mein Herz mehr angeregt hat als Gespräche mit alten Frauen."[63])

Nach all dem ist es verständlich, daß sich Frauen gerne seiner Predigt geöffnet und sich leichter bekehrt haben; und so werden auch von den Biographen große Erfolge berichtet, von denen jedoch die meisten positiven Bekehrungen in die Zeit der Invasion fielen und erst 30 Jahre später von Inquisitionsgerichten rekonstruiert wurden. —

Greifen wir einige Sonderfälle heraus:[64]) *Ségure Vital*, ein Mädchen aus Mas-Saintes-Puelles. Es war schon mit 10 Jahren eingekleidet worden, was vermuten läßt, daß es ein katharisches Internat besuchte. Nach fünf Jahren ist sie von Dominikus bekehrt worden und hatte, nach einem Befehl Bischof Foulques, zwei Kreuze auf ihrem Kleid zu tragen. Nach kurzer Zeit trennte sie die Kreuze wieder ab. Darüber befragt, bekannte sie, daß sie geglaubt habe, die Ketzer wären „de bons-hommes, Freunde Gottes, die die Wahrheit sagten". Bei dieser Meinung ist sie offenbar geblieben, denn 1233 wird berichtet, daß sie den Parfait Pierre Boulbène bei sich aufnahm, und ein anderes Mal den katharischen Bischof Bertrand Marty, den sie in einer großen Versammlung predigen hörte, in der auch die Herren von Mas mit

[63]) H. Chr. Scheeben S. 179

[64]) Roquebert S. 195

ihren Gemahlinnen anwesend waren. Sie hatte erwiesenermaßen über die ganze Kriegs- und Verfolgungszeit Katharer bei sich versteckt und verpflegt.

Ganz ähnlich liegt der Fall bei *Ermengarde*, der Gemahlin von Pierre Boyer aus Mas-Saintes-Puelles, die 1206 Ketzerin geworden war und kurz darauf von Dominique zum katholischen Glauben zurückgeführt wurde. Auch hier blieb es nicht dabei, denn die Akten aus dem Jahr 1225 berichten, daß ihr zwei Frauen (Parfaites) anvertraut wurden, die sie ein ganzes Jahr versteckt hielt. Das war in der Zeit, als die Katharer — nach den Tagen der Befreiung Languedocs — erneut genötigt wurden, in den Untergrund zu gehen. Eine der Parfaites war Rixende de Bru, eine sehr aktive Frau, die 1242 in Gefangenschaft geriet. Immer wieder fanden bei Ermengarde flüchtende Katharer Unterschlupf und Verpflegung, was nur dank der Unterstützung durch Gläubige möglich war. Guillaume und Ségur Vital brachten Brot und Nüsse; Arnaud Maistre schickte Weizen; Guillaume de Canast einen Krug Öl und Saurimonde du Mas Walfischtran. Die Edelfrau Richa, Mutter des katholischen Priesters Germain, gab Brot und Wein. Immer wieder wurde Ermengarde denunziert, und oft entfloh sie im letzten Augenblick. Erst 1245 erschien sie vor dem Inquisitionstribunal und gab Einzelheiten zu Protokoll.

Als letztes Beispiel einer Scheinkonversion sei *Raymonde*, die Gemahlin von Guillaume Gasc genannt. Auch sie wurde in jungen Jahren von Dominique bekehrt und durch Foulques zum Tragen der Kreuze verurteilt. Trotzdem „verehrte" sie versteckte Parfaits und sorgte für ihren Unterhalt. Im Jahre 1232 wohnte ihr Gemahl einer Predigt im Hause von Bernard de Saint-André bei, wo 60 Hörer versammelt waren. Und im folgenden Jahr besuchten die Eheleute den Parfait *Guillaume Vital*, um dort den Katharerbischof *Bertrand Marty* zu „verehren". Die *Adoration* ist ein würdevolles Ritual, eine symbolische Fußwaschung, die vor den Parfaits vollzogen wurde und nicht der Person, sondern der einwohnenden „Heiligkeit" dargebracht wird. Als Zeichen der Demut ist die „Verehrung" ein wichtiger Bestandteil im katharischen Gesamtritual.

Rückfälle in die Ketzerei, wie sie oben geschildert wurden, schmälerten die Erfolge von Dominique nicht. „Hüten wir uns", meint

Michel Roquebert, „aus solchen falschen Konversionen übereilte Schlüsse zu ziehen; sie nötigen uns höchstens zu richtigen Verhältnissen der Wirkung, die von Dominiques Predigt ausging, zurückzufinden."

Als Folge des näherkommenden Krieges stieg die Zahl der Bekehrungen mächtig an. Als Gegner der Waffengewalt bemühte sich Dominique, auf seine Weise zur Erhaltung des Friedens beizutragen. Er möchte sich auf das Wort verlassen . . . und sein persönlicher Einfluß wurde nicht zuletzt dadurch verstärkt, daß ihm besondere Charismen zuteil wurden. Wie Bernhard von Clairvaux war auch Dominique als Wundertäter bekannt geworden, der in ähnlicher Weise über magische Kräfte verfügte. Bei beiden Heiligen handelt es sich um „Wunder", die durch Ekstase zustande kamen, d. h. durch ein Lockern und Auseinandertreten der menschlichen Wesensglieder. Viele Menschen hatten sich diese Fähigkeit bewahrt, die mit einer Herabdämpfung des Bewußtseins einherging und ihnen erlaubte, astralische Erscheinungen — wie das räumliche Schweben des Astralleibes eines betenden Menschen — wahrzunehmen. Wir haben es hier mit einem traumhaften Hellsehen zu tun, während die Katharer ein erweitertes Bewußtsein erstrebten. Auf diesem Unterschied beruht das große Mißverständnis!

Schon das lange Fasten, dessen sich Dominique befleißigte, trainierte den Leib in diesem Sinne, und es soll die Glaubensstärke Dominiques nicht gemindert werden, wenn man eine Erklärung für jene Wunder sucht, die bei seiner Missionsarbeit eine gewisse Rolle spielten.

Die Zeugen im Heiligsprechungsprozeß von Toulouse berichten, daß er stets in Kirchen übernachtete und in der Nähe von Reliquien betete. Matthäus von Paris erzählt hierzu folgendes: Als Dominique in *Castres* weilte, und lange vor dem Altar des heiligen Vinzenz betete, sahen die Kleriker, wie sich der betende Dominique vom Erdboden erhob und in der Luft schwebte. Auch der Prior Matthäus sah Dominique hoch über dem Boden schwebend und wartete still, bis er aus der „Verzückung" zurückkehrte und wieder auf der Erde vor dem Altar zu liegen kam. Nichteingeweihte — das ist sicher — nehmen an solchen Vorgängen überhaupt nichts wahr. —

Andere Wunder, sogenannte Ordalien, die sich der Elemente Luft, Wasser und Feuer als magischer Mittel bedienen, werden wir bei

Streitgesprächen in Montréal und Pamier kennenlernen. Alle diese Wunder sind typisch für diese Zeit, und sie gehören durchaus zum Milieu, in dem sich auch Katharer und Ritter bewegten. Wir werden sehen, daß es ihrer Initiationsweise gelingt, gerade die Vergangenheit mit ihren Atavismen zu überwinden und die Zukunft zu erobern, in der das Wunder der Auferstehung als sieghaftes Zeichen einen zentralen Platz einnimmt.

Die Separation der Waldenser

Trotz der großen Streitgespräche, die da und dort veranstaltet wurden, blieben die erwarteten Massenübertritte aus. Auch in *Montréal*, einer Hochburg der Ketzerei, war im Oktober 1206 ein Treffen mit Diego und seinen Begleitern verabredet. „Alle Ketzerhäupter hatten sich versammelt, schrieb Pierre des Vaux-de-Cernay, um mit den Unsrigen zu disputieren." Tatsächlich waren berühmte Katharer erschienen wie *Pons Jourda*, ein Parfait aus Verfeil, der Diakon *Arnaud Hot*, seit 1200 Prediger auf Schloß Cabaret, *Benoit de Termes*, der sich im Jahre 1226 an die Spitze des katharischen Bistums Razès stellen wird, *Guilhabert de Castres*, *Gaucelin* und viele andere. Beide Parteien wählten ihre Schiedsrichter und reichten die schriftlich fixierten Streitpunkte ein. Ein solcher war z. B. „die römisch-katholische Kirche", insofern sie eine „heilige" und „Braut Christi" genannt wird. Dinge, die von Seiten der Ketzer in Frage gestellt wurden und auf Grund der Evangelien zu rechtfertigen waren. Am Ende der Diskussion wurden von den Schiedsrichtern zwei Protokolle angefertigt, die jeweils ihrer Partei recht gaben. Da das Streitgespräch 15 Tage währte und keine Entscheidung bringen wollte, entschloß man sich eines „Abends" zu einer Feuerprobe. Dreimal wurde das Blatt der Katholiken ins Feuer geworfen, und dreimal wurde es völlig intakt hochgewirbelt, ein Zeichen, daß es die Wahrheit enthielt.

Dagegen scheint in einer Kapelle zu Fanjeaux ein Buch mit ketzerischem Inhalt brennend durch den Raum geflogen zu sein, nicht ohne an einem Balken Brandspuren zu hinterlassen. Man darf es dem späteren Erzähler Jourdain de Saxe nicht verübeln, wenn er Fanjeaux und Montréal zu einer Episode verknüpft hatte. Auf Grund dieser Wunder sollen 150 Katharer in die Kirche zurückgekehrt sein.

Als Dominikus und seine Gründungen in Prouille in materielle Not geriet, entschloß sich Diego nach Spanien zurückzukehren, um in seinem Bistum eine Sammlung zu veranstalten. Auf dem Weg nach Osma machte er in *Pamier*, der Residenz des Grafen von Foix, halt. Das war im September 1207. Ob Dominique, der Diego anfangs begleitete, noch an seiner Seite war, ist nicht festzustellen. In Pamier herrschte durch die Anwesenheit berühmter Persönlichkeiten, darunter Bischof Fulko von Toulouse und der Waldenserführer *Durandus von Huesca*, reges Leben. Nach der Historia albigensis von Vaux de Cernay lud der Graf Raymond Roger an einem dieser Tage die katholische Prominenz an seine Tafel ein; an einem anderen Tag aber deren Gegner: Katharer und Waldenser. Es ist anzunehmen, daß Raymond Roger die Parteien zu einem Streitgespräch ermunterte, das auch umgehend stattfand.

Diego freute sich auf das Treffen mit dem Spanier *Durandus von Huesca*, der eigene Ansichten vertrat. Die illustre Versammlung, bei der auch Damen zugegen waren, wählte einen jungen Kleriker zum Schiedsrichter: es war Arnaud de Crampagna, der jedoch, wie Vaux-de-Cernay berichtet, mit den Waldensern sympatisierte. Aber gerade dieser wurde von den Argumenten der Katholiken so sehr beeindruckt, daß er sich ganz der anti-häretischen Sache verschrieb. Als in der Versammlung eine Unruhe entstand, ergriff auch eine der beiden Schwestern des Grafen das Wort — war es Esclarmonde? — und in der eingetretenen Stille schnauzte sie der Mönch Etienne de la Miséricorde heftig an: „Madame, bleiben sie bei ihrem Spinnrocken; es geziemt sich für eine Dame nicht, in einer solchen Versammlung zu sprechen.“ —

Am Schluß der Debatte erhob sich Arnaud de Crampagna und verlangte die sofortige Verdammung der Ketzer. Kurz nach diesem Streitgespräch begab sich Durand de Huesca nach Rom, um den Papst um Absolution für sich und seine Freunde zu ersuchen und demütig zu bitten, ihnen die Versöhnung mit der Kirche zu gewähren.

Der Papst entsprach diesen Wünschen und — als Novum in der

Kirchengeschichte — erlaubte er erstmals Laien, einen Dritten-Orden der Armen-Katholiken zu konstituieren mit dem Auftrag, den Katharismus zu bekämpfen.

Ohne im Klerus integriert zu sein, der dieser Bewegung eher mißtraute, dehnten sie ihre Aktion über den ganzen Süden aus. Während Durand de Huesca und Ermengaud de Béziers antikatharische Schriften entwarfen und sich bemühten, im kirchlichen Raum einen Platz zu finden, profilierte sich das verketzerte Waldensertum durch „Protestationen" und schärfere Abgrenzungen nach beiden Seiten, sowohl der Kirche gegenüber als auch gegenüber dem Katharismus. Schon bei Petrus Waldus, dem Begründer dieser Bewegung, zeigten sich Spuren der Entfremdung und Loslösung vom Katharischen Mutterboden, in welchem er anfänglich stark verwurzelt war.

Die Tendenz, volkssprachliche Übersetzungen der Bibel zu schaffen und das Wort Gottes mit der Bibel zu identifizieren, machte deutlich, daß bei Petrus Waldus ein innerer Bruch mit der katharischen Initiationsweise vorlag, daß ihn das „Consolamentum" nicht mit letzter Klarheit durchdrang. Deshalb konnte auch später das Waldensertum zu Recht als Vorbote der Reformation erklärt werden; aber es war nicht richtig, den katharischen Ursprung, dem es den freiheitlichen Impuls primär verdankte, ganz zu verschweigen.

In der Tatsache, daß dem eigentlichen Begründer des Prädikantenwesens, Petrus Waldus, im Jahre 1179 von Alexander III. jegliche apostolische Tätigkeit untersagt wurde, im Jahre 1207 jedoch dem Haupte der Katholischen Armen, Durand de Huesca, das gleiche Ersuchen von Innozenz III. gewährt wurde, führt uns den Umschwung in der päpstlichen Politik deutlich vor Augen. Aber diese Einsicht kam zu spät, der Würfel war bereits gefallen: Bleibt zu hoffen, daß wenigstens die Waldenser durch die Aufwertung der Laienpredigt die Chance nutzten, in die Lombardei zu entkommen.

Nachdem das Streitgespräch von Pamier sein Ende gefunden hatte, zog auch Diego, der Bischof von Osma seinen beschwerlichen Weg weiter, der ihn das Ariègetal aufwärts nach Andorra und Spanien führte. Völlig entkräftet kam er in Osma an, wo er am Ende des Jahres 1207 sein bewegtes Leben beendete.

Der Gottesfriede

Pierre de Castelnau, der sich seit 7 Monaten in Ville-neuve les Maguelonne aufhielt, sah sich plötzlich einer schwierigen Aufgabe gegenüber, die ihm vermutlich der Papst selbst aufgebürdet hatte. Er war dabei, den hohen Adel zu überreden, dem „Gottesfrieden“ (paix de dieu) durch feierlichen Eid beizutreten. Es handelt sich hierbei um eine Eidesformel, die Peter II. von Aragon anläßlich seiner Krönung am 11. Nov. 1204 in Rom erstmalig gebraucht hat, um dem Papst seine besondere Treue zu bekunden. Dem Gottesfrieden entspricht die Einheit des Glaubens, und diese kann nur im Schoß der Kirche gefunden werden. Er macht deshalb die Bekämpfung der Häresie zur Pflicht!

Pierre de Castelnau hatte Erfolg und nach der Konstituierung der Friedensliga reiste er nach Toulouse weiter, um Raymond VI. — den Marquis der Provence! — zu veranlassen, unverzüglich die Führung dieser Friedensliga zu übernehmen.

Kurz nach der Konferenz von Montréal traf er in Toulouse ein und stieß auf einen grollenden Grafen, der dieses Ansinnen weit von sich wies. Pierre de Castelnau scheute sich nicht, dem Oberlehensherrn mit dem Bannstrahl der Exkommunikation zu drohen und ihm kundzutun, auch sein Land nicht zu verschonen. Da Raymond VI. bei seiner ablehnenden Haltung blieb, sprach der Legat die Exkommunikation in aller Form aus.

Als der Papst von dem Urteil seines Legaten Kenntnis erhielt, schrieb er dem Grafen einen Brief von extremer Heftigkeit und bestätigte die Exkommunikation und das Interdikt. In dem päpstlichen Schreiben vom 29. Mai 1207, das dem ersten folgte, häufen sich die Anklagen gegen den Grafen, beginnend mit der Zerstörung der Weinberge der Abtei Candeil, der Nichtachtung des Friedens in der Fastenzeit, der Vertreibung des Bischofs von Carpentras, dem Umbau einiger Kirchen zu Festungen, der Vergabe öffentlicher Ämter an Juden — „zum Hohn der christlichen Religion!“ — der Unterstützung aragonesischer Landsknechte, die die Provinz Arles zerstört hatten, bis zu dem dauernd gewährten Schutz, den er der Ketzerei angedeihen ließ, und der Verweigerung gegen diese selbst einzuschreiten.

Wörtlich heißt es in diesem Brief:

„Wenn wir euer Herz öffnen könnten, würden wir dort die abscheulichsten Schandtaten finden, die ihr begangen habt . . . Welcher Hochmut hat sich eueres Herzens bemächtigt, und welcher Wahnsinn, böser Mensch, daß ihr den Frieden mit euerem Nachbarn nicht bewahren wollt . . . daß ihr von den göttlichen Gesetzen abweicht, um euch mit den Feinden des Glaubens zu verbinden? Überlegt, Wahnsinniger . . . daß ihr nicht von Eisen seid, daß euer Körper gleich dem der anderen, daß Gott, der Herrscher über Tod und Leben, euch mit Aussatz schlagen kann, mit Fieber oder mit Lähmung; er kann euch Dämonen ausliefern, oder einer bösen unheilbaren Krankheit, oder in ein Tier verwandeln, gleich dem König von Babylon. Der berühmte König (Peter II.) von Aragon und alle großen Herren, euere Nachbarn, haben den Frieden beschworen, um den apostolischen Legaten zu gehorchen; ihr allein weist ihn zurück und sucht Gewinn im Krieg, gleich einem Raben, der am Aas Gefallen findet.

Seid ihr sicher, einen Katharerbischof zu finden, der die Überlegenheit euerer Religion über die katholische Religion dartun könnte? Obgleich ihr schwer gesündigt habt, gegen Gott, gegen die Kirche, wie auch gegen mich selbst, warnen wir euch, indem wir der Verpflichtung folgen, heimzuholen die Verirrten, aufzurichten die Gestrauchelten, und befehlen euch, eine unverzügliche Buße zu tun, entsprechend eueren Fehlern, andernfalls lassen wir euch die Domäne wegnehmen, die ihr von der römisch-katholischen Kirche zu Lehen habt, und wir vereinigen uns mit allen Fürsten, die sich gegen euch wenden, wie gegen einen Feind Christi, und geben ihnen die Erlaubnis, alle Länder behalten zu dürfen, deren sie sich bemächtigen können."

Dieses päpstliche Schreiben offenbart die ganze Hinterlist in Strategie und Taktik, die Innozenz III. meisterhaft handhabt, um dem Endziel näherzukommen. Auf der einen Seite der Lockruf „paix de dieu"; auf der andern Seite die Strafe „Exposition en proie"! Das war die Schlinge, die sein Legat Pierre de Castelnau ausgelegt hat und in der nun Raymond VI. zappelt. Als Zerstörer des Friedens schloß er sich selbst aus der Gemeinsamkeit der Christen aus; das ist doch wohl der Sinn des Wortes „Exkommunikation"! Gänzlich wehrlos gemacht, wird er der Beschlagnahme jener Güter zusehen, die er von der Kirche zu Lehen erhielt (Melgueil); und den Verlust der restlichen Domänen, die vererbt und königliche Lehen sind, nunmehr zum Raub ausgesetzt, durch päpstliche Güte demjenigen angeboten, der zuerst das Land besetzt. In dieser Ausweitung ist die „Exkommunikation“ kirchenrechtlich als geistiges Züchtigungsmittel nicht mehr zu verstehen. Sie ist mit einem Urteil verknüpft, das Raymond VI. zum Staatsfeind erklärt und ihn einer Rechtswillkür preisgibt.

Für den Papst kam dieser Skandal gerade recht, um einen neuen Hilfeschrei zu rechtfertigen, mit dem er sich an das ganze Abendland wenden wird. An dieser Stelle bestürmt uns die Frage: Warum ließ sich der Graf so sehr in die Enge treiben, warum hat er als geschickter Taktiker den Frieden nicht beschworen, warum hat er allen giftigen Pfeilen so freimütig die verwundbare Brust dargeboten — —

Raymond VI., Graf von Toulouse

Raymond VI. wurde am 27. Oktober 1156 geboren und verbrachte seine erste Kindheit in Toulouse, wo bereits das Zerwürfnis begann, die Ehe seines Vaters, *Raymond V.*, und seiner Mutter, *Constance de France*, zu zerstören. Ein Jahr nach dem Konzil von Lombers, wo das Elternpaar noch gemeinsam erschienen war, suchte Constance Zuflucht bei ihrem Bruder Louis VII. in Paris. Trotz seines ausschweifenden Lebens, das Raymond V. nachgesagt wird, vernachlässigte er nicht die Politik und, um seine Position in der Provence sicherer zu gestalten, verlobte er seinen Sohn Raymond (VI.) mit *Douce*, der Tochter des Grafen von Provence, Berenger III. Als letzterer unerwartet starb, heiratete Raymond V. die Witwe Richilde. Im folgenden Jahr (1166), als die erste Exkommunikation gegen Raymond V. ausgesprochen wurde, sah man den jungen Prinzen an der Seite seines Vaters, um den Angriff des Königs Alphonse von Aragon abzuwehren. Drei Jahre später wohnte er der Hochzeit seiner Schwester *Adelaide* mit *Roger II. Trencavel* bei, und diese Verbindung schien den alten Streit zwischen beiden Häusern zu beenden. Raymond V., von seiner territorialen Expansionspolitik besessen, veranlaßte den sechzehnjährigen Prinzen, Douce, seine Verlobte, zu verlassen und *Ermessinde de Pelet*, Tochter von Béatrix, Comtesse de Melqueil, zu heiraten. Diese Ehe dauerte knapp vier Jahre, als Ermessinde plötzlich starb und einen 19jährigen Witwer zurückließ, der ihre Grafschaft erbte.

Eine längere kriegerische Epoche folgte, in der jedoch dem Prinzen, der sich ganz dem Hofleben widmete, keine Funktionen zugedacht waren. In mißlichen Lagen zeigte sich Raymond V. bereit, gegen die Katharer einzuschreiten, aber er lockte nur päpstliche Legaten ins Land und leistete der Inquisition Vorschub. Als auf dem 3. Laterankonzil das Anathema gegen die Katharer ausgesprochen wurde, war Raymond VI. 22 Jahre alt. Ein Jahr später, als das sogenannte Kreuzzugs-Vorspiel in Gang kam, sahen wir seine Schwester *Adelaide* in *Lavaur* bemüht, die Stadt, in der so viele Katharer Zuflucht gesucht hatten, zu verteidigen. Aber wir sahen weder Raymond noch seinen Vater unter den Verteidigern.

Im Jahr 1184 war an der aragonischen Front Waffenruhe. Durch falsche politische Reaktionen brach der Streit erneut aus, und es kam zu einem der härtesten Kämpfe, an dem auch Richard Löwenherz, Herzog von Aquitanien, auf der Seite von Roger Trencavel teilnahm.

Inzwischen waren 15 Jahre vergangen, bis der Prinz erneut ins Blickfeld rückte und sein Vater daran dachte, ihn wieder zu verheiraten. Er bestimmte hierzu *Béatrix von Béziers*, die Tochter des Vicomte Raymond Trencavel. Aber die Wahl entsprach nicht den Vorstellungen des Prinzen; denn Beatrix war den Katharern zugeneigt, was den leichtsinnigen Gemahl veranlaßte, andere Wege zu gehen. Raymond VI. hatte sich in *Bourguigne de Lusignan*, die Tochter des Königs von Zypern, verliebt, die auf dem Wege nach Poitier war. Er trennte sich von seiner Frau Beatrix unter dem Vorwand der Blutsverwandschaft und schickte sie in ein Katharerkloster, wovon es mehrere gab.

Auf die mit höfischem Glanz gefeierte Hochzeit Bourguignes von Zypern mit Raymond VI. folgte sehr bald tiefe Trauer, sowohl am Hof von Toulouse, als auch am Hof von Carcassonne, wo am 20. März 1194 Roger II., Vicomte von Béziers, starb und Adelaide mit ihrem Sohn unter der Vormundschaft von Bertrand de Saissac zurückließ. Am Ende des Jahres starb Raymonds Vater in Nîmes als dieser gerade von einer Pilgerfahrt zurückkehrte.

So sah sich Raymond VI. einem schweren Erbe gegenüber, das er mit 37 Jahren übernahm. Er bereiste zunächst seinen ungeheueren Landbesitz, nahm zahllose Huldigungen entgegen, zeigte aber auch einige Dreistigkeit gegenüber der Kirche, der er Schaden zufügte und deshalb ständig vom Kirchenbann bedroht war. Das wichtigste politische Ziel sah Raymond in einem Ausgleich mit König Richard. Um diesem Ziel näher zu kommen, schickte er Bourguigne von Zypern nach Hause und heiratete 1196 *Jeanne d'Angleterre,* die Tochter Heinrich II., die ihm das Agenais als Heiratsgut einbrachte.

Noch im selben Jahr (1196) starb Alphonse II., König von Aragon, der durch seine Allianz mit Trencavel seinem Vater soviel Sorgen bereitet hatte. Die Sicherheit der Grenzen im Süden des Reiches wußte Raymond besonders zu schätzen. Als nun auch Jeanne d'Angleterre in Beaucaire einen Sohn gebar, schien das Glück Raymonds VI. fast vollkommen zu sein. Wenn sich zur gleichen Zeit der Horizont wieder verdüsterte, so lag das an der besonderen Aufmerksamkeit, die Innozenz III. gerade diesem Land zuwandte, in dem der junge Graf eben erst begann, sich seine Autorität zu erkämpfen. Natürlich gab es Vasallen, die ihm den Respekt versagten, und wenn es zu Spannungen kam, so konnte er sich auf seine englische Verwandtschaft verlassen, die begrenzte militärische Operationen für ihn erledigte. Als die Herren von Cassès im Lauragais die Gehorsamspflicht verletzten, wandte sich Jeanne d'Angleterre an ihren Bruder Richard und forderte seinen Beistand. Aber statt der gewohnten Unterstützung erreichte sie diesmal die Nachricht, daß Richard am 6. August 1199 bei der Belagerung von Schloß Châlus im Limousin tödlich verwundet wurde. Jeanne war von diesem Tod so sehr getroffen, daß sie sich in das Kloster Fontevrault zurückziehen wollte. In der Tat, sie erreichte dieses Ziel, jedoch auf andere Weise, als sie es begehrte; denn am 24. September 1199 wurde ihrem Leben durch eine Frühgeburt ein jähes Ende gesetzt.

Raymond VI. zeigte über den Tod seiner 4. Frau aufrichtige Trauer. Im kommenden Jahr jedoch sehen wir ihn wieder ganz im Bann der Politik, galt es doch, mit Aragon einen Freundschaftsbund zu schließen. Durch den Tod *Alphonse II.* und durch die Regierungsübernahme durch seinen Sohn *Peter II.* waren die Beziehungen der beiden Häuser besser geworden. So begab sich Raymond VI. im Februar 1200 an die spanische Front, um sich mit Peter II. zu treffen. Der formell geschlossene Frieden sollte durch die Heirat mit *Eleonore*, der Schwester des Königs, besiegelt werden. Raymond war zwar über diesen Vorschlag etwas betroffen; denn für einen Mann im Alter von 43 Jahren erschien ihm die „extreme Jugend" der Verlobten nicht ganz konform. Der Hof kam überein, mit der Hochzeit vier Jahre zu warten, und so wurde Eleonore als Garantin des Friedens erst im Januar 1204 die fünfte Frau Raymonds VI.

Die beiden Monarchen gingen gewissenhaft ans Werk und schufen im Mai 1204 in Millau ein Vertragswerk, das einen genau umrissenen Beistandspakt enthielt, um der dauernden Kriegsdrohung einen Riegel vorzuschieben. Zur gleichen Zeit brachte Raymond VI. auch dem König von England, Johann ohne Land, seine Huldigung dar, so daß auch die Provinz Agenais, die er seiner verstorbenen Frau verdankte, zu einem Pfand des Friedens wurde.

Auf dieses geleistete Friedenswerk insgesamt, das eine Fülle von großen und kleinen Konflikten beseitigte, war Raymond sehr stolz und konnte nicht begreifen, daß ihm der Papst keine Anerkennung zollte. Für ihn war der politische Friede die Voraussetzung für den kirchlichen Frieden, ohne den sich religiöses Leben nicht enfalten kann — —

Der Papst sah das alles anders. Innozenz III. hätte allein in der Bekämpfung des Katharismus einen Friedensbeitrag erkennen können; und der Norden Frankreichs lieferte den Beweis, daß man gegen die Ketzerei vorgehen kann, wenn man nur will. Dort flammten bereits 1201 die ersten Scheiterhaufen auf. In den Augen des Papstes war der occitanische Adel dekadent, morbid und libertin, selbst die geheiligte Ehe war in Gefahr. —

Es ist wahr, Raymond VI. hat fünf Ehen geschlossen, zwei auf Befehl seines Vaters, eine aus Neigung und zwei aus politischen Erwägungen — nichts Ungewöhnliches in dieser Zeit und in einem Land, wo der Grundadel kulminiert. Muß man nicht die Frage stellen, ob hieraus eine Schuld abgeleitet werden kann? — Grund und Boden allein bedeutete Ansehen, Macht und Stärke. Selbst die königliche Macht war von der Domäne abhängig und allgemein war sich die Frau ihres feudalen Wertes wohl bewußt — — Sie wird zum Preis, der dem Tüchtigen zufällt, und oft erscheint sie als bloßes Wertobjekt, wenn feudale und dynastische Notwendigkeiten höchste Opfer von ihr fordern.

Für Raymond VI. hatte das politische Geschäft Vorrang, während die Ketzerei an zweiter Stelle rangierte. Wenn ihm das Wachstum der Ketzerei auch nicht entgangen sein konnte, so war das kein Grund zur Aufregung. Es erforderte keine Feldschlacht, um ihr Einhalt zu gebieten. Aber wollte er dies überhaupt? In der nach innen gekehrten Geisteshaltung der Katharer erkannte er keine Gefahr. Er war von Natur aus Skeptiker und erwärmte sich weder für das eine noch für das andere, doch freute er sich, wenn die selbstgerechten Kleriker einer Kritik ausgesetzt wurden. Auf keiner Austragung sollte man ihn missen, wenn geistige und körperliche Kräfte sich maßen, wenn Land auf, Land ab die fröhliche Wissenschaft neue Blüten trieb und auf Burgen und Schlössern dem Minnesang gehuldigt wurde.

Hier tritt deutlich zutage, wie sehr sich Raymond VI. der occitanischen Kultur verbunden fühlte. Sie ist seine Lebensluft, zu der die Überhöhung durch den Katharismus wesenhaft hinzugehört. Gewiß war er weit entfernt davon, in einer Makellosigkeit zu glänzen, weder als Mensch noch als Monarch — er war primär dem Feudalwesen verhaftet, wie jeder andere auch; ein fundamentaler Umbruch war nicht in Sicht — und so war auch er ganz ein Kind seiner Zeit.

Das Attentat

Dennoch lastete der Bannfluch sehr auf Raymond VI., und er wollte die ungerechtfertigte Strafe loswerden. Zu allem bereit, ließ er Pierre de Castelnau nach Saint-Gilles kommen, wo er zur Zeit Hof hielt. Als der Legat mit seinen Begleitern eintraf, warf sich ihm der Graf zu Füßen und versuchte sich zu entschuldigen. Aber der Legat blieb ungerührt und häufte Schuld auf Schuld. Der Ton zwischen beiden

Männern wurde gereizt und schließlich zogen sich der Legat und seine Begleiter zurück, um die Abreise vorzubereiten.

Als die Reisegesellschaft am Morgen des 15. Jan. 1208 die kleine Rhône erreichte, waren die Boote bereits festgemacht, um sie aufzunehmen und überzusetzen. Plötzlich sprengte ein Ritter heran und stieß seine Lanze in den Rücken von Pierre de Castelnau. Der Legat verschied, nachdem er noch einige Worte gesprochen hatte — — während der Ritter in Richtung Beaucaire entfloh.

So groß das Entsetzen über diese Untat auch war, so war doch niemand in Zweifel, daß sie den Rachegefühlen eines Junkers entsprang, der die Demütigung seines Herrn nicht länger ertrug. Die Aufgabe des Papstes schien es zu sein, den Grafen allein der Komplizenschaft und der Anstiftung zum Mord zu beschuldigen und die vielen Unklarheiten in diesem Geschehen zum Nachteil Raymonds auszulegen. Trotzdem ist auch die Darstellung, die Innozenz III. in seiner Verlautbarung der Welt mitteilte, mit Kritik aufgenommen worden. Es hieß dort unter anderem:

Als die Legaten beschlossen, die Stadt zu verlassen, bedrohte sie der Graf mit öffentlichem Tod und sagte, daß ihre Abreise sorgfältig überwacht würde, ob sie zu Wasser oder zu Land erfolge — — Hierauf befahl er seinem Komplizen, sich in einen Hinterhalt zu legen. Nichts konnte seine Wut beruhigen, nicht die Gebete unseres Sohnes, des Abts von Saint-Gilles, noch die inständigen Bitten der Konsuln und der Bürger der Stadt. Letztere begleiteten die Legation, trotz des großen Zornes des Grafen, zusammen mit einer Eskorte der Armee bis zum Ufer der Rhône.[65])

Als die Nacht hereinbrach, ruhte der Legat und seine Leute aus, ohne zu wissen, daß sich ganz in der Nähe Gefolgsleute des Grafen befanden. Am andern Tag aber, bei Morgengrauen, nachdem wie gewöhnlich die Messe zelebriert worden war, und die friedlichen Ritter Christi sich vorbereiteten, den Fluß zu überschreiten, stieß einer der Gefolgsmänner Satans seine Lanze zwischen die Rippen und verwundete Pierre von hinten. Dieser Pierre, gestützt auf Christus, wie auf einen unerschütterlichen Fels, wendet seinen Blick auf den

[65]) A. Villemagne, Bullaire du Pierre de Castel. Montpellier 1917, Brief Nr. 74 vom 10. III. 08

ruchlosen Angreifer und — mit dem seligen Etienne — dem Beispiel Christi folgend, sagte er ihm: „Daß Gott dir verzeihe, wie ich dir verziehen habe."[66])

Aus den verschiedenen Berichten geht hervor, daß schon der Ort der Tat schwer zu fixieren ist. Während früher die Meinung vorherrschte, als Ort käme nur die kleine Rhône in Frage, die damals den Seehafen von Saint-Gilles bildete, neigen die jüngeren Forscher dazu, „Trinquetaille", den Vorort von Arles, 19 km von Saint-Gilles entfernt, als mutmaßlichen Ort anzunehmen. Von hier aus wäre auf einem Pferd Beaucaire leicht zu erreichen, wo die Eltern des verdächtigten Schildknappen angeblich wohnten.

Zwei Jahre nach diesen Ereignissen gibt der anonyme Chroniker der „Croisade albigeoise" folgenden Bericht:

Der Legat (Arnaud-Amaury) verbrachte einige Tage in Saint-Gilles. In dieser Zeit hatte auch Pierre de Castelnau mit einem Edelmann aus dem Gefolge des Grafen Raymond eine heftige Diskussion über die Häresie, an deren Ende der Edelmann den Dolch zog und Pierre de Castelnau tödlich verletzte. Dieser Mörder gab den Anstoß zu dem großen Unglück, das über uns hereingebrochen ist. Pierre de Castelnau wurde zunächst auf dem Friedhof von Saint-Gilles bestattet, ein Jahr später wurde die Leiche unversehrt exhumiert und in der Crypta der Abteikirche beigesetzt. Der Legat und sein ganzes Gefolge waren sehr verzweifelt über das Verbrechen und die Geschichte sagt, daß der Edelmann nach vollbrachtem Mord zu seinen Eltern und Freunden nach Beaucaire entflohen wäre. Hätte sich der Graf seiner bemächtigen können, wäre er mit großer Gerechtigkeit bestraft worden, so daß dem Legaten und seinen Leuten Genugtuung widerfahren wäre.

Solcherart stehen die widersprüchlichsten Aussagen im Raum. Die Anklage wird zum Beweis umfunktioniert und alle Mutmaßungen werden als Gewißheiten abgestempelt. Raymond wehrt sich verbissen gegen den Verdacht und ersucht den Papst um ein Verfahren auf höchster Ebene. Der Papst kommt ihm entgegen, beruft Konzile, aber Leitung und Vorsitz bleiben in den Händen von *Armand-Amaury.*

[66]) Brief Nr. 73 vom 10. März 1208 Roqueb. S. 212

Dieser Legat bestreitet dem Grafen das Recht der Verteidigung und verhindert es geradezu, daß das Dossier über den Mord an Pierre de Castelnau wieder geöffnet wird; denn Aussöhnung und Verteidigung in der Sache Raymond VI. seien illusorisch.

Aber es bleibt nicht unbemerkt, daß der Papst die Möglichkeit ins Auge faßt, den Grafen als schuldlos anzuerkennen. Er hat die Idee, die starken militärischen Kräfte Raymonds von jeglicher kriegerischen Auseinandersetzung fernzuhalten, um eine aktive Parteinahme für die Ketzer auszuschließen. Er will, daß Raymonds Verbündete einzeln erledigt werden. Er selbst wird am Ende resignieren . . .

Hier zeichnet sich deutlich ab, daß Arnaud-Amaury allein den harten Kurs steuerte, daß er den sofortigen völligen Bruch mit Raymond suchte; denn nur durch seine Vernichtung kann Toulouse unterworfen und enteignet werden. Arnaud-Amaury hatte seine Helfer in Rom und anderswo, und der Historiker Achille Luchaire spricht von einer „Parti extrémiste“, die von Arnaud-Amaury angeführt werde.[67])

Diese Partei beherrschte das Nachrichtenwesen, sie unterschlug die milden Töne des Papstes und vergröberte die Schuld Raymonds. Alles unterlag ihrer Zensur.

Arnaud-Amaury weilte persönlich in Rom, als der Papst am 10. März 1208 die berüchtigten Briefe schrieb und die Anklage formulierte. Er lenkte seine Feder und niemand ist sicher, ob nicht auch der Mordanschlag selbst von dieser Partei ausgeheckt wurde. Wer hat an dem Verbrechen gegen Pierre de Castelnau profitiert? So fragt Michel Roquebert, und es fällt nicht schwer, diese Frage zu beantworten, wenn man die Erfolgsliste des Legaten überblickt. Als Inaugurator des Kreuzzugs beginnt seine Karriere — dann glänzt er als Erzbischof von Narbonne — und er beschließt sie als Herzog dieses Landes. Die Art und Weise, wie sich *Arnaud-Amaury* — viel später — diesen Titel anmaßte und besonders die Art, wie er ihn dem Eroberer streitig machte und soweit ging, Simon de Montfort zu exkommunizieren, das alles zeigt ihn als den dunklen Schatten des Papstes, der wiederum seine militante Orthodoxie schätzt und seine harte Moral rühmt . . .

[67]) Innocent III. La croisade des Albigeois 1905

Doch kehren wir zum Gang der Geschichte zurück. Pierre de Castelnau ist tot, Raymond VI. entlarvt, gebannt; jetzt tat der Papst den ersten Schrei nach Krieg:

Vorwärts! Ritter des Christus! Vorwärts mutige Mitstreiter der christlichen Armee![68]) Daß der allgemeine Aufschrei vom Schmerz der heiligen Kirche euch antreibe. Daß ein frommer Eifer Euch entflamme, um eine so große Beleidigung eures Gottes zu rächen . . . Man sagt, daß mit dem Mord dieses Gerechten die Kirche dieser Länder ohne Tröster sei, getaucht in Trauer und Leid; der Glaube ist verschwunden, der Friede ist tot, die ketzerische Pest und die kriegerische Wut haben neue Stärke gewonnen; das Schiff der Kirche ist einer totalen Katastrophe ausgesetzt, wenn man ihr in dieser neuen und schrecklichen Zeit nicht eine mächtige Hilfe bringt . . .

Diesem Appell folgt eine Serie von Maßnahmen, die von den Erzbischöfen und Bischöfen zu ergreifen sind. Sie sollen den Mörder von Pierre de Castelnau und seine Komplizen als exkommuniziert und gebannt erklären. Sie sollen persönlich den Bann über die Länder werfen, wo sich Schuldige verstecken, und diese Verdammung jeden Sonntag und an jedem Festtag unter Glockengeläut und beim Schein der Kerzen feierlich erneuern, bis daß der Mörder und seine Komplizen beim Heiligen Stuhl um Gnade flehen. Raymond VI. ist öffentlich als gebannt zu erklären. Seine Vasallen sind des Eides zu entbinden, damit sie ihm weder Hilfe noch Gehorsam schulden. Endlich: sein Land ist „exposée en proie", zur Beute ausgesetzt!

Es sei allen Katholiken erlaubt, unter Vorbehalt der Rechte des Oberlehensherrn, nicht allein seine Person zu bekämpfen, sondern auch sein Land zu besetzen und es zu behalten, damit es durch die Klugheit eines neuen Besitzers von der Häresie gereinigt werde, nachdem es durch die Verkommenheit des Grafen bis dahin so schändlich besudelt wurde. Es ist in der Tat gerecht, daß alle Hände sich gegen diesen einen erheben, dessen Hand sich gegen alle erhoben hat.

Bei der Verdammung des Grafen hingegen ließ Innozenz III. die Möglichkeit durchblicken, nach einer Besserung sein Pardon zu erhalten; aber er müßte zuvor Beweise geben seiner Reue und seines

[68]) Brief Nr. 74 vom 10. März 1208

Glaubens, das heißt: er muß den Frieden beschwören und seine Streitkräfte gegen die Ketzer wenden.

Der Papst schickte einen Kardinal-Diakon als Legat zum König von Frankreich, um diesem nahezulegen, das Gebiet von Toulouse alsbald zu unterwerfen. Schließlich schrieb der Papst an Philipp-August selbst einen Brief, in welchem er die besondere Rolle pries, die der König in dieser Affäre spielen könnte.

„Das Schwert, das ihr erhalten habt zur Züchtigung der Bösen, und der Ruhm der Guten, der sich an unser Schwert heftet, verlangt diese gottlosen und unmenschlichen Übeltäter zu strafen. Im Namen Moses und des Petrus besiegelt diese Allianz der Königswürde mit dem priesterlichen Amt" (Regnum und Sacerdotium). Durch diese Allianz, die Jesus Christus selbst verordnet hat, kann sich die persönliche Intervention des Königs verwirklichen, indem er sich der Domäne Raymonds VI. bemächtigt: „Wenn aus diesem Gebiet die Ketzer verjagt sind, werden sich dort katholische Christen niederlassen, die gemäß der Lehren eueres orthodoxen Glaubens und unter euerer glücklichen Herrschaft, Gott dienen können in Gerechtigkeit und Heiligkeit."[69])

Mit solchen feurigen Aufrufen sollte der Kreuzzug in Gang kommen. Aber der König reagiert gelassen und schreibt ganz gelegentlich an den Papst:

„Was den Tod von Pierre de Castelnau betrifft — für den der Graf von Saint-Gilles verantwortlich ist — so wisset, daß wir sein Hinscheiden sehr bedauern; denn er war ein guter Mensch und hatte sich für eine Heil versprechende Bewegung eingesetzt. Wenn sie Gründe haben, sich über den Grafen (Raymond VI.) zu beklagen, wundert es mich nicht — wir haben auch solche. Während des Krieges, den wir gegen König Richard von England führen, hat er gegen uns Partei ergriffen, indem er die Schwester des letzteren heiratete. Dennoch haben unser Vater, seligen Angedenkens, und wir selbst große Opfer gebracht, um seinen Vater, ihn selbst und sein Land zu verteidigen. Und als wir sehr engagiert waren gegen König Johann, der uns angegriffen hatte, haben wir Leute des Grafen gefunden, die gegen

[69]) Brief Nr. 76 vom 10. März 1208

uns kämpften und die Feste Falaise verteidigten. Wisset wohl, daß wir — in all den großen Kriegen, die wir geführt haben — keine Hilfe bekommen haben, nicht von ihm, nicht von den Seinen, obwohl er über eine der größten Baronien des Königreiches verfügt."

Weiter stellt der König klar, daß sich der Krieg gegen England neu entzündet habe und er den Brief des Papstes im Felde in Empfang nehmen mußte. Sodann fuhr er fort:

„Wir würden euch gerne Hilfe schicken, Leute und Geld, wenn der Klerus und die Barone einen finanziellen Anteil zuschießen würden, den wir als genügend erachten könnten und wenn es zu einem Waffenstillstand käme, der die Sicherheit unseres Landes verbürge."

Aber das genüge nicht; die Absichten stießen an eine juristische Schwierigkeit, worüber der König Spezialisten befragt habe:

„Was den Gegenstand der Landnahme betrifft, daß sie das Land des Grafen an diejenigen ausliefern, die sich seiner bemächtigen möchten, so haben wir von gutinformierten Leuten erfahren, daß sie nicht das Recht haben, so zu verfahren, wie sie ihn auch nicht als Ketzer verdammt haben. Selbst wenn er als solcher verdammt sein würde, sollten sie uns darüber unterrichten und uns bitten, seine Länder auszusetzen; denn das ist von uns, was er besitzt . . . Wir sagen das nicht um ihn zu entschuldigen, wir sind bereit, ihn anzuklagen, wenn uns Gott hierzu Gelegenheit gibt."

Auf den patriarchalischen Stil des Papstes antwortete Philipp-August nicht wie ein Untergebener, sondern wie ein Staatsmann. Der Papst mag Raymond VI. wegen Häresie verdammen, aber das gibt ihm kein Recht, die Grafschaft Toulouse als Beute auszusetzen; dieses Recht gehört dem rechtsmäßigen Oberlehensherr der Grafschaft, dem König von Frankreich. Hier hat der Papst die Grenzen der geistlichen Macht überschritten.

Ohne die Antwort Philipp-Augusts abzuwarten, hatte der Papst in einer Bulle vom 28. März 1208 *Arnaud-Armaury* zum Chef des Kreuzzugs ernannt. Der Legat verließ Rom, um nach Frankreich zu gehen und die Kreuzzugspredigt zu organisieren. Offenbar mit Erfolg, denn kurz darauf ermächtigte Philipp-August den Herzog von Bourgogne und den Grafen von Nevers, die beide das Kreuz nahmen, mit 500 Rittern in den Süden zu reiten.

Im Mai 1208 erhielt Raymond VI. selbst einen Brief von Philipp-August, durch den er ihn beauftragte in Maguelone die Interessen der Kirche wahrzunehmen. Nach der Anrede „vielgeliebter Vetter“ ist zu schließen, daß es der König mit der Intervention nicht allzu eilig hatte. Man befaßte sich in den kommenden Monaten vielmehr mit der Verteilung der Lasten, die eine so große Operations-Armee verursachen würde, und der Papst erließ verschiedene Aufrufe, freiwillig den Zehnten der Einkünfte für den Kreuzzug zu stiften. Ebenso sollen allen Gläubigen — unter Androhung einer kanonischen Sanktion — die Zinsen erlassen werden und der Papst bittet, daß man auch die Juden nötigt, sich diesem Befehl unterzuordnen.

Alle diese Maßnahmen konnten auch Raymond VI. nicht verborgen bleiben; trotzdem gewinnen wir den Eindruck, daß er seinerseits keine Gegenmaßnahmen trifft und keinerlei diplomatische Aktivität entfaltet, obwohl er doch noch einige Trümpfe in seiner Hand hält. Da ist vor allem sein Neffe, der Vicomte Trencavel, der über Streitkräfte verfügt . . . aber die Historiker widersprechen sich hinsichtlich der Frage, wer im Grunde ein Bündnis vereitelt hat. Nach dem „Chanson“ war Trencavel derjenige, der den alten Streit mit Raymond VI. nicht beilegen wollte, nach der späteren anonymen Chronik war es Raymond, der sich streitig stellte . . . und es ist zu fürchten, daß Raymond selbst mit dem Gedanken spielte, dem Papste willfährig zu bleiben. So ging er nach Aubenas (Ardèche) in der Absicht, sich dem Legaten zu unterwerfen. Aber Arnaud-Amaury wies ihn ab.

Philipp-August versammelte in Villeneuve-sur-Yonne seine großen Vasallen zu einer Lagebesprechung; denn Frankreich fühlte sich von zwei Seiten bedroht: von Otto, der sich Kaiser nennt und von Johann, dem König von England. Während sich der König weiterhin dem Kreuzzug widersetzte, zogen bereits Eudes, der Herzog von Bourgogne und Hervé de Donzy, Graf von Nevers, nach dem Süden. Auch Arnaud-Amaury entfaltete seine ganze Aktivität.

Plötzlich war der Umschwung da, Ritter strömten herbei, aber auch Prälaten hatten ihre Truppen bewaffnet. Die Mobilmachung von Söldnern und Geräten wurde mit großem Eifer betrieben, und der Haufen wuchs von Tag zu Tag. Auch der König war beeindruckt, doch lehnte er entschieden ab, das Kommando zu übernehmen.

Milon, der neue päpstliche Legat, berief die Prälaten nach Montélimar, wo man beschloß, den Grafen von Toulouse nach Valence zu beordern. Raymond VI. erschien am festgesetzten Tag und Milon erklärte ihm, unter welchen Bedingungen er die Versöhnung mit der Kirche erhalten könnte. Unerläßlich waren neben den Wiedergutmachungen das Gelöbnis, sich dem Willen des Papstes zu fügen, den Frieden zu respektieren, sich mit der Armee zu vereinen, die Ketzer zu bekämpfen — — Raymond der VI. unterwarf sich in der Hoffnung, damit den Kriegsgrund zu tilgen und die Invasion abzuwenden. Er leistete den Schwur und übergab als Pfand seines guten Willens sieben seiner Schlösser in die Hände der Kirche. Während Thédise, ein Mitglied der Legation, die Pfändung protokollierte, wurde die Zeremonie der Buße auf den 18. Juni 1208 festgesetzt. In Saint-Gilles, der „Wiege des gräflichen Geschlechts", sollte die Demütigung des Grafen in aller Öffentlichkeit vollzogen werden.

Vor dem dreifachen Triumphbogen, an dessen reicher Bildplastik zu jener Zeit noch tüchtige Steinmetze tätig waren, erschien Raymond VI. und betrat halb entblößt den kleinen Vorplatz, auf dem sich der Klerus versammelt hatte. Erschienen waren die Erzbischöfe von Aix, von Arles und Auch, ferner neunzehn Bischöfe aus der Provence und dem Languedoc. Sie umstanden einen großen Altar und hielten kostbare Reliquien in ihren Händen. Der Graf trat näher und über den Evangelien, über der Hostie und angesichts der heiligen Reliquien leistete er folgenden Schwur:

„Ich verspreche, daß ich alle Anordnungen des Papstes und auch euere, Meister Milon, befolgen werde und daß ich alles in gutem Glauben erfüllen werde, was mir aufgetragen wird, sei es durch den Papst, sei es durch seinen Legaten . . ."

Es folgte der Wortlaut von 15 Artikeln, die jedes einzelne Unrecht erläutern, für die zusammen der Graf schon früher verdammt worden war und für welche er sich jetzt verpflichtete, Wiedergutmachung zu leisten. Es werden Dinge aufgezählt, die Raymond gar nicht bestreitet und die er aufrichtig bereut. Es ist auch wahr, daß er Routiers angeworben und ihnen Unterhalt gewährt hat, aber was soll's — —

Weiter ging es im Text:

„Man sagt, daß ich es verweigert habe, den Friedens-Eid zu leisten, daß ich den Gottesfrieden verletzt und die Ketzer und Juden begünstigt habe . . . Man hält mich in bezug auf meinen Glauben für suspekt . . . Man verdächtigt mich, in den Mord an Pierre de Castelnau verwickelt zu sein . . .“

Diese vorsichtige Formulierung des Hauptpunktes der Anklage ist von einem Geständnis weit entfernt. Trotzdem endet der Text der Eidesformel mit einer vollkommenen Unterwerfung:

„Wenn ich diese Artikel verletze, oder wenn man mir andere Vergehen nachweisen könnte, stimme ich zu, daß die sieben Schlösser, die ich als Pfand gegeben habe, zum Vorteil der Kirche eingezogen werden, wie auch die Rechte, die ich über die Grafschaft von Melgueil habe; und ich will in diesem Fall excommuniziert werden und stimme zu, daß man alle meine Domänen mit dem Interdikt belege; daß meine Vasallen von ihrer Treue entbunden seien, von der Pflicht und dem Dienst, den sie mir schulden; und daß sie der römischen Kirche den Eid der Treue leisten für die Lehen und Rechte, die ich bis dahin auf Städte und Schlösser hatte . . .“

In der Tat, 60 provencalische Ritter des Grafen von Toulouse waren aufgeboten, einen Gegeneid zu schwören, nicht dem Grafen, sondern der Kirche zu gehorchen, den „Gottesfrieden“ zu halten und die Ketzer zu bekämpfen. Dann legte der Legat seine Stola wie ein Joch auf das Genick des Grafen und führte ihn durch das Portal in die Kirche, wobei er den nackten Rücken mit einer Rute schlug. Dort — vor dem Hauptaltar — erfolgte die Zeremonie der Absolution.

Während Raymond den Blicken der Menge entschwand, nahm Meister Milon, der apostolische Notar, den Eid der Konsuln von Saint-Gilles entgegen, am folgenden Tag den der Konsuln von Nimes, und am 20. Juni waren es die Konsuln von Avignon, die der Kirche den Treueid leisteten und sich verpflichteten, niemals ein Bündnis mit dem Grafen von Toulouse einzugehen.

Wie Raymond auch immer diese Erniedrigung empfunden haben mag, er hielt der Prüfung stand und setzte einen Akzent, der allgemein größtes Staunen erregte: Er begehrte das Kreuz für sich selbst und versicherte, die Kreuzfahrer in seinem Land willkommen zu heißen . . .

Ist das der Entschluß eines zerknirschten Büßers, oder ist es das Kalkül eines Feldherrn, der eine Schlacht verloren hat? —

Nachdem Raymond seine Sündenlast gegen eine politische Last größten Ausmaßes eingetauscht hatte, entschloß er sich zu diesem Schachzug, der seine letzten Freunde zwar verdroß, ihm jedoch — angesichts einer so großen Bedrohung — Aufschub brachte. —

Historiker, freilich, die wie Pierre Belperon diesen Kreuzzug als völlig gerechtfertigt erachten, sehen in dieser Geste des Grafen ein Übermaß an Heuchelei, ja sogar den Versuch, sich an seinem Neffen, dem Vicomte de Carcassonne, für seine Gegnerschaft zu rächen.

Der Papst beglückwünschte Raymond VI. in seinem Brief vom 27. Juli 1209 und gab seiner Freude Ausdruck darüber, daß aus dem einstigen Ärgernis ein Vorbild geworden sei, eine Wandlung, die die göttliche Fügung deutlich mache — —

Die Invasion

Vorspiel in Quercy

Kaum hatte Raymond VI. das Kreuz genommen, zuckten auch schon feurige Blitze am nördlichen Horizont von Toulouse. In Eilmärschen näherten sich zwei feindliche Heere der Hauptstadt und hatten in der Ketzerbekämpfung erste Zeichen gesetzt. An der Spitze des einen Heeres, das auf der Nordseite der Garonne heraufzog, sah man den Erzbischof von Bordeaux hoch zu Roß — und an der Spitze des anderen Heeres, das aus dem Nord-Osten hervorbrach, ritt der Bischof von Le Puy, gefolgt vom Grafen von Clermont. Weitere Teilnehmer an diesem Unternehmen waren Raymond, Vizegraf von Turenne, sowie der Herr von Castelnau-Monratier. Auch die Bischöfe von Limoges, Agen, Bazas und von Cahor vereinigten sich mit den rasch wachsenden Heerhaufen, deren Ziel es war, sich im südlichen Quercy zu vereinigen und gemeinsam gegen Toulouse vorzustoßen. Bisweilen operierten die Grafen im eigenen Gebiet und zeigten sich bemüht, ihre Glaubenstreue unter Beweis zu stellen. Sie stürzten sich auf Brutstätten der Ketzerei und auf Orte, die als Stützpunkte des Katharismus bekannt waren. Guillaume de Tudèle verdanken wir manche Einzelheit über diesen Feldzug, wenn auch seine Geographie ein bißchen merkwürdig ist. Mit einer guten Karte bringt man die Dinge wieder ins Lot:

Auf der Westseite wurde Gontaud bei Marmande völlig zerstört und einige Meilen weiter wurde Tonneins zur Plünderung freigegeben. Der nächste größere Ort war Casseneuil in der Nähe von Villeneuve-sur-Lot. Man begann sogleich mit der Belagerung der Stadt, aber die heftige Gegenwehr der gascognischen Garnison veranlaßte den Erzbischof von Bordeaux, die Belagerung abzubrechen und weiterzuziehen.

Inzwischen näherte sich auch von Osten her der große Haufen Ritter, Söldner und Pilger unter der Führung des Bischofs von Le Puy. Dieser hatte ohne Widerstand Puylaroque genommen, im Vorbeiziehen Saint-Antonin sur l'Aveyron und Caussade gebrandschatzt und hohe Lösegelder eingezogen. Bei Montauban dürften sich die beiden Heere vereinigt haben. Sie marschierten jetzt gemeinsam nach Süden.

Vor Villemur, 30 km nördlich von Toulouse, wurde die Belagerung eingeleitet, weil man an diesem Orte viele Katharer vermutete. Das Einvernehmen der beiden Bischöfe war jedoch nicht gut; sie konnten sich in taktischen Fragen nicht einigen. Schon die Tatsache, daß sich der Erzbischof von Bordeaux in Casseneuil die Finger verbrannte, während der Bischof von Le Puy überall große Summen an Lösegeld kassierte, macht den Unterschied deutlich. Der direkte Angriff fand auch bei den Grafen wenig Gegenliebe. Als man die Stadt dennoch stürmte, war sie von der Bevölkerung verlassen. Da in diesen Tagen auch die Quarantäne, die 40 Tage dauernde Verpflichtung der Söldner, zu Ende ging, verlief das ganze Unternehmen im Sand.

Trotzdem hatte dieser Überfall eine große Panik unter der Bevölkerung ausgelöst, die sich scharenweise in die größeren Städte ergoß. Ob Villemur in Flammen aufging, wie das Chanson berichtet, hat sich nicht bestätigt; dagegen erweist sich die Flucht der Katharer aus dem Städtchen durch die Aussage von Arnaude de Lamothe vor dem späteren Inquisitionstribunal als richtig. Nach diesem Bericht hatte der katharische Diakon von Villemur, Raymond Aymerie, rechtzeitig alle Frauen und Männer weggeführt. Am Ende des ersten Tages erreichten sie Roquemaure, wo sie im Hause der Parfaits übernachteten; am zweiten Tag erreichten sie Giroussens. Von hier aus ging es nach Lavaur, wo sie ein Jahr blieben, selbst als Montfort ein Teil der Montagne Noire besetzt hielt, waren sie noch dort . . .

Béziers

Unterdessen näherte sich das eigentliche Heer des Kreuzzuges[70]), das die Rhône bei Beaucaire überquert hatte, rasch seinem eigentlichen Operationsgebiet. Bis dahin hatte es nur Beifall und Zustimmung gefunden. Der oberste Chef des Unternehmens, der päpstliche Legat *Arnaud-Amaury*, erwartete das Herr in Montpellier. Die Spannung, die in der Luft lag, machte die betroffenen Menschen unruhig und nervös. Der Vizegraf von Carcassonne und Béziers, *Raymond-Roger Trencavel*, der als einziger noch den Kriegsgrund darstellte, fühlte sich nach dem Abfall Raymonds VI. verraten und verlassen. In einem Anflug von Verzweiflung entschloß er sich, wie jener das Kreuz zu nehmen und sich der Kirche zu unterwerfen. In letzter Minute, könnte man sagen, jagte er mit einigen Getreuen nach Montpellier, um Gnade zu erflehen, aber Arnaud-Amaury wies ihn ab. Auf fliegendem Roß ritt er nach Béziers zurück, wo er — der 24jährige — einen ruhigen und gefaßten Eindruck machte. Er befahl, daß man die Stadt in den Verteidigungszustand versetze und versprach den Bürgern, wie Pierre des Vaux-de-Cernay bezeugt, mit ihnen die Kreuzfahrer zu erwarten und gelobte, bis zum letzten Mann zu kämpfen.

Aber hielt er sein Versprechen?

Beim Herannahen der Invasionsarmee erfaßte ihn eine neue Unruhe, spontan verließ er die Stadt mit dem Versprechen, Hilfe zu holen und wiederzukehren. Sah der Vicomte in Carcassonne die bes-

[70]) Le grand Ost (lat. hostis), der große Feind der Ungläubigen

sere Chance, das Unheil zu wenden? Von dort aus konnte er alle Ritter des Minervois, der schwarzen Berge, der Corbièren, von Lauragais und Razès alarmieren und sammeln. Carcassonne konnte zum Drehpunkt werden in der Abwehrschlacht. Béziers hatte er eine defensive Aufgabe zugewiesen. Die Befestigungen seien stark genug, so argumentierte er, die Kreuzzugsarmee viele Wochen zu binden.

Aber es kam ganz anders!

Führwar, es war ein riesiges Aufgebot an Menschen und schwerem Kriegsmaterial, das hauptsächlich auf dem Wasserweg herbeigeschafft wurde. Manche Chronisten sprechen von 500 000 Personen, was weit übertrieben sein dürfte. Selbst wenn man das eigentliche militärische Potential mit 50 000 Mann ansetzt, einschließlich der Ritter und aufgebotenen Söldner, so ist der Rest, der aus Ribauds, Pilgern und Marketendern bestehen mag, zu hoch eingeschätzt, handelt es sich doch um einen Haufen, der Mühe hatte, dem eigentlichen Kern zu folgen.

Umringt von ihren Fähnlein, mit glitzernden Helmen und weißen Panzerröcken, das schwarze Kreuz auf der Brust, ritten die Großen des Königreiches einher, ausgewiesen durch ein weithin sichtbares Panier. Dem Herzog Eudes III. von Bourgogne folgte Hervé IV., Graf von Nevers. Mit eigenen Fähnlein folgten: Graf von Saint Pol, Graf von Auxerre, Graf von Genevois, Adhémar von Poitiers, Pierre Bermond von Anduze, Sire von Montfort, Graf von Leicester . . . und seit einigen Tagen folgt dem grand Ost auch Raymond VI., Graf von Toulouse, der das riskante Spielchen gegen seinen Neffen mitzumachen gedachte.

Béziers bereitete sich auf eine Belagerung von höchstens 40 Tagen vor, denn die meisten Ritter hatten sich für diese Zeit verpflichtet. Am 20. Juli 1209 näherte sich das Heer der Stadt und bezog jenseits des Orb ein Lager von gewaltigem Ausmaß. Bei ihren Prunkzelten auf der Anhöhe machten es sich die Ritter bequem, während das Gros der Söldner, die Ribauds und das übrige Fußvolk von jenseits der Alten Brücke ein lautes Palaver hören ließen.

Am anderen Morgen verließ der Bischof von Béziers, Renaud de Montpeyroux, die Stadt und ging in das feindliche Hauptquartier, um für eine Übergabe günstige Bedingungen auszuhandeln. Arnaud-

Amaury beauftragte ihn, den *Biterrois* ein Ultimatum zu bringen.[71]) Der Bischof ging in die Stadt zurück, ließ ihre Vertreter zu sich kommen und übergab die Botschaft, die darin gipfelte: die Katholiken müssen die Ketzer, die in einer Liste namentlich aufgeführt sind, dem Inquisitionsgericht übergeben. Wenn sie dies nicht tun wollten, müßten sie sofort die Stadt verlassen, damit sie nicht das Schicksal mit den zurückgebliebenen Ketzern teilen und mit ihnen umkommen müssen.

222 Namen! Handelt es sich hierbei um Parfaits, dann erscheint die Zahl zu hoch, handelt es sich um Credentes, dann ist sie zu klein . . . auch andere Städte geben das Verhältnis 1 : 100 als Schlüssel an.

Man höre und staune: die Biterrois lehnten einheitlich dieses Ultimatum ab, und nur wenige Katholiken verließen die Stadt. Selbst die Priester und der Bischof blieben bei der Gemeinde. Die Kreuzritter hielten die Biterrois für Dummköpfe und beschimpften sie, wie auch Pierre Belperron von Hochmut und Überheblichkeit spricht. Was hätte es die Einwohner gekostet, 222 Ketzer auszuliefern? Nichts, nur ein bißchen Ehre! —

Die Biterrois hatten noch mehr zu verteidigen, als das Leben der Ketzer: da war die politische Freiheit der Stadt und die Gewissensfreiheit der Bürger. In Béziers konnte jeder, wie in ganz Occitanien, der Religion seiner Wahl anhängen, ohne gleich — nach Pierre des Vaux-de-Cernay — ein räudiger Hund zu sein. Man konnte dort auch Jude sein und Mitglied der Notablen zugleich, wie jener Samuel, der Verwalter und Sekretär des Vicomtes gewesen war. Guillaume de Tudèle versicherte, daß er dennoch keine Sympathie für die Biterrois hätte und hielt sie für verrückt und dumm wie ein Walfisch (Chanson I p. 51); nichts fürchteten sie mehr, als was ein Wechsel der Regierung herbeiführen könnte.

Bewundern wir ihren Entschluß, die Stadt zu verteidigen, doch was ist passiert!

Hierüber gibt es keine einheitliche Meinung. Pierre des Vaux-de-

[71]) *Biterrois*, eigentlich ein Landschaftsname: Weingärten des Biterrois, röm. Kolonie Julia Septimana Biterrae

Cernay spricht davon, daß die Ribauds[72]) sich in der Nähe der Wälle tummelten und plötzlich mit einem Pfeilhagel überschüttet worden wären, worauf sie ohne Befehl die Stadt stürmten und in Brand steckten.

Guillaume de Tudèle meinte: Die Biterrois wären bis zum Fluß herabgekommen, um die Ribauds zu hänseln. Dabei schwenkten sie ihre Fahnen und pfiffen, wie man sonst die Spatzen vertreibt. Darauf gingen die Ribauds auf Befehl ihres Häuptlings zum Angriff über, und 15 000 Habenichtse (va-nu-pieds) bemächtigten sich der Stadt.

Einigen wir uns auf die folgende Version:

Jenseits des Orbs waren große Karren der Furage, von Ochsen und Pferden gezogen, im Lager angekommen und wurden mit lautem Geschrei entladen. Die Roßknechte gingen zum Fluß um sich zu erfrischen, andere lagerten am Ufer — flußauf, flußab — ein unüberschaubares Feldlager.

Dieseits der Brücke erhob sich das mächtige Felsenriff, gekrönt von der Kathedrale Saint-Nazaire. Gewaltige Stadtmauern, mit Türmen und Zinnen gespickt, schlossen sich an. Den einzigen Durchlaß gewährte das Südtor, Saint-Jacques, das heute nicht mehr existiert. Von dort führte eine enge beschwerliche Gasse, la rue Descente-Canterelles, hinab bis in die Nähe der alten Brücke. Die Einwohner von Béziers, neugierig geworden, zeigten sich auf den Mauern, zwängten sich durch das Tor und kamen herunter bis zum Fluß. Die Biterrois sind kernige, redselige Menschen, die sich dem Weinbau verschrieben haben. Kein Wunder, wenn von ihnen gesagt wird: „Die Biterrois sind vollgestopft von Sonne, und in ihren Adern fühlt man das rote Blut des Weinstocks fließen".

Es dauerte nicht lange, da nahmen sie die Ribauds auf der anderen Seite des Flusses aufs Korn und machten sich über sie lustig. Nicht wenig aufgebracht näherte sich ein Häuflein der Brücke und ein Wortführer taumelte gestikulierend bis über die Mitte. Plötzlich preschten einige Biterrois auf die Brücke, schnappten den Mann und warfen ihn in den Fluß. Wildes Entsetzen erfaßte die Masse der Ribauds; sie stürmten wutentbrannt auf die Brücke, jagten die Biterrois durch

[72]) Ribauds = Routiers (Landfahrer, Straßenräuber)

die rue Descente-Canterelles und schlugen jeden nieder, den sie erreichten. Der Pförtner von Saint-Jacques konnte das Tor nicht schließen, zu viele der eigenen Leute waren noch draußen, und bald waren zu viele der Feinde im Innern, die die Wache überwältigten und das Tor aufstießen. Tausende von Ribauds drängten sich in die Stadt. Ein furchtbares Blutbad entstand, und die Bewohner gerieten in Panik. Mit zerschnittenen Kehlen fand man sie in ihren Häusern; Truhen und Schränke waren aufgebrochen und ihrer Werte beraubt.

Ein Teil der Bewohner flüchtete in die Kathedrale Saint-Nazaire, die Priester in vollem Ornat stemmten sich gegen die anstürmende Masse, vergeblich, sie wurden zurückgedrängt und die Türen verrammelt. An mehreren Stellen entzündet, wurde Saint-Nazaire zum Grab vieler Bürger dieser Stadt. Gemeinsam starben Katholiken, Ketzer, Frauen und Kinder. Als die Kreuzritter in der Stadt erschienen, war das Werk schon getan.

Pierre des Vaux-de-Cernay spricht von siebentausend Opfern an diesem Tag; und das Chanson ergreift Partei für die Ritter, die letztlich die Verantwortung trugen: Als sie die Zerstörung sahen, gerieten sie in Wut und warfen die Räuber aus den Häusern wie Hunde mit Knütteln.

Ein zynisches Wort erinnert noch heute an die Tragödie vom 22. Juli 1209, ein Wort, das gewiß zu unrecht dem Legaten Roms, Arnaud-Amaury in den Mund gelegt wird, ebenso zu unrecht, wenn man es dem deutschen Zisterzienser Cäsarius von Heisterbach zuschreibt, der etwas Ähnliches, in welchem Zusammenhang auch immer, gesprochen haben soll, ein Wort, das einfach in der Luft lag und sich, angesichts der Greuel, in jedermanns Sinn hundertfach niederschlug: „Tötet alle, Gott wird die Seinen schon erkennen.“ —

Ebenso zynisch erscheint es uns, wenn der Fall von Béziers als Wunder oder als eine Fügung Gottes dargestellt und gerühmt wird. In Wahrheit war es eine ganz banale Sache, die genügte, aufgeputschte Instinkte zu enthemmen. Aus einem verlorenen Spiel wurde eine verlorene Schlacht, eine Niederlage, die durch den deprimierenden Effekt den ganzen Krieg im voraus entschieden hat. Der gläubige Optimismus der Südländer wurde erstmals ernstlich erschüttert. —

Carcassonne

Der rasche Fall von Béziers wirkte lähmend auf den gesamten Widerstand. Städte, Dörfer und Schlösser öffneten freiwillig ihre Tore, andre brachten durch Botschaften dem Legaten ihre Unterwerfung zum Ausdruck. Die Straße war frei, und es dauerte nur wenige Tage bis Carcassonne in Sicht kam. Das Lager wurde in einiger Distanz von der Porte Narbonnaise auf dem Pech Mary errichtet. Der junge Trencavel dachte zunächst an einen nächtlichen Ausfall, aber das Risiko erschien seinen Räten zu groß, und so entschloß man sich, die allgemeine Entwicklung abzuwarten. Mit Unbehagen beobachteten die Späher auf den hohen Zinnen die Aufstellung von Kriegsmaschinen rings um die Stadt. Am 3. August erfolgte der erste Angriff gegen die „Bourg“, der nordöstlichen Vorstadt der Cité. Die schwachen Wälle waren rasch überwunden, aber in den Straßen wurde unter Trencavels Führung hart gekämpft. Die Übermacht des Feindes nötigte die Verteidiger, sich hinter die Türme der Cité zurückzuziehen. Am nächsten Tag wurde ein gleicher Angriff auf „Castellar“, der südwestlichen Vorstadt der Cité, versucht; aber Castellar hatte ein festes, von Türmen flankiertes Mauerwerk, und der erste Angriff blieb stecken.

In einem kritischen Augenblick wird in dem Graben von Castellar das Schicksalswalten deutlich, das den Katharern weiterhin den Weg in ein unerbittliches Verhängnis weist. Dort an der tiefsten Stelle, Pfeilen und Steinwürfen ausgesetzt, liegt regungslos ein verwundeter Kreuzritter. Ein Kamerad sieht den Todgeweihten liegen, kehrt mit seinem Knappen in den Graben zurück und trägt den Verwundeten aus der Schußlinie heraus in die Sicherheit.

Dieser Retter war *Simon de Montfort,* ein unbekannter Herr aus der Umgebung von Paris. Von dieser Stunde an, am frühen Morgen des 7. August 1209, war sein Name in aller Munde, und er sollte durch diese Auszeichnung Bezwinger des Midi und französischer Nationalheld werden.

Nachdem sich die Überwindung der Mauern von Castellar mit Hilfe von Leitern als unmöglich erwies, begannen die Sappeure mit ihrer Arbeit. Hunderte von Händen begannen an einer günstigen

Stelle den Graben mit Steinen, Geröll und Sand aufzufüllen, so daß man mit den berüchtigten Katzen an die Mauer heranfahren konnte. Eine Katze war nichts anderes als eine fahrbare Arbeitsplattform, die nach oben gegen Steinwürfe, brennendes Öl und Pech gesichert war. Mit größter Geschicklichkeit brachen die Sappeure im Schutz der Katze Quader um Quader aus der Mauer heraus und stützten das entstehende Loch sorgfältig mit Hölzern ab. Wenn der Stollen groß genug war, wurde das Holz angezündet und zu Asche verbrannt. Die schwere Mauer, jeglicher Stütze beraubt, brach in sich zusammen, und die Bresche war für den Angriff bereit.

Auch die Eingeschlossenen versuchten die Vorteile ihrer Festung auszunützen und den Angreifern Verluste zuzufügen. Da in der von Flüchtlingen überfüllten Stadt bereits Wassermangel herrschte, waren täglich Ausfälle notwendig, um an den Wasserstellen der Aude einige volle Fässer für Menschen und Tiere zu erbeuten.

In den drückend heißen Tagen des Augusts sank der Mut der Carcassonner Bürger und auch Raymond-Roger Trencavel schaute besorgt in die Zukunft. An dieser Stelle erzählt das „Chanson" eine Episode, die neue Hoffnungen in einer ausweglosen Situation erweckte: die Intervention des Königs Peter II. von Aragon. Der König kam von Colioure, einer Hafenstadt an der spanischen Grenze, wo er — solange in den Ländern seiner Lehenshoheit gekämpft wurde — sein Hauptquartier aufgeschlagen hatte.

Von hundert Chevaliers begleitet, traf er überraschend im Camp Pech Mary ein und begab sich in das Zelt seines Schwagers Raymond VI. von Toulouse. Was er dort erfuhr, und was er selbst erkunden konnte, war nicht ermutigend für den in seiner Stadt eingeschlossenen Trencavel. Dieser beobachtete von seinen Zinnen aus das Herannahen des Königs, der ohne Schild und Panier in einer Gruppe ritt. Vor dem Portal Narbonnais stieg er ab und eilte auf Trencavel zu, der ihm mit großen Hoffnungen entgegenging.

Ohne Umschweife kam Pierre II. zur Sache und zeigte sich ungehalten, seinen Vasallen in einer so mißlichen Lage anzutreffen — und das alles wegen ein paar törichter Leute. Als einzige Möglichkeit, aus dieser Lage herauszukommen, empfahl er Trencavel, bald einen Vertrag abzuschließen und den aussichtslosen Krieg zu beenden. Mit

Schloß **Foix** an der Ariège, 58 m über der Stadt, war während zwei Jahrhunderten der Sitz der Grafen von Foix. Montfort konnte die Festung nicht niederzwingen, um so mehr hatten Stadt und Land unter den Repressalien zu leiden.

Schloß **Usson-les-Bains,** in einer zerklüfteten Landschaft an der oberen Aude gelegen, war ein sicherer Zufluchtort der Katharer. Ritter von Usson hüteten den Katharerschatz.

Lastours, auf einem Felsrücken der schwarzen Berge gelegen, macht einen finsteren Eindruck. Dennoch scheinen die Namen seiner vier Türme der Poesie entlehnt zu sein. Hier im Bilde: Quertinheux, von Fleur-Espine aus gesehen. ►

Lastours. Blicken wir vom gleichen Standpunkt nach Osten, kommt La Tour Régine ins Bild, dahinter der von oben bis unten geborstene Donjon von Cabaret. Pierre-Roger de Cabaret und sein Bruder Jourdain waren den Katharern wohl gewogen und bekämpften mit ihren Rittern die Kreuzfahrer in vielen Einzelaktionen.

Termes. Das Schloß von Raymond de Termes, im Herzen der Corbièren, war schon im 11. Jahrhundert ein fester Riegel gegen Invasionen aus dem Süden. Die Zeit hat nur Mauerreste mit einigen Besonderheiten übriggelassen: ein kreuzförmiges Fenster der Burgkapelle, zwei Pecherker und das kleine Ausfalltor in der Nordwand, das einen Blick in die Schluchten des Sou freigibt. Rixovende de Termes, eine viel besungene Ketzerin, war mit Guillaume de Minerve vermählt. ▸

Minerve, ein Name, der zweifellos an die griechische Göttin erinnert, die hier schon vor der Ankunft der Römer verehrt wurde. Das Schloß ist bis auf einen aufragenden Mauerrest des Torturmes verschwunden. Wo einst die stark befestigte Zugbrücke den Zugang verwehrte, überspannt heute eine Straßenbrücke den Graben.

Minerve. Die Straße der Märtyrer, so genannt, weil hier 140 Katharer zum Richtplatz zogen. Jenseits des Tores das weiße Kalkriff der 40 m tiefen Schlucht.

Minerve. Rechts das Süd-Tor. Nach 40 m führt der Weg zu einer Rampe, von der aus die Katharer in das Feuer sprangen.

Queribus, ursprünglich Cherbuccio genannt, was einen Felssporn bedeutet, der aufrecht hervortritt. In der Tat ist er mit seinen 800 m über dem nahen Meer weithin sichtbar. Nach dem Gewitterregen vergoldet die Abendsonne das Schloß, das einen massiven Eindruck macht. Queribus war eine sichere Zuflucht der Katharer. Im Jahre 1241 starb hier Benoît de Termes, der katharische Bischof.

Queribus. Ausblick von der Altane. Bei guter Sicht bietet sich das Roussillon in seiner ganzen Schönheit dar, begrenzt von der gewaltigen Bergkulisse der Pyrenäen.

◂ **Queribus.** Ein erstes Tor versperrt auf halber Höhe den Zugang zum Schloß. Es folgen, angeschmiegt an den steilen Felsgrat und gut bewehrt, eine Anzahl enger Kehren, die zum eigentlichen Portal des Schlosses führen. Der Zugang (im Bilde) ist von Kasematten flankiert. Schwere Fallgatter hatten hier die Zugbrücke ersetzt.

Roquefixade war das Stammschloß der Herren von Péreille, die das Land d'Olmes zu Lehen hatten. Raymond de Péreille, der Chef der Baronie, dessen Mutter Fournière wie auch seine Tochter Esclarmonde (II) Parfaites waren, ließ im Jahre 1204 das Schloß Montségur als sicheren Hort des Katharismus errichten.

Roquefixade vom Fuße des Burgfelsens: ein Blick zum 10 km entfernten Montségur. Eine Verständigung von Burg zu Burg war mit Licht-, Rauch- und Feuerzeichen jederzeit möglich.

►

Peyerpertuse. Vom Norden des Landes kommend, erweckt das langgestreckte Schloß den Eindruck eines gestrandeten Schiffes, dessen Vordersteven sich westwärts hoch auftürmt. Ein gigantisches Felsenriff, das sich über den ganzen Bergrücken hinzieht, trägt an seiner breitesten Stelle das Schloß.

Peyerpertuse „Pierre percée", ein Name, der zu Vermutungen Anlaß gibt, daß ursprünglich tiefe Spalten in der Südwand einen Durchstieg zur Nordseite ermöglichten: einen Zugang zum Schloß, der erst spät durch einen Einbruch zerstört wurde.

Peyerpertuse. Ein Märchenschloß mit Türmen, Mauern und Erkern, ein Städtchen mit Häusern, Kirche und Plätzen, „ein kleines himmlisches Carcassonne", wie Michael Roquebert es nennt – –
Im Bild: die Esplanade

Peyerpertuse. Am 16. November 1240 mußte sich Guillaume de Peyerpertuse dem König von Frankreich ergeben. Ludwig, der Heilige, baute auf dem Roc Sant-Jordy (Bild) ein neues Schloß und machte das alte zur Garnison. Als königliche Festung hatte Peyerpertuse die Zeit überdauert, bis sie in der französischen Revolution geschleift wurde. ▶

Die Ariège. Im 12. Jahrhundert war dieser Teil der Ariège noch gestaut und bildete einen See, auf dem Fährmann und Fischer ihren Dienst versahen.

Das Massiv **Ramploques** weist verschiedene Höhlensysteme auf, die von den Katharern bevölkert wurden.

Die Mystische Pforte. Da in dieser Religion der „Weg" alles bedeutete, spiegelten sich auch im Äußeren symbolhaft die „Stufen" dieses Weges, der bei der Mystischen Pforte begann und angesichts des Tabors (Barthelemy) endete. ▶

Bethlehem. Das Fenster dieser Grotte regt zu tiefsinnigen Gesprächen an, die gewiß dem Wechselspiel von Licht und Finsternis gewidmet sind. ▶▶

Das Arièegetal. Blick vom Col de Chioula 1507 m oberhalb Ax-les-Thermes nach Westen. In der Bildmitte das Schloß Lordat, im Hintergrund rechts der Roc de Soudor bei Tarascon. Moosgrüne Schatten, hellgrüne Felder, dunkle Wälder und verbläute Ferne – auf halber Höhe von der Route des Corniches eingefaßt – so bietet sich das Arièegetal dem Betrachter dar.

Montségur. Zur Zeit der Sommersonnenwende hängt eine Duftwolke über dieser Landschaft. Man erreicht das Schloß auf einem schmalem Pfad, der zunächst über den Anger, dann durch einen Buchswald führt und am Fels endet, wo einige Treppen den Zugang zum Südtor erleichtern.

Montségur. Der Blick durch das Südtor geht hinüber zu dem Pic de Soularac (2368 m) links und dem Pic de Barthelemy (2348 m) rechts. ▶

Montségur. Die sogenannte Straße der Katharer geht jenseits der Taborberge in steilen Kehren hinab ins Ariègetal.

Montségur. Die nördliche Außenmauer, überragt von der Plattform, die astronomischen Beobachtungen diente.

Montségur. Der Innenhof mit seinem felsigen Grund. Nach den Kragsteinen zu urteilen, befand sich hier der einzige Zugang zum Wohnturm. ▶

Montségur. Das Erdgeschoß des Wohnturms umfaßt die Zisterne (50 cm3) und ein Gewölbe, das von 4 Schießscharten erhellt wird. Am 21. Juni fällt das Licht der aufgehenden Sonne durch alle Öffnungen gleichzeitig hindurch. Eine Wendeltreppe führt zum eigentlichen Wohntrakt empor: vier große Fenster und ein Kamin zeichnen diesen Wohnraum aus. Die Raumverhältnisse des Schlosses sind so beschränkt, daß man annehmen muß, daß es niemals für eine Herrschaft gebaut worden war. Montségur war der Sitz für einen oder zwei Parfaits, die als höchste Repräsentation des Katharismus galten und in hohem Ansehen standen. ▶

Montségur. Dieses Bild zeigt den Versuch einer Rekonstruktion der Eremitage, die den Wohnturm terrassenförmig umgab. ▶▶

78

LE MIDI
DE LA FRANCE
SÜDFRANKREICH
1 : 800 000

Marssac-sur-Tarn
Villefranche-d'Albigeois
Alban
St Sernin-sur-Rance
Montlaur
St Felix-de-Sorgues
Nonenque Abbaye
St Beaulize
Montpaon
le Caylar
Cadalen
Mouzieys-Teulet
Montfranc
Rance
Sylvanès
Camarès
Labeil
Roqueredonde
Roquecézière
Belmont-sur-Rance
Fayet
Ceilhes
Laboutarié
le Travet
Réalmont
Pierre-de-Trivisy
la Quintaine
Brusque
Avène
Joncels
Graulhet
Montredon-Labessonnié
Castelfranc
Viane
Calmels
Moulin-Mage
Lacaune
St Amans
le Bousquet-d'Orb
Lunas
Lautrec
Vabre
Murat
Cuq
Roquecourbe
Lacalm
Monts de Lacaune
St Gervais
Villemagne
la Tour
Escandorgue
Salasc
Vielmur
Castres-s. l'Agout
Brassac
St Salvy-de-la-Balme
la Salvetat-sur-Agout
Fraïssé-sur-Agout
Lamalou-les-Bains
Bédarieux
Puylaurens
Lagarrigue
Colombières
Faugères
Anglès
le Rialet
Olargues
Cabrerolles
Soual
Labruguière
Monts de l'Espinouse
St Nazaire-de-L.
Mazamet
Col de-la Fenille
St Pons
Col de-Rodomouls
Revel
Sorèze
Dourgne
St Amans-Soult
Courniou
Cessenon
Murviel
Montagne Noire
Peyrefiché
St Chinian
Servian
les Cammazes
Cazouls-les-Béziers
Saissac
Cirou
Limousis
la Caunette
Cruzy
Puisserguier
Béziers
St Papoul
Caunes-Minervois
Minerve
Aigne
Capestang
Castelnaudary
Lastours
Rieux-Minervois
Olonzac
Villeneuve-les-Béziers
Montclieu
Versailles
Conques
Homps
Nissan
Pennautier
Saptes
Laredorte
Puicheric
Canal du Midi
Coursan
Alzau
Bram
Carcassonne
Trèbes
Lézignan
Villedaigne
Fleury
Prouille
Montréal
la Cité
Capendu
Ornaisons
Röm. Ruinen
Narbonne
Plage de St P.
Narbonne Plage
Cailhau
Leuc
Monze
Fabrezan
Ferrals-les-Corbières
Fontfroide
St Gaudéric
Ladern-sur-Lauquet
Montlaur
Thézan
St Martin
Gruissan
Pomas
N.D. de Marceille
Lagrasse
St Laurent-de-la-Cabrerisse
Etg. de Bages et de Sigean
Portel
Limoux
Moulin-Neuf
Villelongue-d'Aude
St Polycarpe
Villardebelle
Terme
Villerouge
Sigean
la Nouvelle
Alet
Montjoi
Durban
Arques
Mouthoumet
Quintillan
Puivert
Espéraza
Couiza
Blanchefort
St Jean-de-Barrou
Treilles
Rennes-les-Bains
Leucate
Bélesta
Soulatge
Tuchan
les Cabanes de Fitou
Quillan
Peyrepertuse
Opoul
Etang de Leucate-ou-de Salses
Cubières-sur-Cinoble
Padern
Quéribus
Salses
Vingrau
Espezel
St Paul-de-Fenouillet
Maury
la Salanque
Port de St. Laurent
Axat
Caudiès-de-Fenouillèdes
Rivesaltes
Estagel
Espira
St Laurent
Puilaurens
Ansignan
Pia
Usson-les-Bains
Montfort
Sournia
Baixas
Bompas
Bains d'Escouloubre
Roquefort-de-Sault
Trévillach
Montalba-l.-Ch.
Ille-sur-la-Têt
Pézilla-de-la Rivière
le Vernet
Canet-Plage
Quérigut
Mosset
Millas
Baho
Perpignan
Etang de Canet-et de St. Nazaire
Pic Madres
Molitg-les-Bains
Aria
Vinça
Bouleternère
Thuir
Alenya
St Cyprien-Plage
Formiguères
Prades
Prieuré de Serrabone
Boule-d'Amont
Fourques
Trouillas
Elne
Villefranche-de-Conflent
St Michel de Cuxa
Argelès-Plage
les Angles
Olette
Corneilla
Velmanya
Llauro
Brouilla
Vernet-les-Bains
Sahorre
les Masos
Oms
le Boulou
Argelès-sur-Mer
Collioure
Port-Vendres
Font-Romeu
Thuès-les-Bains
Casteil
Mt Canigou
Laroque
Maureillas
Mts Albères
Cap Béar
Mont-Louis
Planes
Fontpédrouse
Py
Abb. de St Martin
Palalda
Céret
Banyuls-sur-Mer
Llivia
Saillagouse
Arles
Amélie-les-Bains
le Perthus
Cerbère
C. Cerbère
REISE- UND VERKEHRSVERLAG STUTTGART

Ussat-les-Bains-Haut. Das Templerkreuz auf der Friedhofsmauer.

Worten unendlichen Bedauerns verabschiedete sich der König und ritt in das Lager zurück. Dort ließ er sich bei Arnaud-Amaury melden, der ihn willkommen hieß. Pierre II. bat diesen die Stadt zu verschonen; aber der Legat blieb hart. Er räumte zwar ein, daß Trencavel jederzeit mit elf Rittern die Stadt verlassen könnte, aber die Belagerung würde fortgesetzt. Hierauf verlangte der König sein Pferd und sagte ärgerlich: „So ist es, wenn dem Esel Flügel wachsen". —

Am nächsten Morgen wurde Castellar im Sturm genommen und enger schloß sich der feindliche Ring. Trencavel ließ den Feind wissen, daß er niemals seine Bürger im Stich lassen würde. Nachdem ihm freies Geleit zugesagt war, begab er sich in den Pavillon des Grafen von Nevers, um ein Treffen mit dem Legaten zu verabreden. Es ist zu befürchten, daß er sich selbst als Geisel angeboten hatte und festgenommen wurde. Daraufhin wurde auch die Stadt zur Übergabe gezwungen, und die Bürger mußten sie mit leeren Händen verlassen.

Carcassonne war gefallen, und erstmals trat die juristische Formel in Kraft „zur Beute ausgesetzt". Arnaud-Amaury wandte sich an die großen Barone, aber keiner wollte den verlockenden Siegeskranz ergreifen. Waren es moralische Gründe oder politische; man rätselte lange darüber, und Pierre Belperon meinte: am Ende war es pure courtoisie! Widerstrebte es den Edelleuten, das königliche Lehen aus den Händen eines Prälaten zu empfangen? Endlich erbot sich Simon de Montfort, die Vizegrafschaft mit allen Würden und Bürden zu übernehmen.

In der augenblicklichen Situation gab es keine Gelegenheit, die Übernahme festlich zu begehen; die Stadt war leergefegt und der einstige Besitzer lebte noch im engen Verließ seines eigenen Schlosses. Die Ketten zerrten und schmerzten an seinen Gliedern. Er wird seine junge Gemahlin Agnes niemals wiedersehen, noch seinen zweijährigen Sohn, der vorsorglich auf das Schloß Foix gebracht wurde. Erst nach Monaten wurde Trencavel tot ans Licht gezogen und mit großem Pomp beigesetzt.

Simon Montfort avancierte an die Spitze der Armee, die es neu zu formieren galt. Viele Mitstreiter hatten das Ende der Quarantaine erreicht und kehrten in ihre Heimat zurück. Eudes de Bourgogne verlängerte seine Dienstzeit, um Montfort weiterhin zu beraten. Gui de Levis, ein anderer Freund Montforts, wurde Marschall der Armee; alle hatten jetzt eine Chance nach oben zu kommen. In dieser Phase der Umbildung regten sich sogleich wieder die occitanischen Ritter, die versuchten, verlorengegangene Burgen und Schlösser zurückzuerobern. Ein unruhiger Winter für Montfort. Voll Ungeduld wartete er auf das Frühjahr, das ihm Verstärkung bringen wird.

Von drei Schlössern fühlte sich die Kreuzzugsarmee besonders bedroht. Es waren: Minerve, Termes und Cabaret. Diese mächtigen Zitadellen auf steilen Felsenriffen — eingetaucht in den Mythos der Unzerstörbarkeit — waren das Ziel der neuen Offensive.

Minerve

Die Bourg Minerve ist ein kriegerisches Städtchen mit einem Schloß, das schon vor der Bedrohung durch den Kreuzzug südliche Gegenden beunruhigt hat. Besonders Narbonne hatte unter diesen Ausfällen zu leiden und zeigte sich deshalb sofort bereit, Simon de Montfort bei der Niederwerfung dieses Platzes zu unterstützen.

Minerve liegt verlassen in einer Kalksteinlandschaft, die von tiefen Schluchten durchfurcht ist. Reißende Gewässer abschmelzender Eismassen haben diese Landschaft geformt. So hat gerade die Umgebung von Minerve urweltlichen Charakter. Die Stadt thront auf einem 50 m hohen, senkrecht abfallenden Felsrücken, begrenzt von zwei tiefen Cañons, der nördliche von dem Brian, der südliche von der Cesse durchflossen, heute nur kleine Rinnsale, die sich hier vereinen und zur Aude weiterfließen.

Guillaume de Minerve, ein alter Haudegen, Freund und Beschützer der Katharer, der hier seinen Sitz hatte, sah dem Anmarsch der Armee Montforts gelassen entgegen. Auch Montfort stellte bei einem Erkundungsritt fest, daß ein direkter Anlauf keinen Erfolg bringen kann. Selbst das Schloß, das an der engsten Stelle der Schleife eine doppelte Sicherung durch Zugbrücken und Gräben hatte, bot erprobten Sappeuren keine Gelegenheit, eine Katze heranzufahren. Trotzdem gibt Montfort Mitte Juni 1210 den Befehl, die Stadt zu belagern.

Aimery, Vicomte de Narbonne, bezog sein Lager im Norden der Stadt, die Gascons unter *Guy de Lucy* im Westen und *Montfort* selbst, zusammen mit *Robert Mauvoisin* und *Guy de Lévis,* blieb im Süden; alle Lager auf gleicher Höhe mit der Stadt, nahe genug, um sie mit Steinwürfen einzudecken. Jede Gruppe brachte eine Wurfmaschine in Stellung, und sogleich begann der Beschuß, der eine zermürbende Wirkung auf die Menschen hatte, war doch ihre Zahl durch den Zustrom von Flüchtlingen mehr als verdoppelt. Staubwolken markierten die Einschläge, und die Trümmer der Häuser verstopften Straßen und Gassen.

Jetzt hatte Montfort die Wasserstelle an dem Brian erkannt, die durch Mauern verdeckt war. Er nahm sie unter Beschuß und zerstörte sie. Ein nächtlicher Gegenangriff der Eingeschlossenen sollte die Haubitze durch Feuer zerstören, aber der Versuch wurde durch die Aufmerksamkeit der Wachen vereitelt.

Nach siebenwöchiger Belagerung trat Guillaume de Minerve vor das Tor und zeigte seine Bereitschaft zu verhandeln. Montfort empfing ihn und nannte die Bedingungen: freien Abzug für die Besatzung, für die Bürger und für jene Katharer, die bereit waren, ihren Glauben abzuschwören. Diese Bereitschaft konnte jedoch nicht festgestellt werden. Auch als Simon de Montfort und der Abt Vaux de Cernay in die Stadt gingen, sich zu den 150 Katharern führen ließen, die in ihren Häusern versammelt waren, und die Verstockten innigst baten, die „Tröstung“ bei der Kirche zu suchen, stießen sie auf eine Resistance, die ihr Verständnis überstieg. —

Während Simon und der Abt zu einer Milde neigten, trieb der Legat Arnaud-Amaury seine Leute zur Eile und ließ den Scheiterhaufen schichten. Die Straße der Märtyrer (rue des Martyrs), wie die schmale Gasse heute noch heißt, führt direkt zum Hinrichtungsplatz, ob aber dieser bei der Kirche war, wie Paladilhe behauptet, ist nicht leicht einzusehen. Sicher ist, daß das Feuer in einem großen Loch entzündet wurde, das jedoch nur am Rande der Felsklippe sein konnte. Auf ein solches Loch stoßen wir außerhalb des Südtors, dort befindet sich auch eine Art Rampe, von der aus der Absprung in das Feuer möglich war. Im Talgrund soll auch der Holzplatz der Gemeinde gewesen sein. Es war also einfach, dort einen Holzstoß zu errichten, und es würde auch der Darstellung entsprechen, die der Augenzeuge Pierre des Vaux-de-Cernay gegeben hat, die besagt: „Unsere Leute hatten keine Mühe, sie zu stoßen, weil alle, die in ihrem Irrtum verharrten, sich selbst in das Feuer hinabstürzten (se précipiter)". Diese Möglichkeit scheint nur dort gegeben zu sein.

Ein Pfarrer von Minerve ließ im 19. Jahrhundert ein eisernes Sühnekreuz errichten: ein Marterkreuz für jene, die an das Lichtkreuz glaubten. —

Guillaume de Minerve — vom Durst besiegt — verließ mit seiner Frau, Rixovenda de Termes, sein Schloß Minerve für immer. Als Ausgleich erhielt er eine kleine Domäne bei Béziers. Fünf Jahre später wurde er „Johanniter", doch als der junge Raymond VII. bei Marseille an Land ging, eilte er ihm entgegen, wurde jedoch bei der Belagerung von Beaucaire verwundet. Ein letztes Mal wurde er auf den Wällen von Toulouse gesehen, das die Verteidigung gegen den anrückenden Prinzen von Frankreich, den nachmaligen Luis VIII., vorbereitete.

Termes

Der zweite Platz, der den Siegeslauf Montforts hemmte, war das Château de Termes. Mitten im Herzen der Corbièren liegt es unerreichbar auf einem Bergschroffen, von tiefeingeschnittenen Tälern umgeben. Raymond de Termes fühlte sich sicher in seinem Adlerhorst und sah einem Angriff mit Zuversicht entgegen. Pierre des Vaux-de-Cernay hatte recht, wenn er sagte: „Um das Schloß zu erreichen, müsse man sich zuerst in den Schlund der Hölle stürzen, um dann zum Himmel zu kriechen." —

Aber auch Simon de Montfort, der gefährliche Gegenspieler, war guten Mutes. Er residierte zwar in Carcassonne, wohnte jedoch aus Sicherheitsgründen im Schloß Pennautier westlich der Stadt, wo auch der Generalstab tagte. Er hatte seine Befehle zu diesem neuen Unternehmen bereits erteilt und überall wurden Vorbereitungen getroffen.

Auf dem Ufergelände der Aude wurde den ganzen Tag über schweres Kriegsmaterial wie Teile von Schleudern und Rammböcken auf Ochsenkarren verladen. Noch in derselben Nacht wurde diese Wagenkolonne von Pierre-Roger de Cabaret, der mit seinem Fähnlein ständig unterwegs war, überfallen und angezündet. Das Feuer freilich, war bei dem schwachen Wind schwer zu entfachen, und so wurde das Vorhaben von den Wachleuten frühzeitig entdeckt und durch rasches Eingreifen vereitelt. Der Konvoi konnte anderntags von Guillaume de Conters in Marsch gesetzt werden, der beauftragt war, ihn sicher in das Vorgelände von Termes zu bringen.

Der beschwerliche Weg führte über Lagrasse-Villerouge zum Col de Bedos. Nur die südlichen Hügel von Termes waren für ein Camp geeignet, und von dort war auch das Schloß gut zu übersehen. Es ruht auf einem Felsensockel, der die Landschaft kaum überragt, aber von tiefen Schluchten umschlossen ist, in denen der Sou mit hellem Klang über die Steine springt. Heute durchbricht die Straße an zwei Stellen die Felsenwand nach Norden hin und gleitet sanft hinab zum Tal des Orbieu.

Das Camp belebte sich, neue Kontingente strömten herbei, und die Hügel boten bald ein buntes Bild. Der Erzbischof von Bordeaux war wieder dabei, ferner die Bischöfe von Chartres und Beauvais, und eine der wichtigsten Persönlichkeiten war Guillaume, der Erzdiakon von Paris, der sich als Ingenieur und Experte des Schleuderwesens, der damaligen Artillerie, auszeichnete. Er nahm sogleich den Zusammenbau der Maschinen und deren Aufstellung in Angriff.

Auch auf dem Schloß wurden Vorbereitungen getroffen. Von Zeit zu Zeit trat der alte Herr von Termes auf den Altan heraus und ließ seinen goldenen Helm in der Sonne blitzen. Die Familie von Termes und jene von Minerve waren eng versippt und beide waren Freunde der Katharer. Rixovenda hatte schon früh das Kleid genommen und der Bruder von Raymond, Benoît de Termes war katharischer Bischof von Razès. Er soll 1241 auf dem Queribus gestorben sein.

Als auch Simon de Montfort am Kampfplatz eingetroffen war, begann sofort das Artillerieduell, das allerdings wenig brachte. Nur die schwach bewehrte Faubourg im Tal konnte gestürmt werden, doch schlugen die dort stationierten Truppen die Angreifer zurück. Im Schloß herrschte von Anfang an Wassermangel, wie auch die Kreuzfahrer sehr unter Hitze und Nachschubausfall, der durch denselben

Wegelagerer Pierre-Roger de Cabaret ständig verursacht wurde, sehr zu leiden hatten.

Montfort konzentrierte den Angriff auf einen abseitsstehenden Turm, Termenet genannt, der mit Bogenschützen besetzt war und jeden direkten Sturm verhinderte. Er ließ große Terrassen ausheben, um weitere Wurfmaschinen in Stellung zu bringen. Die Verteidiger von Termenet mußten sich zurückziehen und der verlassene Turm fiel in die Hände der Kreuzfahrer.

Als die Zisternen leer waren, sah sich Raymond gezwungen mit Montfort zu verhandeln. Als Parlamentarier kam Guy de Levis auf das Schloß, und da kein Ultimatum vorlag, zog sich die Unterhandlung in die Länge. Viele Ritter betrachteten die Belagerung als beendet und verließen das Lager. Ein Vorgang, den Raymond mit Genugtuung feststellte. Als gegen Abend ein Gewitter aufzog und die Wolkenbrüche die Zisternen zu füllen begannen, blieben am anderen Morgen die Tore von Termes geschlossen, und Guy de Levis, der von dem Schloß Besitz ergreifen wollte, mußte unverrichteter Sache ins Lager zurückkehren.

Auch das Lagerleben verlor seine Reize; ein rauher und kalter Wind fegte darüber hin, und die Ritter verkrochen sich in die Zelte. Montfort war im Begriff das Lager aufzuheben, als just an diesem Tag die baldige Ankunft lothringischer Ritter in großer Zahl gemeldet wurde. Montfort sah darin ein Walten der Vorsehung und eine Ermutigung, den Kampf fortzusetzen. Heftiger denn je wurde das Schloß beschossen.

Als sich auch die Sappeure dem Schloß näherten und sich kein Widerstand zeigte, stand man vor einem Rätsel, das bald von Kundschaftern geklärt werden sollte. In der Nacht vom 22. auf 23. November 1210 hatte die gesamte Besatzung in einer wilden Panik das Schloß verlassen, weil die Ruhr ausgebrochen war. Nur einige Frauen und Sterbende blieben noch zurück. Die Ursache lag am Zustand der Zisterne, in der während der langen Trockenheit Tiere umgekommen waren. Ihre Kadaver hatten das zufließende Regenwasser vergiftet.

Auffallend ist das Verhalten von Raymond de Termes, der noch einmal zurückkam, um ein Kleinod zu holen, von dem er sich nicht trennen konnte. Er wurde als Gefangener nach Carcassonne gebracht, wo er nach einiger Zeit im gleichen Turm und auf gleiche Weise wie sein Lehensherr starb.

Alain de Roucy, ein Mitstreiter Montforts, wurde mit der Verwaltung von Termes betraut. Einige Jahre später nahm Oliver de Termes Schloß und Land wieder in Besitz und brach 1240 mit seinem jungen Herrn, Raymond II. Trencavel, auf, Carcassonne zu erobern. Dieser Versuch mißlang, gewiß, und dennoch gelangte Olivier zu neuem Ruhm: er wurde treuer Vasall der französischen Krone.

Bevor auch wir dieses Kleinod Termes und das Land Termenais verlassen, wollen wir bekennen, daß wir den Erfolg dieser Wanderschaft dem „Führer" *Dominique Paladilhe* verdanken, der in unserem Reisegepäck nie fehlte. Paladilhe selbst legte die Wege des Kreuzzuges größtenteils zu Fuß zurück, projizierte in das gewonnene Landschaftsbild die historischen Ereignisse der Jahre 1200—1255 hinein und ließ vor unserm inneren Blick „Die großen Stunden der Katharer" auferstehen.[73]) Er erinnerte uns auch daran, daß 4—5 km westlich vom Söller Termes entfernt *Renné Nelli* völlig abseits vom Getriebe der Großen Welt lebt. Ferner, daß in 12 km Entfernung am westlichen Horizont der *Col de Paradis* als blaue Kuppe herübergrüßt, und daß 5 km weiter, im Tal der Sals, *Déodat Roché* lebt, der in Arques in seinem elterlichen Haus wohnt und trotz seines hohen Alters ein Jüngling geblieben ist — —*

Puivert

Nach der Einnahme von Termes zog Simon de Montfort nach Westen weiter und nahm, ohne Widerstand zu finden, die Baronie Arques und das obere Razès in seinen Besitz, eine Grafschaft, die lange Zeit der Zankapfel zwischen Barcelona und Carcassonne war. Montfort liquidierte alle Schlösser rechts und links seiner Straße, verschonte jene, deren Besitzer sich dem Kreuzzug freiwillig unterwarfen oder flüchteten. So wurde Blanchefort, Coustaussa und Rennes-

[73]) Les grandes heures Cathares, Libr. Académique Perrin 1969

* Déodat Roché ist am 12. Jan. 1978 im Alter von hundert Jahren und dreißig Tagen gestorben. Der Herausgeber

le-château zur Beute ausgesetzt und dem französischen Ritter Pierre de Voisin zur Verwaltung übergeben. Dieser Ritter, wie so mancher andere, wurde seßhaft und begründete eine Dynastie.

Es ist erstaunlich, welche Entfernungen die Kreuzritter zurücklegten; an Kraft und Zeit wurde nicht gespart und selbst große Höhenunterschiede wurden auf dem Rücken der Pferde bewältigt. Weit entfernt von jeder Landstraße und schwer zugänglich auf weißem Felsgestein liegt das Schloß *Albedun.* Als Sperriegel schützt es die Südflanke von Razès und war die Hauptverbindung zum Roussillon; denn der Audedurchbruch, das Défilé de Pierre-Lys war zu jener Zeit noch nicht begehbar.

Bernard-Sermon d'Albedun war der Herr dieses Adlerhorstes, aber er und die Bewohner von le Bézu hatten sich vor Montfort in Sicherheit gebracht. Montfort sah sich gezwungen, ein zweites Mal in diese Wildnis zu reiten, um dem alten Herrn einige Auflagen zu unterbreiten, die die Sicherheit dieses strategisch wichtigen Platzes betrafen. Er hätte ihn auch gerne mit Pierre de Voisin als zukünftigen Herrn der Grafschaft bekannt gemacht. Auffallend ist, daß Bernard-Simon d'Albedun persönlich verschont blieb, obwohl er als Freund der Katharer bekannt war. Sein Verhalten änderte sich auch nicht; er bekämpfte weiterhin die französischen Eindringlinge und war bei allen Revolten dabei. Im Jahre 1234 wurde er, nach der Aussagen eines Zeugen, auf dem Montségur gesehen und 1258 erscheint seine Tochter Mabilia nocheinmal in den Akten, als sie in Espéraza die Rückerstattung konfiszierter Familiengüter verlangte.

Von hier aus ritt Montfort mit seinen Leuten nach Puivert, einem Schloß, das ganz im Gegensatz zu Albedun breit auf einem sanften Hügel ruht. Es bewacht den Eingang in das Kercorb[74]) mit seiner reizenden Hauptstadt Chalabre. Puivert war bis zur Invasion ein kulturelles Zentrum, das alljährlich Hunderte von Rittern und Troubadours zu Spiel und Gesang, aber auch zu Wettkämpfen und Tournieren anlockte. Es verfügte über einen geräumigen Ehrenhof, dessen Mauerwerk keinesfalls einem massiven Angriff gewachsen war.

Die damaligen Besitzer von Puivert waren die Congost, eine Fa-

[74]) keltischer Name: Haus des Raben

milie, die ihre Güter in Labastide-de-Congost und in Paris hatte. Bernard de Congost kämpfte gegen die Invasionsarmee, zog sich zeitweise auf den Montségur zurück, wo er 1232 von einem Parfait getröstet starb. Seine Gemahlin Alpaïs starb schon im Jahre 1208 auf Schloß Puivert, getröstet von einem Parfait namens Raymond Gairant, den man eigens aus Paris kommen ließ und der vermutlich der Hausgeistliche der Familie Congost gewesen war. Nur ihr Enkel Gaillard, Sohn von Bertrand de Bardenac, und einige Verwandte assistierten bei dieser letzten Tröstung auf Puivert.

Wer Puivert im Jahre 1210 verteidigte, ist unsicher. Gaillard, der Sohn, war abwesend wie auch zwei Vettern, Gaillard und Bertrand de Congost, zwei junge Ritter, die später durch das Massaker von Avignonet (1242) bekannt wurden und den Montségur bis zuletzt verteidigten. Sicher ist, daß die Congost zu spät kamen und Puivert nach drei Tagen in die Hände Montforts und seines Günstlings Thomas-Pons de Bruyère fiel.

Nach einer Quelle, die Roquebert (S. 366) zitiert, wurde im Jahre 1213 Lambert de Thury, der seit 1209 Limoux besitzt, offiziell zum Herrn von Puivert erhoben. Da auch der Name Thomas Pons-de-Bruyères im Spiel war, darf man vermuten, daß dieser, als der Bezwinger von Puivert, gewisse Rechte auf Puivert und Chalabre geltend machte. Er war es, der gegen den Grafen von Foix kämpfte, der seinerseits Anspruch erhob, allein der rechtsmäßige Besitzer dieser Güter zu sein, die er von Raymond-Roger Trencavel im Jahre 1201 erworben hatte.

Als Montfort bereits vor Toulouse gefallen war, verlor Thomas-Pons de Bruyères Puivert ein zweites Mal, doch dann holte er es sich im Jahre 1226 wieder . . . und Louis VIII. bestätigte die Schenkung, die ihm durch Raymond VII. von Toulouse zuteil wurde, wie es die Ratifizierung im Vertrag von Paris 1229 bestätigt.

Im Treppenhaus des Schlosses von Chalabre steht die Broncestatue von Thomas II. de Bruyères — daran ist nicht zu rütteln. „Seitdem folgten 19 Generationen der Bruyères in Chalabre, und die letzte dieses Namens heiratete 1817 Mathieu-Antoine, Graf von Mauléon-Narbonne de Nébias, aus dem Hause de Soule et de Barousse, Urgroßvater des heutigen Besitzers: des Grafen von Mauléon-Narbonne."

Diese Bestätigung aus der Feder der Comtesse selbst macht deutlich, daß wir es hier, trotz Ketzerei und Kreuzzug, mit einem radikalen Wechsel in der Feudalstruktur zu tun haben, der an der Basis beginnt und auch vor den großen Grafschaften nicht haltmachen wird.

Bevor wir Puivert verlassen, wollen wir noch einen Blick auf die Landschaft werfen und uns erinnern, daß einst ein See zu Füßen des Schlosses in der flachen Senke lag. Dieser See, der durch die Troubadourdichtung bestätigt ist, soll durch einen Dammbruch jene Überschwemmung verursacht haben, der Mirepoix zum Opfer fiel. Eine Version, die man überall lesen kann!

Diesen katastrophalen Dammbruch verweist die Comtesse, wie uns scheint, zurecht ins Reich der Fabel. Dennoch, dieselbe Fabel will, daß der Damm bald auf den Rat einer Königin namens Blanche, bald auf den Rat von Jean II. de Bruyères durchbrochen worden sei, so daß sich das Wasser, des ohnehin verschilften und versumpften Sees, langsam in die Blau und dann in den Hers ergoß und ein fruchtbares Land zurückließ, das den Veteranen aus Thomas-Pons Armee zugewiesen wurde.

Nach dem Fall von Puivert zogen die Kreuzritter das Tal des Hers hinab nach Mirepoix, das schon im Herbst 1209 in die Hände Montforts gefallen war. Vermutlich hatte die Stadt, nachdem die Katharer in Sicherheit gebracht waren, die Tore geöffnet, um größeren Schaden zu verhüten. Das Gros der Armee zog weiter nach Norden, um im Raum von Castres und Lombers Winterquartiere zu beziehen. Montfort und seine Ritter nahmen den kürzesten Weg nach Carcassonne durch das Grenzgebiet der beiden Grafschaften von Foix und Razès. Das Schloß *La Bezole* auf dem Col de l'Espinas, dessen Trümmer noch rauchten, hatte Montfort bis auf den Grund zerstören lassen. Die Herren von Rabat, seit 1176 Besitzer von La Bezole, waren mit den Katharern in die Wälder geflohen. Dieser unzugängliche und dichte Waldbestand wird noch lange Zeit das Refugium der Katharer bleiben. Man weiß, auf Grund späterer Enthüllungen vor dem Inquisitionsgericht, daß der Katharerbischof Pierre Polhan in diesen Wäldern lebte und wirkte und daß Hunderte von Katharern kamen und gingen.

Auf einer recht guten Landstraße geht es hinab ins Tal der Aude.

Auch *Limoux*, damals die Hauptstadt von Bas-Razès, hatte sich ohne Widerstand ergeben. Lambert de Thury übernahm als „Lambert de Limoux" die Grafschaft und hatte große Hoffnungen an dieses Lehen geknüpft. Als jedoch im Jahre 1224 der junge Trencavel in seine Staaten zurückkehrte, ging ihm die Stadt mit Jubel entgegen. Im Jahre 1226 griff Louis VIII. in die politischen Auseinandersetzungen ein und nahm das ganze Languedoc, das ihm Amaury zu Füßen legte, in Besitz. Raymond II. Trencavel wurde aus Carcassonne verjagt und suchte in Limoux Zuflucht, die ihm die Stadt gewährte. Zur Strafe dafür wurde sie bis auf den Grund zerstört. Nicht genug! Bei der großen Revolte von 1240 zerstörte der Seneschall von Carcassonne die rebellische Stadt ein zweites Mal. — —

Als Montfort mit seinen Rittern die Stadt passierte — es war ja noch Kreuzzugszeit — winkten ihm die Katholiken freundlich zu; die nationalen Belange waren noch nicht in Gefahr!

Lavaur

In Carcassonne-Pennautier angelangt, berief Montfort seine Generale zu sich, um die Frühjahrsoffensive vorzubereiten. Die Niederwerfung *Cabarets* wurde als vordringliches Ziel erkannt; denn seit einem Jahr wurde dort *Bouchard de Marly*, ein ehrenwerter Ritter und Verwandter von Montforts Frau, Alice de Montmorency, als Gefangener festgehalten. Er war mit seiner Hundertschaft in einen Hinterhalt geraten und soll als einziger das Scharmützel überlebt haben. Cabaret mußte fallen, und der *Herzog von Bourgogne* wollte sich um jeden Preis Cabarets und der anderen Festungen von Lastours (Lastours = die 4 Türme) bemächtigen.

Kaum zog im Jahre 1211 der Frühling ins Land, waren auch schon Reiter und Fußvolk unterwegs. Ein erster Angriff auf Lastours wurde mit Erfolg abgeschlagen und mußte mehrmals wiederholt werden, um die Ausgangsposition wieder herzustellen; so wild schlugen Pierre-Roger de Cabaret und sein Bruder Jourdain zu. Montfort entschloß sich, nach Carcassonne zurückzukehren und Verstärkung abzuwarten. Aber Pierre-Roger kam ihm, nach einer Erzählung von

Guillaume de Tudèle, zuvor, indem er Bouchard de Marly die Freiheit schenkte und ein Paradepferd dazu. Da er ahnte, daß er sein Schloß doch verlieren würde, übergab er es ihm freiwillig mit höfischem Zeremoniell, worauf ihm Bouchard Dankbarkeit gelobte. Der Herzog von Bourgogne hatte nur noch die Chance, Kellermeister auf Cabaret zu werden, während Pierre-Roger mit einer kleinen Domäne in der Nähe von Béziers entschädigt wurde.

Ein großer Flüchtlingsstrom war schon vor der Übergabe von Cabaret in Fluß gekommen und bewegte sich auf Lavaur zu, wo die Katharer der Protektion seitens der Herrin von Lavaur *„Guiraude"* und ihres Gemahls Guillaume-Pierre, der ebenfalls ein Freund der Katharer war, sicher sein konnten. Montfort blieb die Fluchtbewegung der Katharer nicht verborgen. Diese durch den Winter bedingte Zusammenballung von Ketzern in einer Stadt war ihm sehr willkommen; er konnte sie dort wirksamer bekämpfen als in den großen Wäldern ringsum. Im Frühjahr 1211 kam *Aimery de Montréal* mit 80 Rittern nach Lavaur, um seiner Schwester Guiraude, die inzwischen Witwe geworden war, beizustehen und das Oberkommando in der Verteidigung der Stadt zu übernehmen.

Simon de Montfort, dessen Armee beachtlich verstärkt wurde, eröffnete die Feindseligkeiten, indem er vor Lavaur aufmarschierte und mit der Einschließung begann. Lavaur war die reichste und stärkste Stadt im Vorfeld von Toulouse, und es gab keinen Zweifel darüber, daß dieser militärische Aufwand im Grunde schon der Hauptstadt galt.

Diese Maßnahmen Montforts brachten Raymond VI., als dem Lehensherrn dieses Platzes in nicht geringe Verlegenheit. Die Verteidiger von Lavaur hatten mit Verstärkung aus Toulouse gerechnet und waren bitter enttäuscht, Raymond unschlüssig zwischen den Fronten zu sehen. Er fühlte sich allein nicht stark genug, um offen einzugreifen, und andererseits hoffte er noch auf ein Einlenken Montforts, um das er sich weiterhin bemühte. Für seine Argumente, der Suzerän zu sein und die Verantwortung für die Stadt zu tragen, hatte Montfort nur ein Lächeln: das Recht war in diesem Fall auf seiten des Stärkeren.

Ehe sich der Ring um Lavaur vollständig schloß, gelang es Raymond, unter seinem Seneschal Raymond de Ricaud ein kleines Kontingent in die Stadt zu schicken. In Toulouse war kein einheitliches Regiment; der Bischof Foulques konnte leicht die Pläne Raymonds durchkreuzen. Er hatte seinerseits eine militante Bruderschaft (la conferie blanche) begründet und stellte sie dem Kreuzheer zur Verfügung.

Am 1. April 1211 erschien Roger de Comminges, Vicomte de Couseran und Neffe des Grafen von Foix, bei Montfort und unterbreitete ihm seine Unterwerfung. Gewiß, sie wird von kurzer Dauer sein, aber im Augenblick wirkte es doch entmutigend auf Raymond VI., der abermals zu dem untauglichsten Mittel griff und eine Verständigung mit Montfort suchte.

In diesen Stunden der Ungewißheit raunte ein neues Gerücht durch die Reihen der Belagerer und erzeugte eitel Freude. Ein Korps von 5000 Mann, Deutsche und Friesen, wären von Carcassonne kommend im Anmarsch.

Während Raymond VI. mit Montfort konferierte, ritt Raymond-Roger, der Graf von Foix, allein mit seinen Reitern den Deutschen und Friesen entgegen und erwartete sie in der Nähe von Montgey. Die im Rheinland angeworbenen Deutschen gerieten in den Hinterhalt und erlitten große Verluste. Die Bewohner der kleinen Orte kamen scharenweise herbei und beraubten die Toten und Verwundeten. Montfort, wutentbrannt über diesen Vorfall, verließ das Camp von Lavaur und ritt nach Montgey, um die Deutschen zu rächen. Er konnte den Grafen von Foix nicht mehr erreichen und mußte sich mit der Zerstörung von Montgey begnügen.

Inzwischen waren vor Lavaur die schweren Katapulte in Stellung gebracht worden und hatten ununterbrochen Mauern und Wälle beschossen. Die Eingeschlossenen verhielten sich ruhig; denn die Wälle hielten dem Beschuß stand. Im Schutze einer Katze näherten sich Sappeure der Mauer und die Verteidiger versuchten auf jede Weise die Katze zu zerstören. Schließlich gruben sie von innen her eine Gegensappe, die im Graben endete; aber sie hatten keinen Erfolg. Als die Bresche groß genug war, wurde Sturm geblasen, und die Kreuzfahrer ergossen sich in die Stadt.

Am 3. Mai 1211 war jeder Widerstand gebrochen, und die Verteidiger, wie auch die Bürger waren auf Gedeih und Verderb dem

Sieger ausgeliefert. Simon de Montfort war auf *Aimery de Montréal*, der in seinen Augen wortbrüchig war, besonders erpicht. Er ließ ihn mit seinen 80 Rittern hängen und erdrosseln, ein Racheakt, der zur Ehrenrettung der Chevalerie notwendig war! Wer waren diese Opfer? Es waren „faidits" aus der Grafschaft Carcassonne, die Aimery de Montréal hierher gefolgt waren. Montfort — schon zwei Jahre Vicomte de Carcassonne — betrachtete sie nicht als Gegner, sondern als Verräter. Es ist klar: dieses makabre Schauspiel wurde in Szene gesetzt, um den Grafen von Toulouse einzuschüchtern.

In einem späteren Dokument findet man einen gewissen Pierre Rigaud, ein bekannter Ketzer, der gegen den Befehl Montforts nach Lavaur kam. Er wurde dort, wie auch Bernard de Routier von den „Franzosen" getötet — interfectus und nicht combustas — was ohne Zweifel erwürgen bedeutet.[75]) Diese beiden hatten sich im letzten Moment unter die Ritter gemischt, nicht ahnend, daß Montfort eine so schreckliche Hinrichtung befohlen hatte.

Ein noch schrecklicheres Strafgericht erfuhr die Herrin der Stadt *„Guiraude"*; sie wurde zur Lynchage freigegeben. Der Pöbel warf die schwangere Frau in einen Brunnen und deckte sie mit Steinen zu. Schließlich wurde noch ein riesiger Holzstoß errichtet, und wahllos 400 Personen aus der Bevölkerung ausgesucht. Katharer und Katholiken wurden — nach dem Prinzip, der Herr wird die Seinen schon erkennen — auf einer Wiese vor der Stadt zusammengetrieben und in das Feuer geworfen. Es war der größte Scheiterhaufen des ganzen Kreuzzuges, und Pierre des Vaux-de-Cernay sagte sarkastisch, daß die Parfaits, Männer und Frauen, „mit größter Freude" gestorben wären. Aber mit der „extremen Freude", verknüpft er eine „infinité", eine Unendlichkeit, so daß man sagen kann, die Parfaits erdulden es mit einer überirdischen Freude, in einer unendlichen Liebe, die im Grunde nur deshalb möglich war, weil die Umwelt in einen unendlichen Haß versank. Mordlust und Massaker prägen immer mehr das Gesicht dieses Kreuzzuges.

Es gehörte zur Strategie Montforts, von Anfang an ein Klima des Schreckens zu erzeugen; und Raymond VI. war in der Tat über die

[75]) Roquebert II S. 398

Ereignisse in und um Lavaur sehr erschrocken. Er versuchte aufs neue zu einem Ausgleich mit Montfort zu kommen, indem er sich bereit zeigte, seine Staaten (états), mit Ausnahme der Stadt Toulouse ganz in die Hände des Legaten zu legen. Mit der Bedingung, ihm das Leben zu sichern und seine Domäne, wenn nicht für ihn selbst, so doch für seinen Sohn sicherzustellen, stieß er auf kalte Abweisung.

Seitdem Raymond in Saint Gilles erneut unter Anklage gestellt wurde, keinerlei Maßnahmen gegen die Ketzerei unternommen zu haben — ein Verfahren, das sich beliebig oft wiederholen ließ — waren ihm die Hände gebunden. Obwohl er mit dem Kreuzheer durch die Länder Trencavels zog, griff er nur selten in die Kämpfe ein. Dagegen förderte er die meridionalen Interessen und geriet manchmal ins Zwielicht.

In der Sicht Montforts hatte der Kreuzzug jetzt eine Phase erreicht, wo das große Ziel „Toulouse" angepeilt werden mußte. Daß hierbei der frei operierende Graf von Toulouse im Wege war, ist allzu verständlich. Es mußten Mittel und Wege gefunden werden, um ihn unschädlich zu machen. Also wurden immer neue Gerüchte gegen ihn in Umlauf gebracht, und der am Angelhaken zappelnde Graf wandte sich an den König von Aragon, an den König von Frankreich, an den Papst, und es gelang ihm auch, das von seinen Feinden geplante Unrecht deutlich zu machen. Allein, die Legaten hörten nicht auf, neue Schikanen gegen ihn auszudenken. Bei einer neuen Vorladung nach Montpellier stellten sie ein Ultimatum, das für Raymond unannehmbar war. Er geriet in Wut und verließ die Versammlung ohne die Legaten zu grüßen. Im Februar 1211 erfolgte die dritte, förmliche Exkommunikation!

Montforts und der Legaten Ziel, Raymond VI. zu entrechten, war erreicht. Jetzt erst hatte der Vormarsch auf Toulouse einen Sinn, denn die „Aussetzung zur Beute", der eigentliche Motor des Kreuzzuges, setzt die Exkommunikation des Lehensherrn voraus. Raymond verwahrte sich mit Recht dagegen, daß diese Regel „verkehrt" zur Anwendung gebracht würde, d. h. zuerst der Griff nach der Beute und dann die Exkommunikation. Auch Innozenz III. hatte das Spiel durchschaut und gemahnte seine Legaten die Regel einzuhalten.

Um die Rechtsbeugung zu kaschieren, benötigte Montfort militärische Erfolge. Während er sich einiger Toulouser Plätze bemächtigte, begann auch der gebannte Graf ein großes Heer zusammenzustellen. Die Grafen von Foix und von Comminges täuschten sich nicht in ihrer Beurteilung der Lage; sie stellten sich auf die Seite Raymonds und bald gesellte sich auch der Vicomte de Béarn hinzu.

Nachdem das gesamte Vermögen der Stadt Lavaur dem Bankier Raymond de Salvagnac übergeben worden war und Montfort einen neuen Stadtherren eingesetzt hatte, zog er mit seinen Truppen südwärts, passierte noch einmal das zerstörte Montgey und hatte beim Anblick der toten Deutschen auf dem Schlachtfeld eine eigenartige Vision: er schaute am Himmel eine Feuersäule, die bis zu den Toten herabreichte, die alle auf den Rücken gedreht waren und die Arme gekreuzt hielten.

Montfort setzte seinen Weg fort und erreichte Puylaurens, wo er keinen Widerstand fand. Nach Guillaume de Tudèle haben sich 500 Einwohner den Kreuzfahrern unterworfen. Nur *Sicard, der Herr von Puylaurens* hatte sich aus dem Staub gemacht. Das, freilich, bedeutete nicht, daß nun Friede in diesem Gebiet eingezogen wäre, im Gegenteil. Kurze Zeit darauf war *Guy de Lucy,* der neue Burgherr von Montforts Gnaden nach Spanien entsandt worden, und schon war *Sicard* zur Stelle und hatte mit Hilfe der Einwohner Bourg und Schloß zurückerobert.

Montfort war inzwischen vor *Les Cassès* angekommen, das als Zentrum der Katharer bekannt war. Hier stand die Familie des Roqueville unter der Lehenshoheit Raymonds VI., auch sie fühlten sich von ihrem Suzerän verlassen. Alzaïs de Roqueville war Parfaite und Pierre-Guillaume besuchte die Predigten des Katharers Bouffil und seines alten Vaters, genau wie Raymond, Ritter von Les Cassès, der mit seiner Frau Raymonde de Belflour, mit Sohn und seinem Schwager — in der Vorausschau — im Jahre 1245 den Feuertod erleiden wird, wie auch Arnaud des Cassès als Parfait und Prediger auf dem Scheiterhaufen von Montségur umkommen wird.

Montfort belagerte den Platz, der nach einiger Zeit kapitulierte. Die Ritter erhielten freien Abzug, es waren ja Vasallen von Toulouse. Geistliche bemühten sich, die Katharer vor dem Feuertod zu bewahren. Vergeblich! — So wurde der Holzstoß errichtet und 60 Ketzer dem

Feuer übergeben. Unter ihnen war auch die Mutter des Ritters Arnaud de Rouville. Und wieder finden wir vermerkt, daß die Opfer mit einer inneren Freude in den Tod gingen. Daß diese innere Freude Ausdruck einer vorausgegangenen Verklärung sein könnte, die sich im Opfer vollendet, das wurde leicht und oft übersehen. Auch späterhin, bis in unsere Tage, würde man viel lieber den Ketzern ein völliges Scheitern ihres religiösen Wollens bescheinigen, ein Ende, das sie sich aus Ekel an der Welt sogar ersehnten. Ein völliges Mißverständnis des Todes; denn ohne eine gewisse Hoffnung würde niemand zu sterben bereit sein! —

Die Geburt Frankreichs

Widerstand des Südens

In Toulouse war zu dieser Zeit eine gespannte Stimmung. Der Graf hatte sich mit dem Bischof Foulques, der ihn, den Gebannten, der Stadt verwiesen hatte, völlig überworfen. Aber die Bewohner hielten dem Grafen, der das Befestigungswerk der Stadt vorantrieb, die Treue und dies trotz der Drohung der Legaten, die Stadt mit dem Interdikt zu belegen — was nach der festen Haltung der Senatoren auch geschah. Pierre des Vaux-de-Cernay beschreibt die Konsequenzen: Der gesamte Klerus verließ die Stadt nackten Fußes und nahm den Leib Christi mit ...

Blutige Kämpfe im engeren und weiteren Vorfeld der Stadt zeigten die Ankunft des Kreuzheeres vor Toulouse an. Es bewegte sich den Hers entlang und erreichte die Brücke von Montaudran. Zum erstenmal zeigte sich Raymond VI. zum Kampf bereit und ritt gemeinsam mit Raymond-Roger de Foix an der Spitze der vereinten Armeen dem Feind entgegen. Er ließ die Brücke zerstören; aber die Vorhut erreichte eine zweite Brücke, deren Pfeiler noch standhielten. Es gelang ihr, überzusetzen und sich den Toulousern und den Ariègeois zu stellen. Es kam zu einer Reiterschlacht, in deren Verlauf es auf jeder Seite 200 Tote gab. Ehe das Gros nachrückte, trennten sich die Gegner. Die beiden Grafen kehrten nach Toulouse zurück, während Montfort mit seiner gesamten Armee in einem Abstand folgte. Es war in einer klaren Sternennacht, so singt der Poet, als er — am 17. Juni 1211 — ohne Hast vor den Mauern der Stadt eintraf.

Die Belagerung von Toulouse dauerte schon zehn Tage, ohne daß sich etwas Besonderes abzeichnete. Unter dem Befehl der Grafen de Chalon und de Bar näherten sich die Belagerer dem Graben und begannen, hinter großen Schilden vor den Pfeilen geschützt, den Graben mit Bäumen und Sträuchern auszufüllen.

Da Raymond VI. keinen Ausfall wagen wollte, nahm Hugues d'Alfaro das Risiko auf sich und griff mit seinen Leuten das Lager Montfort's an. Es war um die Mittagszeit bei sengender Hitze, als Ritter und Knappen im Schatten der Zelte ruhten. Ehe Montfort den Gegenangriff organisieren konnte, waren die Toulouser mit reicher Beute hinter den Mauern verschwunden.

Obwohl beide Seiten große Verluste hatten, war eine Entscheidung noch nicht in Sicht. Um so verwunderlicher war es, daß Montfort ohne erkennbaren Grund am 29. Juni 1211 das Camp abbrach und in den Süden marschierte. Zum erstenmal war er der geballten Macht der geeinten Südländer gegenübergestanden, und es zeigte sich, daß er sie nicht bezwingen konnte. Also begann er — um sich zu entschädigen — die Grafschaft Foix zu verwüsten, Ernten zu zerstören, Haustiere wegzutreiben, große Bäume zu fällen . . . seine Taktik! Dann trennte er sich brüsk von seinem Heer, scharte die deutschen Ritter um sich und gab ihnen bis zur Beendigung ihres Dienstes Schutz und Geleit. Von dem Bischof Guillaume de Cardaillac gedrängt, ritt er mit den Deutschen und seiner Eskorte nach Cahor, um dort die Lehensverhältnisse neu zu ordnen.

Cahors ist eine episkopale Herrschaft und direkt dem Grafen von Toulouse unterstellt. Guillaume de Cardaillac, vom Legaten unterstützt, wollte Montfort, als dem neuen Herrn, in aller Form den Vasalleneid leisten und ihn ersuchen, dem Grafen von Toulouse die Lehenshoheit zu entziehen, was offenbar auch geschah. —

Solche Intrigen waren geeignet, immer mehr Ritter zu verdrießen, und Montfort selbst fühlte sich bedrückt. Um sich von allen Sorgen zu befreien, gab er einer inneren Regung nach und ritt weit über das Ziel hinaus. Es war *Rocamadour,* der berühmte Wallfahrtsort, der ihn in der Ferne lockte! —

Bis hierher hatte er die überlebenden deutschen Ritter begleitet, die nun allein ihren Weg fortsetzten. Sie waren es, die Montfort zu diesem Ritt nach Rocamadour anregten, der für sie ein Teil ihres Gelübdes war.

So fügte es sich, daß auch Montfort in Stunden der Besinnung sich selbst Rechenschaft gab über sein Tun. Und während er in Reue versank, mochte ihm die Tragödie des menschlichen „Ichs" bewußt geworden sein, wie es sich durch Mord und Tod hindurchringen muß, um am Ende sich selbst in einer gereinigten Sphäre zu finden. —

Rocamadour, ein Kañon, in dessen Talgrund der Alzu wie eine lebenspendende Ader fließt, ein senkrechtes Felsenriff, das Spuren heiliger Eremiten trägt, ein Felsengrab, in dem die Reliquien des heiligen Amadour ruhen . . . das alles hat den Ruf des Orts begründet.

Der Heilige war kein anderer als Zachäus der Zöllner, der in Begleitung der heiligen Veronika und des heiligen Martial in Soulac-sur-mer an Land kam. Seine Legende gehört jenem Zyklus an, der sich um die mystische Seefahrt gebildet hat. Viele Zeitgenossen Jesu waren auf diese Weise nach Frankreich gekommen. —

Ebenso schnell, wie er hierherkam, ritt Montfort mit seinem Korps wieder nach Carcassonne zurück. Kaum angekommen, meldeten ihm seine Späher, daß Raymond VI. Toulouse verlassen hätte und mit seinen Verbündeten nach Süden marschierte. Montfort zeigte sich gelassen. Als die Südländer *Castelnaudary* erreichten, flohen die Bürger aus der Vorstadt und brachten sich in Sicherheit. Die Südländer rückten nach und nahmen die Vorstadt in Besitz. Montfort ließ sie gewähren in der Hoffnung, die Feldschlacht so lange umgehen zu können, bis die erwarteten Verstärkungen eingetroffen sind. Aber Raymond ließ mehrere Breschen in die Mauer der Vorstadt schlagen und sammelte das Gros seiner Armee außerhalb der Stadt auf dem Hügel du Pech. Montfort tat ein Ähnliches, auch er besetzte nur das Schloß mit einem Teil seiner Leute und ließ die schwere Reiterei außerhalb der Mauer. Trotz der gegenseitigen Herausforderungen kam es nur zu kleinem Geplänkel, und selbst eine wilde Attacke des Grafen von Foix wurde von Montfort gut pariert.

Inzwischen hatte Raymond große Katapulte in Stellung gebracht und ließ die Oberstadt beschießen. Die Wirkung war nicht erschütternd, und vor Castelnaudary wurde es still. Überall sah man Trupps von Kavallerie, die an der Fresquel ihre Pferde tränkten. Die Ritter durchstreiften die Weinberge und aßen Trauben. Eine wichtige Notiz, die auf „September 1211" schließen läßt.

Plötzlich war der Umschwung da: Montforts Verstärkungen aus Lavaur und Carcassonne wurden gemeldet. Eine starke Vorhut, gefolgt von einem bunten Haufen, war unter der Führung von *Bouchard de Marly* im Anmarsch. Bei Saissac fand die Vereinigung mit dem schweren Konvoi statt, der unter der Führung von *Mathieu de Marly* heranzog, und beide Brüder zogen gemeinsam in Richtung Castelnaudary weiter.

Der Graf von Foix, der über das größte Kontingent der südländischen Armee verfügte, war nicht mehr zu halten, er eröffnete bei *Saint-Martin-la-Lande* die Schlacht und nahm den Feind in die Zange, so daß sich die Kader in einer wilden Flucht auflösten.

Unglücklicherweise machte sein eigenes Fußvolk einen großen Fehler. Anstatt dem fliehenden Feind den Fluchtweg abzuschneiden, stürzte es sich auf den großen Konvoi, plünderte die Vorräte und versank in Völlerei.

Als Simon de Montfort den Ausgang der Schlacht erfuhr, verlor er keine Zeit und eilte mit seinen besten Reitern Bouchard zu Hilfe. Bei den Höhen von Saint-Martin-Lalande erreichte er die Nachhut des Grafen von Foix und vernichtete sie.

Raymonds VI. große Stunde war nun eigentlich gekommen, aber er rührte sich nicht von der Stelle und tat nichts, um seinem in Not geratenen Verbündeten zu helfen. Erst die Nacht machte dem konfusen Durcheinander ein Ende, das jeder für sich als einen Erfolg in Anspruch nahm.

Die Grafen nützten die psychologisch günstige Stimmung nicht, Toulouse ganz in Besitz zu nehmen, sie ließen es links liegen und ritten hinauf nach Albi, wo man sie als Befreier begrüßte. Montfort wiederum, bemühte sich, das Befreiungswerk Raymonds zunichte zu machen. Seine Strafexpeditionen trafen kleine Orte und Städte, für die der Kreuzzug längst seinen Sinn verloren hatte. Im kommenden Frühjahr fuhr Montfort fort, in vielen Einzelaktionen das Volk zu zermürben; jetzt galt es, eine nationale Flamme auszutreten. Er gewann Cahuzac zurück und belagerte Saint-Marcel. Aber dieser Ort, von dem Grafen von Foix gut verteidigt, widerstand den ganzen Winter hindurch, und Montfort sah sich am 24. März 1212 genötigt, die Belagerung aufzuheben. Im April durchstreifte er die Schwarzen Berge, besetzte Hautpoul, Sorèze, Saint-Michel und wieder Les Cassès.

Die Macht Montforts wuchs von Monat zu Monat, und man gewann den Eindruck, daß er die Hand nach einem Lehen ausstreckte, das Raymond VI. von dem König von England als Mitgift seiner vierten Frau bekommen hatte. Dieser Eindruck beunruhigte auch den Papst, der seine Legaten ermahnte, auf die Vorschriften besser zu achten. Aber Montfort fuhr fort, die englische Lehenshoheit wenig zu respektieren, dafür jedoch um so besser französische Interessen zu vertreten. Er unterwarf Agen, griff Penne an und wagte einen kühnen Ritt zum Schloß Biron, um an Martin Algai Rache zu nehmen dafür, daß ihn dieser als Chef der Routiers während der Schlacht vor Castelnaudary verlassen hatte. Martin wurde geschleift und gehängt. Auch an 300 Routiers, die Toulouse zur Verstärkung nach Moissac schickte, nahm Montfort blutige Rache. Bleibt noch zu erwähnen, daß zur gleichen Zeit Guy, der Bruder des Grafen von Montfort, Lavelanet zerstörte und die Bevölkerung massakrierte. Auch der Ort Montségur tritt erstmals ins Blickfeld. Seine Hütten wurden samt der Bewohner ein Raub der Flammen.

Die Statuten von Pamiers

Simon de Montforts Erfolg spiegelt sich in den Statuten von Pamiers, die im Dezember 1212 erlassen wurden. Es genügte ihm nicht, nur als Eroberer zu gelten, er will sich auch als Gesetzgeber bewähren, er will, daß alles, was aus der enormen „Beute“ stammt, in die „Legalität“ übergeführt werde. So vereinigte er ein großes Parlament, das zusammengesetzt war aus den Prälaten des Kreuzzuges und den Herren und Rittern, denen er die eroberten Länder übereignet hatte. Auch einheimischer Adel nahm teil, sofern er sich freiwillig dem neuen Herrn unterworfen hatte. Die große Versammlung wählte eine Kommission, die den Text der neuen Gesetze ausarbeitete.

Aus der Präambel geht hervor, welch religiöser Ernst den Grafen Simon de Montfort beseelte; denn alles, so heißt es dort, geschieht im Namen unseres Herrn Jesus Christus, wenn immer wir entscheiden und handeln. Er hat uns zu Richtern berufen, damit durch unsere Sorge zu Gunsten der Wahrheit die Beleidigung Gottes, der Kirche und der Gerechtigkeit gesühnt werde — zu welchem Zweck wir hauptsächlich die häretische Verkommenheit und Schlechtigkeit der Räuber und Übeltäter außer Kraft gesetzt haben.

Das ist es, warum ich, Simon, Graf von Leicester, Herr von Montfort, mich bemüht habe, dieser Aufgabe gerecht zu werden und in diesem Land Ordnung und Friede einziehen zu lassen, zur Ehre Gottes, der heiligen Kirche und des Königs von Frankreich. —[76])

Als Grundstein einer neuen Ordnung dienen 46 Artikel, die etwas wahllos den einzelnen Sachgebieten zugeordnet sind (Punkte 1—10). Bei der Verteilung der Beute ist die Geistlichkeit bevorzugt zu berücksichtigen. Kirchensteuern werden neu geregelt, Vorrechte neu garantiert. Kirchen zu Festungen auszubauen ist verboten (14, 15). Hier werden Richtlinien wiederholt, die das Verhältnis zum Katharismus betreffen und alten Konzilsakten entnommen sind. Kein Ketzer, auch kein Rückgeführter (réconcilié), würde je ein öffentliches Amt bekleiden können. Ebensowenig könnten Gutmänner, wie auch Juden, zur Zeugenschaft aufgerufen werden, mit der Ausnahme, daß Juden gegen und für Juden zeugen können. Kein Ketzer würde je in einer Stadt Wohnung finden, in der er als Ketzer lebte. Auch „Faidits“ könnten für erwiesene „Kollaboration“ belohnt werden. Trotzdem sei jegliche Art von Verbrüderung zu vermeiden (45), und dynastische Verbindungen zwischen nordfranzösischem und meridionalem Adel bleiben weiterhin verpönt (46). Jeder adeligen Dame, Witwe oder Erbin, ist verboten, innerhalb von 10 Jahren einen ade-

[76]) Roquebert II, S. 496

ligen Südländer ohne ausdrückliche Genehmigung Montforts zu heiraten. Der ehelichen Verbindung mit einem Franzosen steht nichts im Wege.

Das neue Recht, fränkischer Prägung, soll das occitanische Recht verdrängen: mit aller Konsequenz soll der occitanische Adel geschwächt und der Süden französisch gemacht werden. Durch den Transfer seiner Güter in die Hand der Sieger soll eine neue Aristokratie gefördert werden. Hinsichtlich des dynastischen Erbrechts wird — um die Aufsplitterung der Domänen zu verhindern — nur noch dem „Ältesten" die Erbfolge zugestanden. Im allgemeinen wurde das praktiziert, was in den Dokumenten so umschrieben wurde: „la terre noble soumise à la coutume de Paris".[77])

Was nun die Mitgift betrifft, die beim Hochadel eine wichtige Rolle spielt, so kann jede Frau testieren wie sie will. Die katholische Gemahlin eines Ketzers jedoch sieht sich vom Aufenthaltsverbot bedroht. Wenn sie die Nutznießung behält, darf sie keinesfalls ihren Mann begünstigen.

Die Frauen von „Faidits" und Feinden des Grafen, auch wenn sie erwiesenermaßen katholisch sind, müssen das Land des Grafen verlassen, damit sie nicht in ein Zwielicht geraten. Sie behalten die Länder und Einkünfte ihrer Mitgift unter der Bedingung, daß sie unter Eid versichern, ihrem Gemahl nichts zu geben, solange er sich im Kriege gegen die Christenheit und den Grafen befindet. Soweit die Statuten von Pamiers. —

Montfort selbst nahm den Platz des besiegten Monarchen in der feudalen Hierarchie ein. Er wurde Lehensherr seiner Vasallen und Vasall seines Oberlehensherrn. Der Papst setzte den König von Aragon unter Druck, damit dieser die Ehrerbietung des Eroberers auch annehme. Was den König von Frankreich betrifft, so fehlt hier die Voraussetzung noch völlig: Raymond VI. war noch nicht besiegt, Toulouse noch nicht erobert! Kommen die Statuten von Pamiers nicht doch etwas zu früh? —

Zustimmend zu diesem Gesetz äußert sich Pierre des Vaux-de-Cernay: „Das war also das Motiv dieser Versammlung: gute Sitten

[77]) Adeliger Besitz auf Pariser Art unterworfen (Comtesse)

walten zu lassen in den Gebieten, die unser Graf gewonnen und der heiligen römischen Kirche unterworfen hatte. Darum kämpfte er, um den häretischen Unrat wegzufegen, der die Länder verunstaltete, um sowohl den christlichen Kultus, als auch den sozialen Frieden und die Ruhe im weltlichen Bereich zu garantieren. Denn schon seit sehr langer Zeit war das Land der Plünderung und dem Bandenunwesen (Brigandage) ausgesetzt. Der Mächtige unterdrückte jene, die ohne Schutz waren, der Stärkere, die weniger Starken . . . Der edle Graf wollte den Herren des Landes Gesetze auferlegen, an die sie sich halten sollten, damit die Ritter mit einem geregelten und rechtsmäßigen Einkommen ehrenhaft leben konnten, damit auch das einfache Volk, unter dem Schutz dieser Herren leben kann, ohne maßlose Erpressungen befürchten zu müssen.[78])

Die Schlacht von Muret

Geh' Hugonet und zögre nicht,
Aragons König zu besuchen.
Sing' ihm das neue Sirventès . . .
Daß dreifach groß die Tapferkeit,
Käm' er zu uns ins Carcassès . . .[79])

Auch für Raymond VI. setzten die Statuten von Pamiers ein Signal. Als er sich seiner Rechte völlig beraubt sah, ging er zu seinem Schwager nach Aragon. Peter II. war seit den Julitagen des Jahres 1212 in aller Mund, gefeiert als Held, der die Almohaden in der Schlacht von Las Navas de Tolosa entscheidend geschlagen hatte. Bei ihm fand Raymond Verständnis und Freundschaft. Peter II., der Katholik, hatte längst erkannt, daß die Invasionsarmee aus dem Norden annexionistische Ziele verfolgte. Er war entschlossen, sein Interessengebiet zu verteidigen, und hierzu gehörte nun einmal Catalonien, Languedoc und die Provence. Anstatt vor den Legaten auf einem Konzil, das nach Lavaur einberufen war, zu erscheinen, marschierten

[78]) Histoire Albigeoise S. 142

[79]) Troubadour anonyme, Roquebert S. 521

Peter II. und Raymond VI. noch im August 1213 an der Spitze ihrer vereinigten Truppen ins Toulouser Land, um zunächst die Burg Muret zu belagern.

Auch Montfort bereitete sich zu einer großen Schlacht vor. Er rief sowohl seinen Sohn Amaury zurück, der in Comminges operierte, als auch seinen Bruder Guy, der die aufständische Bevölkerung von Puycelci am Tarn niederhalten mußte. Als ihn in Fanjeaux (Aude) ein Hilferuf der Garnison von Muret erreichte, setzte er sogleich seine gesamte Streitmacht in Marsch. Auf halbem Wege blieb er, wie Pierre des Vaux-de-Cernay ausführlich berichtet, zurück, um in der Abteikirche von Boulbonne den Segen Gottes für seine Waffen zu erflehen. Nachdem er in der Kapelle lange und inbrünstig gebetet hatte, nahm er sein Schwert wieder in Empfang und sagte: „Gütiger Herr, gnädiger Jesus, du hast mich, den Unwürdigen, zur Führung deines Krieges erwählt. Ich nehme heute meine Waffen vom Altar, damit mir, der ich für dich kämpfe, Gerechtigkeit widerfahre."

Dann kehrte er zu seiner Truppe zurück und erschien alsbald vor Muret, wo er unbehelligt den feindlichen Kordon passierte und in der Stadt Wohnung nahm.

Eine ungeheuere Spannung lag in der Luft: das Schicksal von Toulouse stand auf dem Spiel! Peter II., vor kurzem noch — als er seine mit Raymond (VII.) vermählte Schwester besuchte — von den Tousern mit Jubel empfangen, verließ heute ernst und gefaßt die Stadt, um sich zusammen mit Raymond VI. und dessen Sohn auf den Kampfplatz Muret zu begeben, der einer großen Heerschau glich. Peter II., voll Optimismus und Angriffsfreude — von Raymond vergeblich zur Zurückhaltung gemahnt — setzte sich an die Spitze seiner Reiter, um mit ihnen zusammen den Feind zu attackieren. Am 13. September war es soweit: Die Eskadron des Königs schwenkte in breiter Front ein, der Feind wich zurück, alles schien soweit gut — aber da stieß Montfort mit seinen schweren Reitern in seine Flanke und verwirrte die Eskorte des Königs. Der französische Ritter Alain de Roucy drängte den König ab und Florent de Ville stieß mit seiner Lanze zu. Der König tot — — so klang es aus heiseren Kehlen; schneller als der Wind pflanzte sich der Siegesschrei der einen fort, und der Schrei der Verzweiflung lähmte die andern. —

In Staub gehüllt flutete die Kreuzzugsarmee heran, überquerte die Louge und schneller als man dachte, geriet die Allianz ins Wanken. Aragonier und Toulouser, hoch und niedrig, alle suchten die Flucht, die durch die nahe Garonne äußerst erschwert war. Raymond VI. und sein Sohn erreichten mit Mühe und Not Toulouse, während die Flottille des Grafen Raymond, die flußabwärts vor Anker lag, einen Teil der Überlebenden aufnahm.

Die Schlacht von Muret erregte noch lange die Gemüter der Chronisten und Poeten. Was auch immer überliefert wurde, sicher ist, daß die Niederlage von Muret der abendländischen Entwicklung eine ganz andere Wendung gab. Wir werden sehen, daß das Volkstümliche, das die Kultur der Südländer auszeichnete, sehr rasch verblaßt und der Zeitgeist von nun an das Zepter führt.

Schwer lastete die Faust Montforts auf dem Land und der Stadt Toulouse, deren Bürger große Summen Lösegeldes aufzubringen hatten. Da sich seine ehrgeizigen Pläne nicht erfüllten, erfand er stets neue Schikanen. So hatte er den Sohn des gefallenen Königs von Aragon als Geisel nach Narbonne mitgenommen, was eine große Erregung unter den Aragoniern hervorrief. In hellen Scharen zogen sie zur Befreiung des Prinzen nach Narbonne, das von Simon ohne Erfolg verteidigt wurde. Gleichzeitig wurden die Aragonier zu einem Kreuzzug gegen die Mauren dringend benötigt. So widersprüchlich war diese Zeit. —

Inzwischen war ein neuer päpstlicher Legat in Occitanien tätig geworden, Pierre de Bénévent, der dem Ausgleich dienen wollte und sich versöhnlich zeigte. Einige Konsuln von Toulouse stimmten ihm zu und leisteten um einiger Erleichterungen willen neue Eide. Auch die Grafen von Foix und Comminges wurden vom Bann gelöst. Ende April 1214 zeigte sich auch Raymond VI. bereit, seine Unterwerfung anzubieten und zu beschwören: „Ich, Raymond, durch Gottes Gnaden Herzog von Narbonne, Graf von Toulouse und Marquis der Provence, stelle mich in den Dienst Gottes, der heiligen römischen Kirche und in den ihrigen, Seigneur Pierre, der sie durch die gleiche Gnade Kardinal, Priester und Legat des apostolischen Stuhles sind, und ich übergebe meinen Leib in der festen Absicht, getreulich alle Befehle, welche es auch seien, die der Seigneur Papst oder die Barmherzigkeit euerer Heiligkeit für richtig halten, mir zur gebotenen Stunde zu geben, mit meiner ganzen Macht auszuführen und zu befolgen." —[80])

In dieser totalen Unterwerfung spiegelte sich die ganze Niedergeschlagenheit und Ausweglosigkeit, in der sich der Graf befand. Montfort zeigte sich von diesen Versprechungen nicht im geringsten beeindruckt und setzte die Eroberung des Landes und die Unterjochung des Volkes fort. Auf dem Provinzialkonzil zu Montpellier wurden alle Gebiete, die dem Grafen von Toulouse gehörten, dem Grafen Montfort zugesprochen. Bischof Foulques unterstrich diesen Beschluß, nahm das Schloß Narbonnais in Besitz und verdrängte als neuer Stadtherr die gräfliche Familie, die vorübergehend im Hause eines Toulouser Bürgers Wohnung nahm.

Sicher hatte Raymond zu dieser Zeit bereits in Erwägung gezogen, bei den königlichen Verwandten in England Zuflucht zu suchen. Aber Johann ohne Land war selbst in einer mißlichen Lage. Durch geschickte Ausnützung taktischer Fehler hatte ihn Philipp II. August um mehrere Lehen gebracht; aber Johann gab nicht auf, er trat sein Reich an den Papst ab, um es von ihm als Lehen zurückzuerhalten, was gerade in diesem schicksalsschweren Jahr 1213 geschah. Nun fiel er, vom Papst unterstützt und im Bunde mit Kaiser Otto IV. und dem Grafen von Flandern, mit einem starken Heer in Frankreich ein. Aber Philipp II. August zerschlug es 1214 bei *Bouvines* in einer blutigen Schlacht. Dieser Sieg über die Engländer und ihre Verbündeten festigte und vergrößerte erneut die Macht der Kapetinger.

Es ist klar, daß das politische Vakuum im „Süden", das durch die Niederlage von Muret beträchtlich verstärkt wurde, dem König von Frankreich nicht entgehen konnte. Plötzlich war sein Interesse am Süden geweckt, wo Montfort im Begriff war, zum mächtigsten Vasall seines Reiches zu avancieren.

Kam der soeben erwirkte Waffenstillstand mit England nicht zur rechten Zeit, um das freigesetzte militärische Potential mit neuen Aufgaben zu betrauen? —

Philipp II. August zögerte nicht, den gesamten „Süden" seiner

[80]) Cahiers d'Etudes Cathares 73/57/49

Lehenshoheit zu unterwerfen. Zunächst versuchte er es auf diplomatische Weise, indem er seinen Sohn Louis (VIII.) auf eine Pilgerfahrt schickte, die von Saint-Gilles über Toulouse nach Castres führte, wo ihm die kostbare Reliquie von Saint-Vincent als Geschenk übergeben werden sollte.[81])

Ende April 1215 fand dieser Plan seine Verwirklichung. An der Spitze einer stattlichen Kavallerie-Eskorte erreichte der jugendliche Prinz Saint-Gilles, wo ihn Simon de Montfort erwartete. Auch Kuriere des Papstes waren eingetroffen und händigten dem Prinzen drei Bullen aus, die sich mit der kategorischen Einsetzung Montforts als „Wächter“ (Gardien) über alle Domänen aus dem Besitz des Grafen von Toulouse befaßten. Ausdrücke wie Fürst, Monarch und Souverän wurden geflissentlich vermieden. — In Übereinstimmung mit dieser Anordnung entschloß sich der Prinz, der Hauptstadt Toulouse einen Besuch abzustatten.

Montfort ließ die Stadt von seinem Bruder Guy in Besitz nehmen und auf den königlichen Besuch vorbereiten. Auf diese Weise zog Montfort zum erstenmal — und zwar im Gefolge des Prinzen — in Toulouse ein. Die Bevölkerung begrüßte den jungen Thronprätendenten, den ein prächtiges Kavallerieaufgebot — von Gold und Silber überglänzt — begleitete, mit großem Jubel.

Raymond VI., zu dessen tiefer Demütigung dieser festliche Aufwand beitrug, hatte sich mit seiner Familie rechtzeitig nach England begeben, wo er am Hofe seines Schwagers Johann ohne Land die weitere Entwicklung abzuwarten gedachte.

Was die derzeitige Politik Frankreichs bestimmte, war das freundschaftliche Band, das sich zwischen Louis (VIII.) und den Montforts geknüpft hatte, und die Tatsache, daß der Prinz, nachdem er nach Paris zurückgekehrt war, seinem Vater einen sehr günstigen Bericht über Montfort erstattet hatte. Der König stimmte seinem Sohn zu, daß Montfort die Weichen für die zukünftige Annexion des gesamten Südens richtig gestellt habe und volle Anerkennung verdiene. Es fehlte jetzt nur noch, daß auch der Papst die Beraubung der ehemaligen Herren des Landes endgültig bestätigte.

[81]) Zoé Oldenbourg, S. 181

Es war nicht schwer, zwischen der weltlichen und kirchlichen Gewalt den Konsens herzustellen, so daß das 4. Laterankonzil, zu dem schon seit Monaten die Vorbereitungen getroffen worden waren, am 11. November 1215 zum 12. Mal in einem ökumenischen Rahmen beginnen konnte.

Als die Befriedung Occitaniens auf der Tagesordnung stand, waren alle Parteien anwesend. Auch Raymond (VI.) und sein Sohn waren aus England herbeigeeilt, um in Rom den schicksalschweren Spruch aus allerhöchstem Munde zu vernehmen. Der Bischof von Toulouse, Foulques, eröffnete die Debatte, indem er den Grafen von Foix heftig angriff. Dieser jedoch war ein guter Anwalt seiner Sache, er kehrte den Spieß um und klagte die Vertreter der Kirche mit einer solchen Kraft an, daß der Papst zutiefst erschüttert war. Raymond VI. dagegen sah sich trotz demütiger Bitten seiner Güter beraubt. Andererseits ist festzustellen, daß Raymond (VII.), der 18jährige Sohn, einen ausgezeichneten Eindruck machte und sich der besonderen Gunst des Papstes erfreute. Am Schluß der Debatte wollte der Papst den Angeklagten gegenüber Gerechtigkeit widerfahren lassen, aber die Mehrheit des Konzils stemmte sich dagegen. Um die Härte des Urteilsspruchs etwas zu mildern, ließ er dem jungen Raymond das Venaissin, die Provence und Beaucaire und sagte die merkwürdigen Worte: „Nehme niemals Fremdes, aber verteidige das Deine, wenn es dir einer nehmen will. Wage es, mein Sohn, mit Gottes Gnade gut zu beginnen und besser zu enden ...“[82])

Die Überraschung

In die Stimmung einer allgemeinen Zufriedenheit über die glückliche Verteilung der Beute, platzte unversehens die Nachricht von der Landung Raymonds VI. und seines Sohnes Raymond (VII.) in Marseille. Große Aufregung herrschte unter dem Klerus, der sich am Ziel seiner Wünsche wähnte.

Von Rom zurückkehrend, waren die beiden Grafen von der Be-

[82]) Chanson, Cahiers d'Etudes Cathares 73/57/52

völkerung mit unbeschreiblichem Jubel empfangen worden. Eine Woge der Begeisterung, die sich besonders an dem edlen Wesen des Jünglings entzündete, eilte ihnen voraus, wohin sie auch ihren Fuß setzten. Alle nationalen Empfindungen der Südländer, alle Hoffnungen und Erwartungen konzentrierten sich auf das Bild der jungen Gestalt, die an der Seite des geächteten Vaters einherschritt. Die Grafen wurden zu leibhaften Zeugen des dem ganzen Volke zugefügten Betruges und Verrates. Fast über Nacht verwandelte sich der einstige Religionskrieg in eine nationale Revolution.

Aus nah und fern erschienen Abordnungen der Städte und brachten den beiden ihre Huldigung dar. Alles deutet darauf hin, daß sie sich schicksalhaft zu Befreiern des Landes berufen fühlten; und so handelten sie auch von jetzt ab, streiften gesetzliche Auflagen und Fesseln ab und gingen souverän ans Werk.

In Avignon trennte sich Raymond VI. von seinem Sohn und eilte nach Aragon, um Söldner anzuwerben; denn was bedeutet schon ein Monarch ohne militärische Macht. Raymond (VII.), dessen Truppe sich täglich verstärkte, marschierte nach *Beaucaire*, das Montfort besetzt hielt. Die Bürger öffneten dem jungen Grafen die Tore der Stadt und nötigten *Lambert de Thury* samt der französischen Garnison sich in das Schloß zurückzuziehen, wo er von den Provencalen eingeschlossen wurde. In blutigen Gefechten stellte der junge Graf seine Tapferkeit unter Beweis und fügte den Franzosen, die unter Guy und Maury kämpften, schwere Verluste zu. Auch Simon de Montfort, der selbst herbeigeeilt war, konnte die Stadt nicht nehmen und zog es vor, mit dem jungen Grafen zu verhandeln. Auch Lambert de Thury war zur Übergabe bereit, die nach dreimonatlicher Belagerung am 24. August 1216 erfolgte. Ihm und der Garnison wurde ein ehrenvoller Abzug zugestanden, ein Entschluß, der dem jungen Grafen zu neuen Ehren gereichte. Montfort verließ die Provence und eilte mit seiner gesamten Streitmacht nach Toulouse, wo sich die Bürgerschaft erhoben hatte. Doch diese spontanen Ausbrüche waren mit militärischen Mitteln schnell unterdrückt. Als die Ruhe gewährleistet schien, verließ Montfort abermals die Stadt, um im Gebiet von Foix zu operieren.

Inzwischen hatte auch Raymond VI. mit einer stattlichen Armee

Spanien verlassen und sich in Comminges mit seinen Freunden vereinigt. Von der Bevölkerung stürmisch als Befreier begrüßt, eilte er nach Toulouse, wo sich blutige Exzesse gegen die Bürger häuften. Im Schutze eines dichten Nebels drang Raymond in die Stadt ein und übte an der französischen Besatzung blutige Vergeltung. Poeten und Historiker versuchten, das dramatische Geschehen, in dem sich Jubel, Schmerz und Barbarei vermischte, in ihren Texten einzufangen, was dann als „Toulouser Frühmette" vom 13. September 1217 Bestandteil der Geschichte wurde.

Trotz des Mordens am Morgen war der Tag vom Jubel der Menge erfüllt, die — wie das Chanson sagt — den „wiedererstandenen" Grafen mit Freudentränen und Ehrfurcht empfing, als kehre das Glück wieder, reich an Blumen und Früchten! —

Neun Monate war das Toulouser Schloß Narbonais von Franzosen besetzt. Dort residierte die Gräfin *Alix de Montfort,* und viele Flüchtlinge, die aus ihren Quartieren in der Stadt vertrieben worden waren, fanden bei ihr Schutz. Die Gräfin Alix war eine äußerst tüchtige Person. Sie verlor ihren kämpfenden Gatten nie aus den Augen, sorgte für Nachschub und Verstärkung, und stand ihm beratend zur Seite. Als die Lage in Toulouse kritisch wurde, schickte sie einen Boten in die Provence, um Montfort auf die wachsende Gefahr hinzuweisen. Dieser zog sofort in Eilmärschen heran.

Obwohl die Toulouser Bürgerschaft den ganzen Winter über an der Befestigung der Stadt gebaut hatte, wies die Mauer noch einige Lücken auf, die den Feind zu direkten Angriffen verlockten. Durch flankierende Türme jedoch wurden diese Lücken zu gefährlichen Fallen. Mehrmals mußte sich Montfort und seine Leute im Hagel der Pfeile und Steinkugeln wieder zurückziehen. Neue große Schutzschilde aus Weidengeflecht wurden gebaut, und wieder wurde ein Angriff vorgetragen. Kaum hatten sie sich dem Graben genähert, „traf den Ritter Jesu Christi ein von den Feinden geschleuderter Stein am Kopfe", daß er zu Boden sank.[83]) Der Jubel der Bevölkerung war unbeschreiblich, alle traten auf die Mauer und blickten in die Tiefe, wo Montfort hingestreckt lag. Die Frauen von Toulouse, so heißt es,

[83]) Pierre des Vaux-de-Cernay

welche die leichten Schleudern mit großer Gewandtheit bedienten, hätten diesen Sieg errungen.

Amaury, der Sohn Simons de Montfort, war der ihm zufallenden Aufgabe nicht gewachsen. Nach einem Monat räumte er das Vorfeld von Toulouse und zog sich nach Carcassonne zurück, wo er sich sicher fühlte. Er ersuchte den König von Frankreich um Beistand, der ihm auch gewährt wurde. Zum zweitenmal entsandte der König seinen Sohn Louis (VIII.), der diesmal an der Spitze eines starken Heeres auf der Westroute nach dem Süden zog und in englischen Gebieten französische Macht demonstrierte. Die erste Stadt, die ihm Widerstand leistete, war *Marmande*. Der junge Prinz ließ an der Bevölkerung von Marmande einen Racheakt vollziehen, der das Massaker von Béziers in den Schatten stellte. Wieder starben Tausende von Katholiken auf die schrecklichste Weise, und das war das Groteske an diesem Krieg, daß er im Blut Unschuldiger erstickte und nur unter größten Opfern den Weg in die Zukunft freigab.

Am 16. Juni 1219 kam der Prinz und das königliche Heer vor Toulouse an, das diesem jugendlichen Mörder die kalte Schulter zeigte. Er mußte etwas von der Kampfbereitschaft dieser Stadt gespürt haben; denn kaum waren seine Katapulte in Stellung gebracht, brach er die Belagerung ab und zog nach Norden weiter.

Die Wende

Erst jetzt zeichnete sich eine Wende ab; denn der „Tod“ hatte in diesen Jahren wichtige Figuren hinweggerafft und läßt — durch seinen symptomatischen Charakter — das Walten höherer Schicksalsmächte erkennen, welche die Zeitenwende bewirken.

Am 16. Juli 1216 hatte der Initiator des Kreuzzuges, Innozenz III., die Augen geschlossen. Zwei Jahre darauf, am 25. Juni 1218, starb Simon de Montfort, der Vollstrecker des päpstlichen Größenwahns; der Mann mit dem eisernen Willen und einem Glauben, der Berge versetzte — doch das erträumte „Fürstentum“ entglitt seinen Händen.

Am 15. August 1222 starb zu Toulouse Raymond VI., der zwischen Pflicht und Freiheit Schwankende, der seinem Wesen nach der occitanischen Kultur verhaftet war, und doch den Ausgleich mit der Kirche suchte. Als der 66jährige kränkelnde Graf aus der kühlen Kirche Notre-Dame de la-Daurade in die Mittagshitze hinaustrat, erlag er einem Hirnschlag. Man brachte ihn in ein Haus der Faubourg Saint-Sernin, wo der Abt Jordan sich seiner annahm. Auch Johanniter Brüder liefen herbei, hüllten ihn in einen Mantel und nahmen den Toten mit — aber sie wagten nicht, ihn in ihrem Friedhof beizusetzen; denn Raymond VI. war noch immer im Bann. Im April 1223 folgte ihm sein ritterliches Pendant: Graf Raymond-Roger von Foix, bekannt als ein roher Geselle — und dennoch Bruder der sanften Esclarmonde — in den Tod nach.[84])

Auch Philipp II. August war am 14. Juli 1223 gestorben. Doch damit war das königliche Schach noch nicht zu Ende. Sofort bereitete sein Sohn, nunmehr als König *Ludwig VIII.*, einen weiteren Feldzug vor, der wiederum als Kreuzzug deklariert wurde. 1226 zog er zum drittenmal in den Süden. Ehe er Toulouse erreichte, brach unter seinen Truppen eine Seuche aus, an der auch er erkrankte und starb. Die Regentschaft übernahm seine Gemahlin Blanca von Kastilien, die den Krieg fortsetzte, der unter dem Kommando des Seneschalls Humbert de Beaujeu mit großer Grausamkeit geführt wurde. Exkommuniziert und am Ende seiner Kräfte, sah sich das Haupt des Widerstandes, Raymond VII. von Toulouse, gezwungen, um Frieden nachzusuchen, der ihm dann auch in dem Vertrag von Meaux 1229 gewährt wurde. Raymond mußte sich nicht nur der Krone Frankreichs unterwerfen, sondern auch auf sein gesamtes Besitztum zu Gunsten der Kapetinger verzichten.

Mit der Einverleibung der Grafschaft Toulouse in das größere Frankreich war der Albigenserkrieg nach zwanzigjähriger Dauer beendet und die nationale Einigung Frankreichs im wesentlichen vollzogen. Das ist eine sehr beachtliche Tatsache! —

Nach diesem mit großer Grausamkeit geführten Ketzerkrieg möchte man vermuten, daß die Katharer aus der geistigen Landschaft des Midi so gut wie verschwunden sind. Dem ist nicht so; denn der Kreuzzug artete unversehens zu einem politischen Raubkrieg aus, wobei

[84]) Michel Roquebert II, S. 139

die Ketzerbekämpfung mehr und mehr in den Hintergrund geriet. Zutiefst getroffen wurden die angestammten Ritter des Landes, die völlig entrechtet und ihrer Domäne beraubt aus diesem Krieg hervorgingen. Die Troubadours verstummten und tiefe Trauer breitete sich in der feudalen Welt aus. Das Languedoc wurde französische Provinz und die Courtoisie verlor ihren Glanz.

Die Katharer sahen ihre Aufgabe zunächst darin, ihre Mission zu einem guten Ende zu bringen. Schon während des Krieges milderten sie die Kriegsnot, indem sie Zusammenballungen in den Städten, Burgen und festen Plätzen vermieden und sich im Land zerstreuten, wo Wälder, Berge und Klüfte sicheren Schutz gewährten. Man gewinnt den Eindruck, daß die Katharer trotz der feindlichen Übermacht dadurch einen Sieg errangen, daß sie die Kernsubstanz ihrer Religion nicht preisgegeben hatten. Ihre Feinde wußten am Ende des Krieges so wenig von ihrem wahren Wesen, wie zuvor. Der Stachel der Beunruhigung war — von Rom aus gesehen — nicht beseitigt, die Frage warum sich die gewaltige römische Kirche vor dem kleinen Häuflein Parfaits fürchten sollte, noch nicht gelöst. Je tiefer die Kirche dem cäsarischen Wahn verfiel, um so mehr gewannen die Katharer an Heiligkeit, um so mehr neigte sich ihnen die geistige Welt zu. Mit neuen Impulsen setzten sie ihren Weg fort und wurden nicht müde, der bedrohten Menschheit beispielhafte Hilfen zu geben. Alle Welt empfand, daß sich der Schicksalskreis der Katharer noch nicht geschlossen hat. Erst wenn im Licht des Auferstandenen ein todüberwindendes Zeichen gesetzt sein wird, sind die Lichtkeime der menschlichen Seelen für die Zukunft gerettet.

Der Schicksalsweg derKatharer

Esoterisches Christentum

So wichtig das persönliche Verhalten dem Schicksal gegenüber auch ist, letzte Entscheidungen suchen wir auf dem irdischen Plan vergebens; denn ihnen liegen überpersönliche Einflüsse zugrunde, wie wir sie bereits ins Blickfeld rückten, als von Volks- und Zeitgeistern die Rede war. Sie sind die eigentlichen Initiatoren des irdischen Geschehens, und was wir Geschichte nennen, ist immer nur ein Ergebnis. Weil führende Kräfte und Mächte nur wesenhafter Natur sein können, hat sie Rudolf Steiner an hierarchische Namen geknüpft, die uns aus religiösen Urkunden bekannt sind.[85]) Derjenige, der seinen ideengeschichtlichen Studien diese und ähnliche Wegweisungen zugrunde legt, wird bald die Richtigkeit und Übereinstimmung dieser Namen mit dem Gemeinten erfahren.

Rudolf Steiner zeigt[86]), wie in der vierten nachatlantischen Periode dem Erzengel des Griechentums eine führende Stellung zufiel, wie er zum Zeitgeist eben dieser Epoche aufstieg und nicht nur jene Zeit leitete, die Griechenland zum Mittelpunkt des griechisch-römischen Kulturkreises machte, sondern — nachdem das Christentum in diese Welt eingetreten war — selbst „der stellvertretende, führende Geist des *exoterischen* Christentums wurde, so daß sich also hinstellte vor den Christusimpuls der *Archē*, der führende Geist des Griechentums." —

In diesen Tatsachen sind die wahren Gründe für die kirchlichen Tendenzen zu suchen, die Rom zum Mittelpunkt machten, und man braucht sich nicht zu wundern, wenn sich starke politische Naturen als Päpste in den Dienst der Kirche stellten, oder wenn aristotelische Ethik und Logik die kirchliche Lehre beherrschten.

[85]) Volksgeist — Erzengel — Volksgruppen
Zeitgeist — Archai — Zeitenräume
Formgeist — Exusiai — Kulturepochen

[86]) Rudolf Steiner, die Mission einzelner Volksseelen . . . S. 122 ff., GA Nr. 121

Zur selben Zeit wirkte in Europa noch ein *keltischer* Volksgeist, der darauf verzichtete, ein Archē zu werden, um eine besondere Mission zu übernehmen. Dieser Erzengel wurde der inspirierende Geist des *esoterischen* Christentums, von ihm gingen diejenigen Lehren und Impulse aus, „die dem wahrhaft esoterischen Christentum zugrunde liegen." —

Diese Tatsachen bestätigen wiederum, daß neben der offiziellen Kirche, die sich als eine mächtige nach außen wirkende Organisation darbot, stets ein esoterisches Christentum einherging. Wenn dieses nach innen gerichtete Christentum kaum nach außen in Erscheinung trat, so lag das daran, daß es nur selten die Idee einer Organisation aufgriff und nur vorübergehend eine Heimstätte auf Erden hatte. Das esoterische Christentum gehörte im Prinzip einer höheren Sphäre an, in der einst der Auferstandene selber wandelte und die Emil Bock als das höhere „Galiläa" bezeichnete. Später erlangte diese Sphäre durch den heiligen *Gral* erneut an Bedeutung, sie wurde zur Manaswelt, zu der nur fromme und reine Seelen auf verschiedenen Pfaden Zugang fanden. Diese Sphäre war die eigentliche Heimat der Katharer, in die sie eintauchten und sich im Weisheitslicht sonnten — und aus der sie wieder zurückkehrten in den irdisch-menschlichen Bereich, wo ihre Existenz von der Kirche mißverstanden wurde.

Während in der geistigen Welt die Absicht obwaltete, das Christentum in möglichst vielen Formen zur Erscheinung kommen zu lassen, hatte sich Rom für einen Typus entschieden und diesen in einer sichtbaren Heilsanstalt realisiert, durch welche alle Geheimnisse in lehrhafter Gestalt den Gläubigen dargeboten wurden. Außerhalb dieser Kirche sollte es kein Heil geben. Ein schroffer Gegensatz zu diesem ausgeprägten Typus bildete das Katharertum, das wir als einen vollendeten Ausdruck tiefster Innerlichkeit erkennen und gewiß auch als das *esoterische* Phänomen schlechthin — freilich in dem Bewußtsein, diese vom Christuslicht erleuchtete Sphäre nicht ausschöpfen zu können.

Wenn wir unter diesem Aspekt das Problem des Katharertums erneut aufwerfen und fragen: Was sind die Katharer ihrem Wesen nach — ist zunächst festzuhalten, daß sie Menschen sind aus Fleisch und Blut und daß der Krieg ihrer existentiellen Basis großen Schaden zugefügt hat. Doch ihr wahres Wesen kam in ihrer bisherigen Geschichte nur gelegentlich ans Licht; in der eigentümlichen Art und Weise des Leidens und Sterbens. Wir fanden den wahren Katharer immer dort, wo sich das Katharerschicksal erfüllt und der Tod das wahre Leben enthemmt. —

Auch auf dem sozialen Sektor leuchtet der Katharismus bisweilen hervor, dort wo besondere Ausprägungen in die Augen springen. Eine solche ist die geistige Symbiose, die den Katharismus auf Leben und Tod mit dem Adel verbindet. Auch die vielen Gemeinschaftshäuser im Land sind typisch für die Katharer: Klöster, Frauenhäuser, Konvikte mit sozialen, therapeutischen und pädagogischen Aufgaben. Völlig im Dunkeln sind dagegen die eigentlichen Orte der Schulung und Einweihung, eingesenkt in den Schoß der Gemeinde, die das Geheimnis trotz Inquisition treu bewahrt hat. Keine Nachricht vermittelt Einzelheiten über die Art des Einweihungsweges, an die wir uns jedoch auf Grund der Mitteilungen Rudolf Steiners herantasten können. Meditationsstoffe sind in größerem Umfang bekannt, während von Predigten, die eine große Rolle im Wanderleben der Katharer spielten, so gut wie nichts überliefert ist.

Die Zahl der Parfaits wird oft zu hoch angesetzt, auch dadurch wird das Bild des Katharismus verfälscht. In dem umfangreichen Namensverzeichnis, das Michel Roquebert zusammengestellt hat, sind nur 100 Namen von Parfaits aufgeführt, ferner ein Dutzend Namen von Katharerbischöfen und einige von Predigern und Diakonen. Die Parfaits — auch wenn es ein- bis zweitausend wären — sind zweifellos eine Minderheit in der als Ecclesia bezeichneten Gemeinde und bilden den ordensartigen Kern, der in gradualer Hinsicht reich gegliedert ist. Hier entscheidet der Grad der Erleuchtung und diejenigen, die auf dem religiösen Pfad vorangekommen sind, werden mit großer Ehrfurcht umhegt und als ein Geschenk Gottes betrachtet. Keiner von ihnen durfte der Gefahr des Krieges ausgesetzt werden. Abseits vom Getriebe der Welt wirkte er als Initiator und Lehrer. Er war es, der den legendären Katharerschatz vergrößerte und verwaltete, der freilich mit Gold und Silber nicht aufgewogen werden konnte. Aus solchen geistigen Zentren hätten sich unter normalen Bedingungen Schulen und Bildungsstätten gebildet: ein dauernder Kulturgrund wäre gelegt worden, wenn das Schicksal nicht diese große Spiritualität als „Opfergabe“ für die Zukunft gefordert hätte.

Normalerweise wurde der *Parfait* nach mehreren Jahren der Schulung in die Öffentlichkeit entlassen, wo er sich als *Bon-homme* auf verschiedenen Gebieten betätigte. Diese Entlassung war mit einer *Ordination* verbunden, die festlich begangen wurde. Neben der Gemeinde strömten auch Familienmitglieder von nah und fern herbei. Ein repräsentatives Beispiel hierfür war die Ordination von Esclarmonde von Foix, bei der die gräfliche Familie zugegen war. Wir gewinnen den Eindruck, daß organisatorische Maßnahmen, wie die Berufung von Bischöfen, Predigern und Diakonen von der Gemeinde getätigt wurden, wobei kirchliche Elemente eher einen Notbehelf darstellen, um die gottesdienstliche Ordnung zu gewährleisten. Das Hervortreten solcher Elemente, wie es auf dem Katharerkonzil von Saint-Felix de Caraman der Fall war, muß als Zeichen des Niedergangs gewertet werden.

Symbole, Zeichen und Pfade

Wenn wir nach einem Bild suchen, welches das Katharertum und seine Zeit treffend symbolisiert, so ist es der Turm, dem als Zeichen der königlichen Macht und starken Wehr eine besondere Bedeutung zukommt. Die Katharer lebten im Schutzbereich der Türme und wandernd von Burg zu Burg, war ihnen der Turm zur Heimat geworden. Der Turm ist ferner das Zeichen der Verlassenheit, der Ächtung, wenn wir ihn als Kerker betrachten; aber auch ein Bild der Hoffnung, wenn wir seine Zinnen erklimmen und Ausschau halten. Er wird zu einem Bild des himmlischen Lichtes, das Finsternisse erhellt, wie es die Apostelgeschichte mehrfach bezeugt, wie es auch Joseph von Arimathia unter Titus erfahren hat.

Für den Katharer war der Turm primär das Bild seiner Leiblichkeit: ein Gefängnis fürwahr, in das er seine Seele als göttliches Lichtwesen — von Finsternissen überlistet — eingeschlossen weiß. — Dieser Glaube, der in Mythen seine Wurzeln hat, verwandelte sich durch religiöse Übungen zu der Gewißheit, daß es eine Befreiung aus dieser irdischen Fessel gibt.

Die Zeit selbst kam der allgemeinen Sehnsucht entgegen, indem es einzelnen begnadeten Persönlichkeiten gelang, eine Lehrerfunktion zu übernehmen. Das eigentliche Medium dieser Schulung war jedoch die „Armut", die apostolischen Charakter hatte und zu einer Verinnerlichung des Gemüts führte. An geeigneten Orten fand der suchende Beter jene schöpferische Einsamkeit, in der er einerseits zur Verwirklichung seiner Individuation beitrug und andererseits — indem er tiefer schürfte — sein höheres „Selbst" als geistiges Kernwesen entdeckte, das ihm den Anschluß an den geistigen Kosmos verbürgte.

An vielen Stellen seines Vortragswerkes erläuterte Rudolf Steiner diesen Pfad, der nur entfernt an die alte vorchristliche Einweihungsweise erinnert und jenen Impuls zum Mittelpunkt macht, der in dem „Ich bin" des Christus wesenhaft wurzelt. Jedem Evangelium liegt ein Pfad zugrunde. Jedes Evangelium ist als ein Einweihungsbuch zu betrachten. Wer sich in den jeweiligen Evangelieninhalt vertieft, wird in seiner Seele schlummernde Kräfte zur Erweckung bringen, die ihm stufenweise weiterhelfen bis hin zur Initiation, die ihm den Zugang zur geistigen Welt öffnet. Daher — im Markusevangelium — der Ruf des Engels in der Seeleneinsamkeit der Wüste: „Macht eben den Pfad, bereitet dem Herrn den Weg: der Kyrios will kommen" —[87])

In den Untergründen der Seele fühlt ihr schon das an die Oberfläche drängende „Ich", das Erscheinen des „Herrn" im seelischen Bereich. Einem Monarchen gleich ergreift er seinen Platz als selbstbewußtes Ich, das der Zukunft dienen wird, indem es Weltgeheimnisse zur Offenbarung bringt — —

Auch die Katharer hatten diesen Aufruf vernommen und übten sich in einer strengen *Askese*, um der eigenen Wesenheit einen Weg zu bereiten, die in der dreifachen Hülle zur Erscheinung kommt. Indem er sein Selbst prüft, vermag er das Ausmaß der Verderbnis zu erkennen, welches sein Astralleib durch Egoismen wie Neid, Haß,

[87]) Rudolf Steiner, Exkurse in das Gebiet des Markusevangeliums, S. 103, 119, GA Nr. 124

Hochmut, Eitelkeit, Geiz und Stolz, sowie durch Leidenschaften und Triebe erlitten hat. Auch der Ätherleib läßt Schäden erkennen, die durch Irrtümer und Lügen hervorgerufen sind. Deshalb das Gebot, das von den Katharern streng beobachtet wurde: nicht lügen, nicht

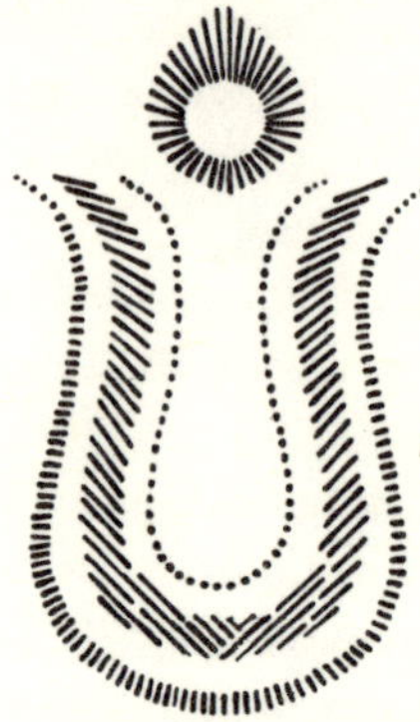

schwören! Ätherleib und physischer Leib sind weniger den selbst verursachten Schädigungen ausgesetzt; denn soweit kann der Mensch nicht hinuntersteigen in seine eigene Natur mit seinen individuellen Kräften, daß er den Ätherleib und den physischen Leib verderben könnte. Im Verlauf von Inkarnationen jedoch können Schäden in der Gestalt von Krankheiten in Erscheinung treten. Krankheiten sind Wegweiser in die Vergangenheit. Durch Untertauchen in die eigene Wesenheit findet der Mensch den Weg zurück von Inkarnation zu Inkarnation, — wie es bei Buddha der Fall war — und kommt schließlich in den Geist der Welt hinein. Durch das Durchbrechen der Hülle des physischen Leibes wird der Weg frei in das geistige Gefüge der Welt. Und wenn der Mensch weit genug zurückgeht, bis dahin, wo er selbst mit einem Hellsehen begabt war, dann schaut er eben in die geistige Welt hinein.[88]) Das Ende dieser Selbsterkenntnis würde sein: sein eigenes *Urbild* zu sehen, das heruntergestiegen ist von Inkarnation zu Inkarnation und nunmehr, an Erfahrungen reich, in die geistige Welt zurückkehren will. —

[88]) Rudolf Steiner, Exkurse in das Gebiet des Markusevangeliums, S. 96 ff., GA Nr. 124

Dieser Weg in die Innerlichkeit ist im 12. und 13. Jahrhundert vielfach motiviert von den verschiedenen religiösen Bruderschaften gegangen worden. Während Mönche und Eremiten innerhalb der von der Kirche gesetzten Grenzen verblieben, haben die Katharer einen Existentialismus praktiziert, der sie mitten in das *Selbst-Sein* hineinführte. Bei der damaligen Opposition spielte das Substanzproblem keine wesentliche Rolle. Erst die Hochscholastik bis hin zur modernen Philosophie stellte solche Praktiken grundsätzlich in Frage. Zwar erkannte der Philosophiehistoriker Wilhelm Windelband (1848 bis 1915) das menschliche „Ich" als ein monarchisches Zentrum an, das als höchste moralische Instanz im seelischen Bereich regiert und die Voraussetzung der Persönlichkeit schafft. Aber schon Max Scheler korrigiert diese Auffassung mit großem Scharfsinn und erklärt, daß das vermeintliche „Ich" lediglich einen Stellenwert innerhalb der Vielheit der Bewußtseins-Akte bedeute. Sähe man von allen Bewußtseinsinhalten und Akten ab — wie es dieser Gedankenprozeß erfordert — so bliebe zwar noch die feste Form und Gestalt des stets nach einer monarchischen Verfassung gebauten rein seelischen Seins übrig, nicht aber ein Monarch: ein sogenanntes „Ich"! Hier läge (nach Scheler) eine Hypostasierung der höchsten „Spitze" vor, einer Aufbauform der Akte, das Bewußtsein von einem vermeintlich absoluten „Aktvollzieher". Das derbe „Normalbewußtsein" Windelbands, das naiv und ehrlich real gesetzt, zu einer Art Gottessurrogat gemacht würde, sei nur die unverschleierte Form dieser Hypostasierung. Es sei ein Irrtum, zu meinen, durch ein Verfahren sukzessiven Absehens von den sogenannten Inhalten des Bewußtseins, ein „erkenntnistheoretisches Subjekt", ein individuelles „Ich" übrig zu behalten, dem eine „Existenz" zukomme. Was man faktisch durch diese Methode sukzessiven Absehens übrig behielte, sei nicht ein „absolutes Subjekt" . . ., sondern das pure Nichts . . .[89]) Soweit Max Scheler. —

Diese Auffassung ist insofern richtig, als man die bestimmte Art von Bewußtsein, die Max Scheler hier vertritt, nur von „Gegenstän-

[89]) Max-Scheler, Vom Ewigen im Menschen 1921 S. 643

den“ haben kann. Hier ist zu bedenken, daß wir zwar die ganze Welt als „Gegenstand“ haben, aber niemals das „Ich“, das seinen eigenen Bewußtseinsbereich in sich selbst hat. Das „Ich“ ist es doch, das denkerisch die Trennung von „Ich“ und „Welt“ vollzieht, das „sich“ als Subjekt und die „Welt“ als Objekt bestimmt, doch niemals könnte es als Geistselbst zum abstrakten „Begriff“ erniedrigt werden. Versuchten wir es dennoch, stünden wir — wie dieser Denker — vor einem Nichts. —

Hat Max Scheler übersehen, daß das *„Denken“* allen Akten und Schlüssen vorhergeht, und daß ohne diesen *„Aktvollzieher“* nichts geschieht? — Der denkende Geist ist wesenhaftes *„Ich“*. Zur Ehrenrettung der Katharer mußte dies gesagt werden; denn ihr Weg in die radikale Innerlichkeit ist zweifellos auch von Denkprozessen begleitet, wie es einer selbstkritischen, gedanklichen Askese (Übung) entspricht.

Zur gleichen Zeit (1918), als Max Scheler diese Probleme behandelte, entstand auch das Buch: „Das Ewige in der Menschenseele“ von Rudolf Steiner.[90]) Auch er geht davon aus, daß der Mensch vom normalen Bewußtsein als geistiges Wesen erkannt wird, wenn auch punkthaft zu einem „Ich“ zusammengedrängt. Verstärkt man jedoch die innere Seelenkraft, wie es Rudolf Steiner vielfach beschrieben hat, so wird die abstrakte Begrifflichkeit überwunden und man erlebt, wie dieses Ich Inhalt bekommt und eine Vorstellung, die in uns zunächst als bloße Vorstellung lebt, jetzt von einem bildhaften Inhalt erfüllt ist, „den der Geistesforscher ins Bewußtsein heraufhebt, so daß die Vorstellung wie eine Wahrnehmung dieses bildhaften, imaginativen Inhalts wird.“ Ist jedoch der Beobachter „zur wahren Selbstbeobachtung aufgestiegen, kann er so, wie er das gewöhnliche, alltägliche „Ich“ kennenlert, dasjenige Ich kennenlernen, das er in dieser Selbstbeobachtung in sich selber erlebt; denn dieses „Ich“ kann man nicht durch philosophische Spekulationen erkennen, es läßt sich nur erleben.“

Wenn sich der Beobachter auf höherer Stufe vom Leiblichen befreit und vom Geistigen ganz durchdrungen wird, stellt sich ihm

[90]) Rudolf Steiner, Das Ewige in der Menschenseele, GA Nr. 67

die Frage: „was ist denn eigentlich das im seelischen Element des Menschen wirkende Geistige“ . . .

Dieser Punkt wird als äußerst kritisch erlebt, denn hier erreicht die Versuchung in der Substanzfrage ihren größten Einfluß auf den Neuling, ganz dem Materialismus zu verfallen. Ist jedoch dieser kritische Punkt überwunden, entdeckt der Schüler, wie in ihm, der zwischen Geburt und Tod lebt, wirklich ein höherer, geistig-seelischer Mensch lebt, der durch Geburten und Tode geht. Er lernt diesen geistig-seelischen Menschen kennen, wie er in einem objektiven Gedankengewebe lebt. —

Die Contritio Cordis

Nach diesem philosophischen Exkurs wollen wir noch einmal den Innenraum betreten, in dem sich in methodischen Schritten die *Katharsis,* die Reinigung der Seele vollzieht. Wir haben diesen Willensaufschwung „christliche“ Einweihung genannt, weil neben philosophischen Denkanstößen besonders das Gefühlsleben aktiviert wird. Der fromme Beter, der diesen Weg beschreitet, versenkt sich in Gefühlserlebnisse, die sich an evangelischen Vorbildern entzünden. Im Hinblick auf das Erdenwirken Christi ergeben sich die folgenden sieben Stufen:

Die Fußwaschung
Die Geißelung
Die Dornenkrönung
Die Blutmale
Der mystische Tod
Die Grablegung
Die Himmelfahrt

Dieser Stufenweg der Gefühle steht in einem direkten Verhältnis zum Herzen (Cor) des Menschen als der „sammelnden Mitte des Lebens“. Von hier aus strahlt die Essentia des Fühlens und Wollens als höchste Moralität in das Leben zurück, kein Wunder, daß diese Mitte als „Cor“ allen Weisen bekannt ist, daß vor allem der heilige

Augustinus das Wesen der Persönlichkeit und alle personalen Werte am Cor und durch das Cor erkannt und entwickelt hat. „Im Herzen bin ich das, was ich bin", ein gewaltiges Wort (Conf. X, 3), und dennoch gerät Augustinus mit seinem Fragen im Angesicht Gottes in Verlegenheit darüber, daß er in seiner Seinsbeschaffenheit sich selbst zur Frage wird.[91]) —

Bei unsern Ketzern ist das nicht der Fall, denn ihre Fragen werden angesichts des *Wesenszwiespaltes in der Welt* zur Contritio cordis, zur Zerknirschung des Herzens, die unmittelbar das eigene Wesen betrifft und es freilegt; denn ohne Beteiligung des *„Ichs"* gibt es keine echte Buße, wie umgekehrt die Buße als ein religiöser Akt der Selbsterkenntnis gesehen werden muß. —

Aus all diesen Gründen wird Beichte und Buße zu einem wichtigen Teil der Initiation. In diesem Prozeß begegnet der Katharer wesenhaft sich selbst und in der Vollendung der Katharsis wird sich ihm die verwandelnde Liebesmacht Christi offenbaren, so daß er sprechen kann: Nicht ich, Christus in mir!

Der Katharer weiß, daß keine Macht der Welt dieses Wesensband zerreißen kann und er sich dieser besonderen Gnade Gottes täglich neu bewußt werden darf. So löst sich die Contritio in der *Conscientia,* in einem höheren Bewußtsein in Gott.

Die Contritio cordis stellte auch im Glaubensleben der *Waldenser* ein zentrales Moment dar, das sie nach ihrer Trennung vom Katharismus mitnahmen und durch die Zeiten trugen, bis man sie — bei der Berührung mit der Reformation — darüber aufklärte, daß die Contritio cordis im Prozeß der Rechtfertigung nur eine untergeordnete Rolle spiele, daß alle eigene Gerechtigkeit ungenügend sei, wenn an Stelle der Rechtfertigung durch den Glauben „das Kriterium des guten Handelns und guten Wandelns getreten sei." Hierauf sagten sich die Waldenser von dieser alten Tradition los[92]) und demonstrierten auf diese Weise, daß mit dem Verlust der *„Initiation"* auch die *„Contritio cordis"* ihren Sinn verloren hatte.

Bei den Katharern ist die Contritio cordis gleichsam das Vehikel,

[91]) Anton Maxsein, Philosophia Cordis 1966

[92]) August Wilhelm Dieckhoff, Die Waldenser . . . S. 290 ff.

das den Aufschwung der Seele vorantreibt. Die Adepten stehen sich helfend zur Seite, jeder ist in gleicher Weise Sünder und Beichtiger zugleich. So wird einer dem anderen zum Spiegel, der Fehler und Schatten aufzeigt, und beide bemühen sich, das Bild Gottes im eigenen Wesen zu verwirklichen.

Die Sünden der Katharer sind an einer Ethik gemessen, die eine radikale Reinigung der Seele zum Ziel hat. Selbst natürliche Verhaltensweisen werden — wenn sie tiefer in die physische Abhängigkeit hineinführen — als Sünde gewertet. Auch der Bewußtseinsraum ist von Gefahren umwittert, die ihn verdunkeln und trüben können. Die doppelte Versuchung, die sich aus ihrem dualistischen Weltbild herleitet, erfordert doppelte Wachsamkeit.

In seinem Aperçu über die katharische Moral geht *René Nelli* auf diese doppelte „Versuchung" ein, wie sie im *„Liber de duobus principiis"* zur Darstellung kommt und einmal als *fleischliche* und zum anderen als *diabolische Versuchung* bezeichnet wird. Die erstere hängt mit der physischen Abhängigkeit zusammen: sie ist natürlich und unvermeidbar. Wir sind beladen mit dem Körper der Verdammnis, der ein Werk des Teufels ist . . . Dennoch hält ihn der katharische Verfasser des *liber* für natürlich im Sinne einer „gemischten" Welt, in der auch Lichtteile enthalten sind. Die *diabolische* Versuchung ist diejenige, die auf direkte Einflüsterungen des Teufels zurückgeht, wie es bei Irrtümern, Lügen und sündigen Gedanken der Fall ist. Der wichtigste Punkt im *liber* ist, festzustellen, in welchem Maß der menschliche Geist selbst vom Bösen versucht werden kann. Ist er in seiner *„essence"* nicht fähig, dem Bösen zu widerstehen? Hier zeigt sich, daß die Unfehlbarkeit an die göttliche Gnade geknüpft ist, die für die Katharer direkt dem eigenen *Noũs* entströmt, der seine Seele erleuchtet. Was sich verdunkelt ist niemals der Geist selbst, wohl aber eine Seele, die nicht die Kraft hat, der Versuchung zu widerstehen und allem, was dem *„Geist der Lüge"* entspringt. Um die Lehre von zwei Versuchungen zu begründen, stützt sich der katharische Autor auf Paulus. Im ersten Brief an die Korinther (10, 13) heißt es: „Keine Versuchung wird euch bestürmen, welche die menschliche Kraft übersteigt. Gott ist ein treuer Gott, der nicht dulden wird, daß ihr über euer Vermögen hinaus versucht sein werdet, sondern mit der

Versuchung wird er euch auch das Mittel bereiten, sie zu bestehen."[93])

Diese Paulusstelle mag die Katharer zu der Annahme von zweierlei Arten von Versuchung inspiriert haben:

1. zu der natürlichen, der wir widerstehen können, und
2. zu jener, die unsere Kraft übersteigt.

Die Auffassungen hierüber sind bei Katholiken und Katharern verschieden. Nach den Katholiken würde Paulus erklärt haben, daß durch das Eingreifen Gottes die Seele nicht versucht werden könnte, und zwar bis zu dem Punkt, wo ihre Freiheit nicht zerstört worden ist . . .

Nach den Katharern bedeutet dieselbe Stelle,
daß die Seele auf Grund ihrer Essenz der Versuchung nicht erliegen würde, auch nicht der Verdunkelung, es sei denn, sie schreite vor bis zu dem Punkt, wo ihr die Kraft ermangle, zu sich zu kommen . . .

H. C. Puech interpretiert diese Stelle so: Sünde entsteht unfreiwillig und unvermeidlich, rein aus Vergeßlichkeit, der zufolge der alte Mensch versucht, die Seele wiederzugewinnen.

So ist also die Versuchung unbewußte Drohung und der eigentliche Fehler: die Unbewußtheit selbst. Durch die dauernde Erleuchtung durch den Noūs[94]) ist die Sünde unmöglich, außer sie besteht in der Abwesenheit der Reue, d. h. in dem Eigensinn der Seele, der Mischung anzuhängen und sich zu weigern, vom Noūs Belehrungen zu empfangen . . . Die größte Sünde der Seele ist demnach die intellektuelle Sünde: die Wahrheit zu verleugnen, die universelle Dualität nicht einzusehen, kurz: sich dem Noūs zu verschließen.[95])

Die Jungfrau Sophia

Von einem gewissen Zeitpunkt an, beginnt der Katharer, sich von seinen Mitmenschen zu unterscheiden. Er hat einige Stufen seines Weges zurückgelegt und vollbringt jenen Aufschwung, der ihn in die

[93]) René Nelli, Le Phénomène Cathare, S. 76, 77

[94]) Geist, Vernunft

[95]) H. C. Puech, Manichéisme . . . Paris 1930

geistigen Welten hineinführt. Rudolf Steiner schildert diesen Vorgang und zeigt, wie sich das Interesse an der Außenwelt auf ein Minimum reduziert, wodurch innere Kräfte freigesetzt werden, die Kontemplation und Meditation in verstärktem Maß fortzuführen . . . Hat die Läuterung des Seelenleibes ein bestimmtes Maß erreicht, so werden einzelne Wahrnehmungsorgane, die im Astralleib veranlagt sind, herausgebildet. Mit dem Eintritt in die Katharsis ist dann der Astralleib so weit entwickelt, daß bei morgendlichem Eintauchen in den Ätherleib und in den physischen Leib, die Erleuchtung (Photismos) erfolgt. Was wirklich eintritt, ist das Einprägen von Organen in den Ätherleib, wodurch der Mensch die geistige Welt wahrnimmt und durch den astralischen Leib das empfängt, was ihm der Ätherleib heraussaugt aus dem kosmischen Ich — —[96])

Die christlichen Esoteriker nannten diesen gereinigten, geläuterten astralischen Leib, sofern er in der Erleuchtung geschaut wurde, die reine *Jungfrau Sophia.* Zusammenfassend kann man sagen: durch die Katharsis läutert sich der Astralleib zur Jungfrau Sophia. Der Jungfrau Sophia kommt entgegen das kosmische Ich, das Welten-Ich, das die Erleuchtung bewirkt. Das Welten-Ich ist eine individualisierte Form des Heiligen Geistes, der im Evangelium (Joh. 15, 26), mit ganz bestimmten Aufgaben betraut, der Menschheit verheißen wurde. In der christlichen Esoterik trägt dieses gesonderte Geistwesen den Namen *Paraklet.* Er ist es, welcher der gereinigten Seele jenen wesenhaften *Trost* verleiht, den der Katharer als *Consolamentum* bezeichnet. Sein Kommen hat Christus versprochen: Ich will den Vater bitten, und er wird euch einen anderen Helfer, den Erwecker und Tröster, den Spender des Geistesmutes, senden, der bei euch sein wird für alle Zeitenkreise. Das ist der Geist der wahren Erkenntnis. Ihn können nicht alle Menschen aufnehmen. Sie suchen ihn nicht und deshalb erkennen sie ihn nicht. Ihr aber erkennt ihn, denn er waltet als euer höheres Wesen über euch und soll in euer Inneres einziehen.

Es war die welthistorische Mission der Katharer, die Menschheit auf das Kommen des Parakleten vorzubereiten und ihr für das Wirken des Heiligen Geistes die Augen zu öffnen. Sie taten es mit Hilfe des

[96]) Rudolf Steiner, Das Johannesevangelium, GA Nr. 103

Johannesevangeliums, aus dem sie schöpften und das sie ständig im Gürtel mit sich führten. Das Johannesevangelium ist die hohe Schule des *Ich bin*. Das *Ich bin* ist der Zukunftskeim, der zur Entfaltung kommen muß, denn ohne ihn gäbe es keine Menschheitszukunft und kein höheres Ziel. Das *Ich bin* ist der wahre Weinstock, und die wahren Jünger Christi sind „*Katharoi*". Sie sind schon *rein* durch die Kraft des Wortes und ihre Speise ist das Brot des Lebens, das himmlische Manna, welches das Geistselbst bereithält und jene beseligt, die in sich selbst die Reiche der Himmel erlangen. —

Durch das Zusammenfließen der *Jungfrau Sophia* mit der *Mutter Maria* zu *einer* Erscheinung hat sich das Problem für die katholische Dogmatik wesentlich vereinfacht. Für die Katharer blieb die *Jungfrau Sophia* die mütterliche Hülle für das menschliche „*Ich*". Ihr verdankt es den königlichen Glanz in welchem es — nach dem Erreichen der Katharsis — wieder erstrahlt. —

Der Gut-mann (Bon-homme)

Die Katharer sind mit jenen Bettlern um Geist zu vergleichen, die sich von allem irdischen Reichtum befreit haben. Ihre Anspruchslosigkeit ist sprichwörtlich geworden, und nachdem der Krieg ihr Eingebundensein in die höfische Kultur völlig zerstört hatte, sank auch ihr Lebensanspruch auf ein Minimum herab. Kein Wunder, daß man sie als Kulturfeinde abgestempelt hat. In Wirklichkeit waren sie im Begriff, dem Ruf ihres Schicksals zu folgen und die Stufe der Heimatlosigkeit zu durchschreiten. Sie wohnten in schmucklosen Steinhäusern und verzichteten auf die Wärme des häuslichen Herdes. Alle Äußerlichkeiten waren von spirituellen Kräften aufgesogen, und die Nacktheit ihrer Existenz war von einem unsichtbaren Dom überwölbt, dessen Kuppel bis zu den Sternen reichte.

Es ist bekannt, daß die Gut-leute über einen großen Weisheitsschatz verfügten, den sie ohne viel Aufhebens in tiefer Demut öffneten und den Menschen zur Verfügung stellten. Viele Katharer wirkten als Therapeuten und bemühten sich in aufopfernder Weise um Alte und Kranke; andere wirkten als Schöffen im Gerichtssaal; denn sie verfügten über ein ausgeprägtes Rechtsgefühl, das von einer hohen Moralität gestützt war. In friedlichen Zeiten waren sie Ratgeber und Hauslehrer in der gräflichen Familie; in der Gemeinde hatten sie als Prediger einen guten Ruf. Sie gingen auf allen Gebieten mit großem Ernst ans Werk, veränderten die geistige Atmosphäre — nicht im Sinne des Muckertums — sie dienten dem Fortschritt, indem sie die Hygiene in Haus, Stall und Garten verbesserten und den ganzen Lebensbezirk mit neuen Erkenntnissen befruchteten. Nicht im Sinne einer abstrakten Begriffswissenschaft wirkten sie, sondern im Sinne einer inneren wesenhaften Beziehung zu allen Kräften der Natur.

Die Katharer waren nicht jene weltflüchtigen Sonderlinge, wie von ihren Feinden behauptet wird; wohl sahen sie die Natur und Kreatur in ihren Nöten, aber das schloß nicht aus, sie dort zu bejahen, wo sie in Schönheit und Reinheit zur Erscheinung kommt und in voller Lebenskraft erstrahlt — wie sie auch den höheren Menschen priesen, wenn er sich der niederen Natur entwunden hat. So sehr sie einerseits den Sturz der Engel beklagten, um so stürmischer pochten sie andererseits an die Pforten der geistigen Welt. —

Wenn sie also von Natur sprachen, meinten sie nicht das wesenlose mechanische Wirken von Kräften, sie konnten noch hinschauen auf die Geistigkeit hinter den Dingen. Dann richtete sich ihr Blick hinaus auf die Reiche des Mineralischen, des Pflanzlichen, auf alles das, was im tierischen, menschlichen Reiche lebt. Und dann sahen sie aurisch aufsprießen und wiederum befruchtet werden aus dem Kosmos die geistig-elementaren Wesenheiten, die in allem Natürlichen lebten. Diese Mysterienzüge, auf die Rudolf Steiner hinweist[37]), die teils als Nachklänge, teils als Neubeginne zu betrachten sind, treffen im Katharismus zusammen, der in jenem geistigen Ausstrahlungsbereich lag, der von Spanien ausging, wo *Peter de Compostella* als Lehrer wirkte und ein lebendig mysterienhaftes Christentum pflegte, das noch sprach von der Helferin Christi: der Natura! —

Diesem vergeistigten Naturalismus, der bis nach Chartres reichte, begegnen wir da und dort. Wenn diese Bewegung weit über den Kulturbereich der Katharer hinausgriff, so wurden sie doch ihrer Ma-

[37]) Rudolf Steiner, Esoterische Betrachtungen, GA Nr. 237

nifestationen teilhaftig, indem sie der Göttin Natura begegneten und sie „seelenhaft“, von ätherischen Fluten umwogt, schauten. Damit hatten die Katharer eine Stufe erreicht, die ihnen Kenntnisse aus der Sphäre der Exusiai erschloß, jener hierarchischen Kräftewelt, die hier unten in Luft und Licht ihr Wesen hat und in allem Wachstum zur Erscheinung kommt.

Les remèdes de la Bonne-femme[98])

Wie der *bon-homme* über Fähigkeiten besonderer Art verfügte, so auch die geweihte Frau, die mit sicherem Tastgefühl jene Gebiete erkannte, die ihrer Hilfe besonders bedurften: das war die elementare Natur selber, der sie sich mit großem Verständnis und inniger Liebe zuwandte. Hier geht es um die Elementarwesenheiten, die in Feuer, Licht, Luft und Wasser wirksam sind und regulierend in den Naturablauf eingreifen. Die mit solchen Fähigkeiten begabte Frau spricht mit Salamandern, Elfen, Undinen und Gnomen und stellt sich selbst in den Dienst des hohen Sonnenwesens, welches die elementare Welt regiert. In ihrer frommen Ergebenheit bietet die Gut-frau der Pflanzenwelt, besonders den ätherischen — formbildenden Kräften ihre eigene Tätigkeit an, die vom physischen her mit Hacke und Spaten, mit Kompostieren und Güssen getan werden mußte.

Die Gut-frau lief segnend durch die Fluren, ihr war der Burggarten anvertraut, und die Natur schien unter ihrer Obhut reicher und mehr hervorzubringen als je. Mit Neid blickten die Bäuerinnen im Dorf auf die Fülle der Kräuter und Blumen, die den Gutfrauen zu ziehen gelang. Ein gewaltiger Gegensatz zu den zerstörerischen Kräften in der Umwelt in einer Zeit, in der von kriegführenden Parteien ganze Ernten, Plantagen und Wälder zerstört wurden, um die Lebensader des Feindes zu treffen. —

Die Gut-frau verstand die Konservierung und Lagerung der Ernte. Sie backte das Brot, wirkte in Haus und Küche und war in der Wochenstube tätig, wo sie die Beschwernisse von Mutter und Kind lin-

[98]) Vergl. Lucienne Julien, Cahiers d'Etude Cathares 1976, 69 S. 34

derte. Eine tiefe Kenntnis der Natur, der Heilkräuter im besonderen, befähigten sie, Arzneien herzustellen, Schmerzen zu stillen, Wunden zu heilen, Krankheiten zu kurieren. Wie der Gut-mann entpuppte auch sie sich als Heilpraktikerin, die allgemein geschätzt wurde. Noch heute lebt in der französischen Sprache ein Ausdruck fort, der auf jene Fähigkeiten hinweist: „la remède de la bonne-femme" — was heute etwas verblaßt „Hausmittel" bedeutet. Von ihnen berichtet Lucienne Julien folgendes: Diese Mittel, die man bei uns auf dem Lande noch immer anwendet, werden aus Pflanzen hergestellt, die man unter Beachtung der Mondphasen oder der Sonnenbestrahlung sät und erntet. Und so wie der Grad ihrer Wirksamkeit davon abhängt, zu welcher Stunde sie gesammelt wurden, so spielen auch beim Verarbeiten jahreszeitliche Rhythmen eine Rolle — dieses Mittel muß zur Sonnenwende, jenes zur Tag- und Nachtgleiche eingenommen werden, und die Riten, die mit der Auswahl verbunden sind, die Anzahl der Blätter, der Blütenknospen, die man verwendet, wie lange der Herstellungsprozeß geht, wie lange man den Aufguß ziehen läßt — all das deutet darauf hin, daß diese Methoden von jenen Frauen stammen, die im 12. und 13. Jahrhundert im Einklang mit der Natur und den kosmischen Rhythmen lebten.

Zeremonien und Riten

Im Gegensatz zu dem reichen Naturerleben steht der Kultus, der bei den Katharern einen strengen Charakter hat und ganz ihrer einfachen Lebensweise entspricht. Im Vergleich zur römisch-katholischen Kirche, die ein reiches sakramentales Leben entfaltete und Liturgie und Kunst pflegte, erscheint der Kultus der Katharer primitiv und verkümmert. Ein weißes Linnen auf dem Tisch, das Evangelienbuch und einige Lichter, das war der spärliche Aufwand zugunsten einer Innerlichkeit, in der das wahre Licht leuchtete.

Trotzdem fühlte sich die Masse zum Katharismus hingezogen und besuchte oft unter großen Beschwernissen die Konventikel. Andächtig lauschten die *Auditores* (Hörer) der monotonen Predigt der „Reinen", die auf jegliches Pathos verzichteten, wenn sie nächtelang das

Johannesevangelium kommentierten. „Gläubige", die bereit waren, den Weg der Katharer zu beschreiten, begehrten das „Kleid" zu nehmen und stellten ihre Würdigkeit durch strenges Fasten und aufrichtige Buße unter Beweis. Am Tage der „Einkleidung" versammelte sich die Gemeinde und alle Verwandten und Freunde strömten herbei, um der Zeremonie beizuwohnen. Ein Parfait übergab das schwarzgraue Kleid dem Neuling, von dem die Gemeinde Übermenschliches an Mut, Ausdauer und Glaubenskraft erwartete. Mit anderen Eingekleideten zusammen bezogen junge Männer und Frauen ein Gemeinschaftshaus, von den Katholiken „domus haereticorum" genannt, in welchem sie eine gewisse Zeit verbrachten und mit Übungen begannen. Diese Häuser sind teils mit Schulen verbunden, teils mit Werkstätten, wo Schneidern, Spinnen und Weben gelehrt wurde, männliche Mitglieder wurden schon früh mit der Wanderpredigt vertraut gemacht.

Der pflichtenreiche Tag begann, wenn es die Helligkeit erlaubte, die Finger der Hand zu unterscheiden. Dann erhoben sich die Zöglinge vom Lager und wie bei den Essenern begrüßten sie mit einem Gebet den jungen Tag. Und schon pochte die Regel an die Tür: Wenn ihr euch ankleidet, wenn ihr euch an den Tisch setzt und etwas beginnt, so sprecht: „Segne Herr, Gott, Vater der guten Geister, und helfe uns bei allem Tun." Das Gebet des Herrn, das „Vater unser" ist den Zöglingen noch versagt bis zu dem Tag, an dem sie wahrhaft teilhaben an der Gerechtigkeit und Wahrheit.[99]) Handelt es sich um jüngere Eingekleidete, so erlernen sie einen Beruf, ein Handwerk bei einem Meister, wie es die Regel verlangt: Niemand soll vom „Bettel" leben. Einladungen bei bürgerlichen und adeligen Familien durften angenommen werden, doch lebten die jungen wie die alten Katharer in strenger Abstinenz und vermieden Tierisches und Wein.

Ein erstes Ritual stellt das *„melioramentum"* dar, die Verehrung der *Parfaits.* Mit einem dreimaligen Verneigen bekundet der Gläubige seine Ehrfurcht vor dem „Geweihten" und spricht die Worte: „Bittet Gott, daß er mich zu einem guten Christen mache und mir einen guten Tod gewähre." Der Bon-homme, sei er Ältester oder Parfait, segnete

[99]) Aussage von Pierre Mauri (Ariège) vor Jacques Fournier 1324, vergl. Carmen Ennesch, Les Cathares dans la cité, Paris 1969

alsdann den Gläubigen und antwortete: „Möge dich Gott zu einem guten Christen machen und dich zu einem guten Tod führen."

Ein weiteres Ritual ist das *„aparelhamentum"*, ein Buß- und Bettag, an dem die Gläubigen, sofern es der Einzelne wünschte, einmal im Monat teilnehmen konnten. Es war ein öffentliches Sündenbekenntnis vor der Gemeinde, in deren Namen die Lossprechung erfolgte. Angesichts der kirchlichen „Schlüsselgewalt" haben wir es hier mit einem vereinfachten Ritual zu tun, bei dem die *Sünde* einen völlig anderen Stellenwert hat, als im kirchlichen Ritual. Die persönliche Schuld tritt etwas zurück, da ja das Böse geistiger Natur ist und auch geistig überwunden werden muß. Nur das unmittelbare Erleben des Göttlichen, die Erfahrung und die daraus resultierende Wahrheitserkenntnis vermag vom Bösen zu entbinden. Der „Schlüssel" ist wirklich das Symbol der Sündenerkenntnis; denn nur die geöffnete Tür in die geistige Welt ermöglicht, diese Erkenntnis zu gewinnen. Deshalb konnte bei den Katharern — wie in der alten Kirche — die Beichte vor der Gemeinde abgelegt werden, weil nur die Gemeinschaft die Sünden des Einzelnen mittragen konnte.

Taufe und Abendmahl haben bei den Katharern jeglichen sakramentalen Charakter abgestreift; dennoch ist bei der Beurteilung Vorsicht geboten; denn diese heiligen Handlungen sind Teile des Einweihungsweges geworden und als Geheimnisse in tiefstes Schweigen gehüllt. Wenn wir uns vorstellen, daß sich viele Katharer in der Manas-Welt heimisch fühlen, daß sie geistig die Auferstehungs-Sphäre tangieren, werden wir ihnen beipflichten können, daß für sie die „Wassertaufe" und die „Speisung" mit Brot und Wein im alten Sinne an Bedeutung verloren haben; denn für die Fortgeschrittenen unter ihnen, die unmittelbaren Anteil haben am Auferstehungsleib des Herrn, bedarf es keiner „Verwandlung" von Brot und Wein, weil ihnen ja das himmlische Manna, das Geistselbst, zum Lebensspender geworden ist. *Wir stehen hier an der Geburtsstätte des heiligen Grals, dessen Speisungsgeheimnis von den Katharern als geistige Realität erlebt und praktiziert wurde,* lange bevor dieses Geschehen in epischer Form in den Gralsdichtungen dargestellt wurde.

Aus der „Gralsbelehrung", die Parzival am Karfreitag von dem Einsiedler Trevrizent zuteil wird, erfahren wir, daß der Gral, der die Hostie birgt, nicht von einem irdischen Priester geweiht ist. Sie wird unmittelbar aus den Weltenhöhen herein . . . empfangen[100]), was auch von niemanden bestritten wird; man hatte jedoch in dieser Tatsache einen heidnischen Charakterzug gesehen und kirchlicherseits dem „Gral" den gebührenden Platz im kirchlichen Raum verweigert. Was nun die Katharer betrifft, so war es nur eine Minderheit, der es gelang, dieses religiöse Neuland zu betreten. Aus diesem Grunde wurde den „Gläubigen" der großen Katharergemeinde ein *Sonderstatus* mit all den Freiheiten zugebilligt: sich in der römisch-katholischen Kirche taufen zu lassen und der Messe beizuwohnen. Freilich sollte dieser Zustand nur befristet sein, bis sie selbst einmal in der Lage wären, den Pfad der höheren Weihen zu beschreiten. Genau über diesen Gegenstand berichtet das Fragment des lateinischen Rituals von Florenz. Es heißt dort:

„Bildet euch nicht ein, daß ihr beim Empfang der Geisttaufe die andere Taufe verachten sollt, noch das, was ihr bis dahin darüber gesagt habt. Aber ihr sollt verstehen, daß es von Bedeutung ist, die heilige Geisttaufe zu bekommen als Ergänzung dessen, was nicht zu euerem Heil gereicht hätte."[101])

Es scheint, daß die Katharer in der katholischen Kirche eine Vorstufe sahen zu der Entwicklung, die zur Kirche Jesu Christi im Geiste führt. Im „Vater unser" ist vom „pain suprasubstantiel" die Rede, von einem Brot, das aus einer anderen Welt stammt.

Die Liberalität, den *credentes* und *auditores* gegenüber, ging noch viel weiter und drohte die Katharer in die größten Widersprüche zu verwickeln, besonders dann, wenn der Mehrzahl der Gläubigen erlaubt wurde, eine Ehe einzugehen, Kinder zu zeugen und gegen das Gebot der Enthaltsamkeit zu verstoßen.

Wir glauben, daß die Katharer nicht nur mit Nachsicht auf die Eheleute herabblickten, sondern sich der Notwendigkeit bewußt waren, den menschlichen Seelen nicht den Weg der Wiedergeburt zu versperren. Als Sünde würden die Katharer erst einen Rückfall seitens jener bezeichnen, die feierlich versprachen, ein keusches Leben zu

[100]) Vergl. Rudolf Meyer, Der Gral und seine Hüter S. 41 ff.

[101]) Déodat Roché, L'Initiation Cathare 1973/59/8

bewahren. Dieser Wortbruch würde eine schwerere Sünde sein, als der Akt des Fleisches an sich ist, obwohl er eine Erfindung des Teufels ist und zur Ordnung der Materie und des Bösen gehört. Was die modernen Forscher in Erstaunen setzt, ist die Nachsicht, mit welcher die Bons-hommes die Sünden betrachten, die von den Gläubigen begangen werden. Pater Dondaine schreibt im Vorwort zu dem Liber de duobus principiis: „Die Katharer tolerieren das gemeinsame Leben mit den einfachen Gläubigen, obwohl diese im Zustand der fortdauernden Sünde leben", und fügt hinzu, „wenn man eine Sache, die man für Sünde hält, nicht moralisch verdammt, ist das eine Abirrung." Man sieht, daß es Pater Dondaine darauf ankommt zu zeigen, daß die Katharer *Feinde der Ehe* sind und als solche eines der Fundamente der menschlichen Gesellschaft untergraben.

Déodat Roché weist dagegen nach, daß sich zwar die Toleranz der *Reinen* hinsichtlich der Fehltritte der Gläubigen auf die Ehe ausdehnte, daß sie jedoch den Ton auf *Ehebruch* legten und darunter alle Werke des Fleisches verstanden. Den einfachen Gläubigen überließen sie es, nach ihrer Weise zu leben und in der Konsequenz auch zu heiraten. Die Katharer lehnten die Heiligung der Ehe deshalb ab, weil sie die wahre Ehe in der Vereinigung der Seele mit dem höheren Ich sahen. Sie bekämpften nicht die bürgerliche Ehe und auch nicht die Familie. Indem sie eine christliche Gesellschaft vorbereiteten, erkannten sie die Notwendigkeit der Familie an, um den Seelen die Wiederverkörperung zu ermöglichen . . . bis zu ihrer Purifikation, sei es auch am Ende der irdischen Welt.[102])

Die katharischen Rituale sind Teile, welche die Consolation umschließen, denn die Tröstung selber bleibt als mystischer Vorgang unsichtbar. Zu Beginn des Noviziates steht die Feier der Einkleidung, in der Mitte, die feierliche Übergabe des Paters und am Ende des Schulungsweges ist es die sogenannte „Geist- oder Feuertaufe", der sich von Fall zu Fall eine Ordination anschließt. Die Geist- oder Feuertaufe ist eine Bestätigung dessen, was sich als höhere Erkenntnis ergeben hat, die den Täufling nach katharischer Auffassung zu einem vollkommenen Christen macht. Die Inquisitoren nannten es eine

[102]) Déodat Roché, Le Catharisme 1947 S. 39

„hérétication“, da der Täufling durch diesen Akt in seiner Irrlehre bestätigt würde. Zwei Exemplare dieses Rituals sind erhalten, das eine lateinische von Florenz[103]), das andere in Occitan, beglaubigt durch viele Aussagen vor dem Inquisitor in Lyon. Wir halten uns an das Ritual nach der Handschrift von Lyon[104]), von L. Cledat in das Französische übersetzt.

Die Geisttaufe, die vollzogen werden soll, setzt voraus, daß der Täufling in Abstinenz gelebt hat und die heilige Handlung begehrt. Während anwesende Bons-hommes das Vaterunser beten, wird der Tisch vorbereitet. Wenn das Linnen ausgebreitet ist und die Lichter entzündet sind, wird das Evangelienbuch auf den Tisch gelegt, und wieder macht ein bon-homme drei Verbeugungen vor dem Ältesten und sagt: *Benedicite parcite nobis* (Segne uns, habe Mitleid mit uns.) Der Täufling nimmt das Buch aus der Hand des Ältesten und macht sein *melhoirer* mit den Worten: „Bittet Gott, daß er mich zu einem guten Christen mache und mir einen guten Tod gewähre.“ Wie der Inquisitor Bernard Guy näher erläutert, wendet sich das melioramentum nicht an die Person des Parfait, sondern an den Heiligen Geist, der in ihm Wohnung genommen hat.

Der Älteste spricht nun folgende Worte:

Ihr wollt die Geisttaufe empfangen, durch welche der Heilige Geist gegeben wird in der Kirche Gottes, zusammen mit dem Heiligen Gebet (dem Pater), mit der Auflegung der Hände aller anwesenden Gutleute. Ihr wißt: Die heilige Taufe, wie wir sie durch Auflegen der Hände spenden, ist von Jesus Christus eingesetzt worden, gemäß dem, was Sankt Lukas berichtet, der erklärt, daß es seine Freunde so machen würden, wie es auch Sankt Markus berichtet (XVI. 18). Auch Ananias taufte Paulus (Apostelgeschichte IX. 17, 18), nachdem dieser gläubig geworden war. Und Petrus und Johannes machten es über den Samaritern, wie Lukas sagt (VIII. 14, 17): „Da legten sie die Hände auf sie, und sie empfingen den heiligen Geist.“ Die heilige Taufe, durch welche der heilige Geist gegeben wird, hat die Kirche Gottes seit den Aposteln bis jetzt bewahrt und sie ist gekommen von

[103]) R. Nelli, Ecritures cathares, Paris 1968
M. Roquebert, L'Epopée cathare, S. 103

[104]) Cahiers d'Etudes Chatares, Serie I No. 4

„bons-hommes“ zu „bons-hommes“ bis hierher und sie wird sie weiter spenden bis ans Ende der Welt. Und ihr sollt hören, daß der Kirche Gottes Macht gegeben ist, zu lösen und zu binden und die Sünden zu erlassen, wie es Christus im Johannesevangelium (XX. 21, 23) verheißt: Welchen ihr die Sünden erlasset, denen sind sie erlassen; und welchen ihr sie behaltet, denen sind sie behalten.

Der Älteste fuhr fort, über die Macht der Heilung und des Heils zu sprechen, über die Bedingungen der Reinheit und der Barmherzigkeit dieser Macht und über die Verpflichtung, die Gebote Gottes zu halten, und schloß mit den Worten: „Wenn ihr Gutes tut bis an das Ende, haben wir die Hoffnung, daß euere Seele das ewige Leben haben wird.“ —

Der Täufling spricht hierauf: „Ich habe diesen Willen, bittet Gott für mich, daß er mir von seiner Stärke gebe.“ Dann machte er zusammen mit einem Gutmann sein melhoirer vor dem Ältesten. Der Gutmann erhob seine Stimme und sprach: „Parcite nobis, gute Christen, wir bitten euch durch die Liebe Gottes, daß ihr unsern hier anwesenden Freund an diesem Gut, welches Gott euch gegeben hat, teilhaben läßt.“ Nach einem weiteren melioramentum sagte der Gläubige: „Parcite nobis, für alle Sünden, die ich tat, sagte, dachte oder bewirkt habe, bitte ich Gott, die Kirche und euch alle um Vergebung.“ Hierauf erwidern alle: „Durch Gott, durch uns und durch die Kirche soll euch vergeben sein, und wir bitten Gott, daß er euch verzeihe.“ Damit konnte die Taufe vollzogen werden. Der Älteste nahm das Buch und legte es dem Täufling auf den Kopf und jeder der anwesenden Gutleute legte die rechte Hand auf seine Schulter. Es folgten Dankgebete, ausklingend in die Worte gratia, de parcias et adoremus: Wir bitten um die Gnade Christi und um das Verzeihen der Fehler durch den Vater, den Sohn und den Heiligen Geist. Drei weitere Anrufungen folgten, dann sagte der Älteste in Latein:

„Heiliger Vater, empfange deinen Diener in der Gerechtigkeit und senke deine Gnade und deinen Heiligen Geist auf ihn.“

Hierauf machten sie Frieden unter sich und mit dem Buch. Der Älteste umarmt den neuen Christen, gibt ihm den Friedenskuß, und wenn es eine Frau war, berührte er mit dem Evangelium symbolisch ihre Schulter. Der neue Christ oder die Christin übermittelte den Kuß auf dieselbe Weise dem Nachbarn oder der Nachbarin und schließlich gaben sich alle Männer den Bruderkuß unter sich — und die Frauen auch.

Der Neugetaufte, dessen Seele einen hohen Grad von Reinheit und Geistigkeit erreicht hat, fühlte sich nach dieser langen Askese wieder auf die Erde gestellt und einer Gemeinschaft anheimgegeben, die ihre Kräfte aus der Tradition zieht. Nur entfernt erinnert er sich an die Augenblicke, wo er leibbefreit in der astralen Welt weilte. Den Kreis der Gutleute empfand er wie einen Schutzwall, der das reine und vollkommene Leben auf Erden verbürgte. Während die Gutleute ihre Hand auf seine Schulter legten, fühlte er die Bürde der Verpflichtung, die das Oben mit dem Unten verknüpfte. Ist nicht auch Christus herabgestiegen, um auf Erden ein neues Licht zu entzünden? So ist es seine Aufgabe, dem Parakleten den Weg zu bereiten. Die Weihe ermöglicht es ihm, weiterhin Augenblicke der Erleuchtung zu haben und wesenhafte Tröstung von ihm zu empfangen, die dieser kultische Handlung den Namen Consolamentum gegeben hat.

Das Vater-Unser

Keiner aus der Gemeinde der Gläubigen könnte Parfait werden, wenn er nicht schon lange vor seiner Geisttaufe das heilige Gebet, den „Pater" empfangen hätte. Die Übergabe des Paters bildet einen Höhepunkt in der Mitte des Noviziats, wenn die Schüler Treue und Zuverlässigkeit bewiesen haben. In einem feierlichen Ritual, das der Consolatio an Bedeutung kaum nachsteht, wird der Gläubige ermächtigt, den „Pater" selbst zu beten, was ihm als Neuling bis zu dieser Stunde versagt war. Zum erstenmal klingen die Worte des Paters an sein Ohr und ein inniges Verhältnis mit Gott dem Vater bahnt sich an. Es ist, wie wenn ein Vorhang vor dem Allerheiligsten weggezogen würde und der Blick in die höchsten Höhen schweifte, um die vatergöttliche Trinität zu erahnen.

Nicht *Eloah* ist der allgütige Vater, er ist die Hand des Vaters, die das jüdische Volk in das finstere Erdental führte. Die jungen

Christen versuchen mit Hilfe des Paters, die Zone des Gesetzes aufzulichten und in Innerlichkeit umzuwandeln.

Nicht zufällig heißt diese Zeremonie der Übergabe des Paters die *„Tradition"*, was besagt, daß sich die Katharer dessen voll bewußt sind, in dem Pater eine der wichtigsten Urkunden zu besitzen, zum zweiten, daß etwas Wesenhaftes übertragen wird, ein geistiges Gut, ein Gesetz, ein Wissen. — Es handelt sich im Grunde um die Sukzession einer Sache, deren Echtheit und Unverfälschtheit verbürgt ist. Wie die Geisttaufe und das Auflegen der Hand den Weg durch die Zeiten fand, so wurde auch der Pater von Bon-homme zu Bon-homme weitergegeben.

Hier ist die sehr bedeutsame Nahtstelle von Initiationserkenntnis, die der Zeit vorauseilt, und dem Traditionswissen, das seinen Weg durch die Generationen nimmt. Für die Katharer war es von Wichtigkeit, ihr eigenes Offenbarungsgut an die Tradition anzuknüpfen, wie umgekehrt für sie die christliche Tradition zur Orientierung unentbehrlich war.

Der Eingang der Zeremonie gleicht jener der Geisttaufe mit Tisch und Linnen, Leuchten und Evangelium — mit Gebeten und ehrfurchtvollen Verbeugungen vor jenen Männern und Frauen, die bereits zu Geistträgern geworden sind.

Hierauf erklärt der Älteste den Sinn ihres Tuns: Indem ihr vor den Söhnen Jesu-Christi erscheint, befestigt ihr den Glauben und die Verkündigung der Kirche Gottes, so wie es die heiligen Schriften gebieten. Ihr sollt verstehen, wenn ihr dieses heilige Gebet empfangen wollt, daß ihr alle euere Sünden bereuen und allen Menschen verzeihen müßt . . . Ihr müßt darin übereinstimmen, in euerem Herzen bereit zu sein, dieses heilige Gebet während der ganzen Zeit eueres Lebens zu bewahren und, wenn euch Gott die Gnade gibt, es gemäß der Gewohnheit der Kirche Gottes in Keuschheit und Wahrheit und mit allen anderen Tugenden, die Gott euch gebe, zu empfangen.

Ihr sollt auch verstehen, daß man Gott von ganzem Herzen lieben muß in Wahrheit, Milde, Demut, Barmherzigkeit, Keuschheit und in allen Tugenden . . . Gleichfalls sollt ihr verstehen, daß es notwendig ist, treu zu sein und loyal in weltlichen und geistigen Dingen, weil derjenige, der nicht in weltlichen Dingen treu ist, auch in spirituellen Dingen nicht treu sein wird. Wir würden nicht glauben, daß er gerettet werden würde.

Ihr müßt diesen Willen Gott darbringen, samt dem Versprechen, daß ihr niemals töten werdet, noch Ehebruch, Diebstahl, Raub begünstigen . . . und niemals wissentlich und freiwillig Tierisches essen werdet, sofern es die Kirche Jesu Christi ausdrücklich untersagte . . . Ebenfalls muß für die Gerechtigkeit Christi Hunger, Durst, Skandal, Verfolgung und Tod ertragen werden; und ihr müßt euch bewußt sein, daß ihr das alles für die Liebe zu Gott und für euer Heil ertragen werdet. —

So wurde den Neulingen — gleichsam symbolisch — das Vaterunser übergeben, das ihnen zur Richtschnur ihres Lebens dienen soll.

Dem lateinischen Ritual von Florenz ist ein *Commentar* des Paters beigefügt. Es fällt auf, daß das Alte Testament in starkem Maße zur Erklärung herangezogen wird, so daß mit Recht zu vermuten ist, daß ein Rabbiner an diesem Commentar mitgewirkt hat. Hier ein Ausschnitt:[105])

„Unser Vater" — — Diese beiden Worte stehen im Vocativ und meinen den Vater derjenigen, die allein gerettet werden.

„Der du bist in den Himmeln" — — um ihn vom Vater des Teufels zu unterscheiden.

„Geheiligt werde dein Name" — — durch den Namen Gottes vernimmt man das Gesetz Christi.

„Dein Reich komme" — — im Reiche Gottes muß man den Christus vernehmen, er sagte in der Tat: „Denn sehet, das Reich Gottes ist mitten in Euch" (Luk. 17, 21).

„Dein Wille geschehe auf Erden wie im Himmel" — — Dein Wille sei erfüllt in diesem Volk, das sich an die irdische Natur hängt, wie er sich auch erfüllt in dem oberen Reich, oder in Christus, der gesagt hat: „Ich bin nicht gekommen, um meinen Willen zu tun, sondern den Willen des, der mich gesandt hat, den Willen meines Vaters." (Joh. 6, 38).

[105]) R. Nelli, Paroles d'hérétiques S. 68

„Panem nostrum supersubstantialem da nobis hodie" — Im übersubstantiellen Brot hört man das Gesetz des Christus durch, das er allen Völkern gegeben hat. Man muß also glauben, daß dies das Brot ist, von dem Jesaia sprechen wollte, als er sagte: „In diesen Zeiten werden 7 Frauen um einen Mann streiten und werden zu ihm sagen: das ist unser Brot, das wir essen, und das sind unsere Kleider, für die wir selber sorgen, lasse uns nur deinen Namen tragen." (Jesaia 4, 1) Und auch David sagte: „Mein Herz, verbrannt wie das Gras, trocknet aus, weil ich vergaß mein Brot zu essen." Im Buch der Weisheit ist zu lesen: „Du hast deinem Volk die Speise der Engel gegeben; du hast ihnen Brot vom Himmel regnen lassen, zubereitet ohne Mühe, das in sich alles enthält, was es an Köstlichem gibt und angepaßt an jeden Geschmack." (Sag. XVI, 20, 21) „Denn deine köstliche Speise läßt die Milde zu deinen Kindern sichtbar werden und gemäß den Bedürfnissen verwandelt sich das Brot in das, was jeder einzelne braucht." — Und durch Jesaia hat der Herr selbst gesagt: „Teile dieses Brot mit dem, der Hunger hat, und laß die Armen, die nicht wissen wohin, in dein Haus eintreten; wenn du einen Nackten siehst, bekleide ihn und verachte nicht deinen Nächsten." (Jes. 58, 7) — Das ist jenes Brot, von dem Jeremia spricht in seinem Klagelied: „Die Kinder bitten um Brot und niemand gibt es ihnen." (Lam. 4, 4) — Im Johannesevangelium sagt Christus zu den Juden: „Wahrlich, wahrlich, ich sage euch: Moses hat euch nicht das Brot vom Himmel gegeben, sondern mein Vater hat euch das wirkliche Himmelsbrot gegeben. Denn das Brot Gottes kommt vom Himmel und gibt das Leben der Welt." Und nocheinmal: „Ich bin das lebendige Brot." (Joh. 6, 32, 33).

„Wahrlich, wahrlich, ich sage euch: Wer an mich glaubt, der hat das ewige Leben. Ich bin das Brot des Lebens, Euere Väter haben in der Wüste das Manna gegessen und sind gestorben. Aber hier ist das Brot, das vom Himmel herabgestiegen ist. Wer von diesem Brot ißt — *wenn einer meine Gebote hält* — wird ewig leben, und das Brot, das ich ihm geben werde, das ist mein Fleisch, das ich geben werde für das Leben der Welt — das heißt *für das Volk.*"

„Die Juden disputierten unter sich: Wie kann uns dieser sein Fleisch zu essen geben?" — was bedeutet, *wie kann uns der Christus sein Gesetz auferlegen:* sie ignorierten völlig die Göttlichkeit des Sohnes Gottes (Joh. 6, 47—56). Hierauf sagte Jesus: „Wahrlich, wahrlich, ich sage euch, wenn ihr nicht das Fleisch des Menschensohnes esset — das heißt, *wenn ihr nicht das Gesetz des Gottessohnes beachtet* — und nicht sein Blut trinkt — das heißt, *wenn ihr nicht den spirituellen Sinn des Neuen Testamentes empfangt* — werdet ihr nicht das Leben haben. Derjenige, der mein Fleisch ißt und mein Blut trinkt, hat das ewige Leben; und ich werde ihn wiedererwecken am letzten Tag. Denn mein Fleisch ist die rechte Speise, und mein Blut ist der rechte Trank." (Joh. 6, 53 ff.) — „Meine Speise ist, den Willen zu tun des, der mich gesandt hat und sein Werk zu vollenden." (Joh. 4, 34) — „Derjenige, der mein Fleisch ißt und mein Blut trinkt, bleibt in mir und ich in ihm." (Joh. 6, 56) —

Gewiß, die falschen Priester aßen nicht das Fleisch unseres Herrn Jesus-Christus, noch tranken sie sein Blut, weil sie nicht in ihm wohnten. Deshalb sagt Johannes im ersten Brief: „Wenn einer sein Wort verwirklicht, ist die Liebe Gottes vollkommen in ihm. Daran erkennen wir, daß wir in Gott sind. Derjenige, der sagt, daß er in Jesus-Christus wohnt, sollte auch wandeln wie Jesus-Christus gewandelt ist." (1. Joh. 2, 5, 6).

Weiter ist von diesem Brot im Matthäusevangelium im 26. Kapitel — so wie wir glauben — geschrieben: „Während sie aßen, nahm Jesus das Brot — das heißt *die Vorschriften des Gesetzes und der Propheten* — und segnete es — das heißt *lobte und befestigte sie* — brach es — das heißt *erklärte sie auf spirituelle Weise* — gab es seinen Jüngern — das heißt *lehrte sie, sie auf geistige Weise zu befolgen* — Und er sagte zu ihnen: Nehmet — das heißt: *lehrt sie* — esset — das heißt: *prediget sie allen.*"

Deshalb sagte er zu Johannes (Off. 10, 9): „Nimm das Buch und verschling es, es wird dich im Bauch grimmen, aber in deinem Munde wird es süß wie Honig sein . . . alsdann sagte mir der Engel: Du mußt weissagen vor den Völkern, vor Menschen mit anderer Sprache und vor vielen Königen." —

Das sind in Wahrheit die Gebote des Gesetzes und der Propheten, gehört und aufgenommen in einem spirituellen Sinn, und wir glauben, daß er dies mit diesen Worten angedeutet hat: Das ist mein Leib, oder mein Fleisch, um auszudrücken: *In ihnen bin ich, in ihnen wohne ich.* Deshalb lesen wir auch im 1. Brief an die Korinther (10, 16, 17): „Ist der gesegnete Kelch, den wir verehren, nicht die Gemeinschaft des Blutes Christi? Und das Brot, das wir brechen, ist das nicht die Teilhabe am Leib des Herrn? Weil es ein Brot ist, sind wir auch viele, sind wir doch ein Leib, da wir alle am gleichen Brot und am gleichen Kelch teilhaben." — Und das bedeutet: Wir nehmen im gleichen spirituellen Sinn teil am Gesetz, an den Propheten und am Neuen Testament. Ein anderes Zeugnis: „Denn das ist vom Herrn, was ich gelernt und euch gelehrt habe, daß der Herr Jesus, in der Nacht, in der er dem Tod ausgeliefert werden sollte, nahm das Brot, dankte, brach's und sprach: „Nehmet und esset, das ist mein Leib, der für euch gegeben wird" — das heißt: *diese geistigen Lehren der alten Schriften sind mein Leib, das ist für euch, damit sie dem Volk übermittelt werden,* „Tut dies zu meinem Gedächtnis." Desgleichen, nach dem Mahl, nahm er den Kelch und sprach: „Dieser Kelch ist der neue Bund, gesiegelt durch mein Blut. So oft ihr daraus trinkt, tut ihr es zu meinem Gedächtnis." (1. Kor. 11, 23 ff.) Soweit über das supersubstantielle Brot — —

Hier drängt sich die Frage auf, ob der Kommentator dieses Problem nicht zu sehr vereinfacht hat, oder diente die Allegorese *„Brot gleich Gesetz"* nicht einer bewußten Herauslösung der heiligen Handlung aus dem kirchlich-sakramentalen Zusammenhang?

Gewiß ist das Urgesetz als Ausdruck der Weisheit himmlischen Ursprungs und soll am Ende der Welt in verwandelter Gestalt als *Liebe* wieder hergestellt werden. Und ebenso gewiß ist, daß sich die Gesetzesfülle zum *Leib* Christi verdichtet hat, der geopfert wird, um jenseits des Todes neu zu erstehen. Wie jedoch der Einzelne seine Teilhabe erwirkt, ist nur durch eine radikale Verinnerlichung möglich. Nicht dadurch, daß dem *Volk* das alte Geistesgut überlassen wird, ist der Spiritualisierung Genüge getan, es kommt darauf an, daß jeder Einzelne durch sein Ich über eine moralische Ausstrahlungskraft verfügt, die an Stelle der alten Gesetzlichkeit tritt.

Rudolf Steiner erläutert das Abendmahlsgeschehen mit folgenden Worten: „Wie im Brot zusammen genommen ist alles dasjenige, was der Extrakt des Kosmos ist, so ist im Blute zusammen genommen alles dasjenige, was der Extrakt der menschlichen Natur und Wesenheit ist."[106]) —

Der Kommentator fährt fort: Es folgen noch die Worte:

„Gebe uns heute" — das heißt, in dieser Zeit der Gnade oder solange wir in dieser Welt sind. Gebe uns deine Stärke (vitutem tuam), damit wir das Gesetz deines Sohnes Jesu Christi vollenden können.

„Und vergib uns unsere Schulden" — das heißt: Rechne uns nicht die Sünden an, die wir in der Vergangenheit begangen haben. Uns, die wir doch von jetzt ab die Gebote deines Sohnes beachten wollen. — *„Wie wir sie vergeben wollen unseren Schuldigern"* — das heißt: wie wie wir sie jenen vergeben, die uns verfolgen und übeltun. — Der Kommentator übersieht, daß die Vergangenheit für die Katharer in frühere Inkarnationen zurückreicht. Eigentlich müßten sie beten: „Vergib uns unsere karmische Schuld, wie auch wir unsern Schuldigern helfen, ihre karmische Schuld zu tragen." —

„Und führe uns nicht in Versuchung" — das heißt, erlaube nicht länger, daß wir in Versuchung geführt werden, jetzt, wo wir Deinem Gesetz folgen wollen. Es gibt wahrhaftig eine *fleischliche* und eine *teuflische Versuchung*. Die teuflische Versuchung ist jene, die durch Einflüsterung des Teufels dem Herzen entspringt, wie Irrtum, unruhige Gedanken, Haß und andere ähnlichen Dinge. Die fleischliche Versuchung ist jene, die der menschlichen Natur entstammt, wie Hunger, Durst und Dinge ähnlicher Art: wir können ihnen nicht ausweichen. In der Fußnote heißt es: Die fleischliche Versuchung entspringt den Bedürfnissen des Körpers. Die Lüste sind natürlich und notwendig, wie die Epikureer sagen, aber sie sind schlecht, weil das Fleisch teuflisch ist.

„Sondern erlöse uns von dem Bösen" — das heißt, befreie uns vom Teufel und seinen Werken, denn er ist der Versucher der Gläubigen.

„Denn dein ist das Reich" — wie wir auch dein Volk sind,

„Und die Macht" — uns zu retten

„Und die Herrlichkeit" — Preis und Dank, daß du dies für dein Volk tust

„In den Zeitaltern" (Secula, im griechischen Text: Aiônas) das

[106]) Rudolf Steiner, Vortrag vom 16. April 1921, Einzelausgabe, Basel 1953

heißt, in den Zeiträumen der geistigen Sphären, der himmlischen Hierarchien.

„Amen" — das heißt ohne Fehl (unentwegt). —

Trotz des großen Umfangs der Katharerbewegung sind verhältnismäßig wenig Stoffe erhalten — wenn man von jenen absieht, die als Apokryphen, Legenden und Sagen den Katharern zugeschrieben werden — Stoffe, die unmittelbar das religiöse Volksempfinden vermitteln. Ein katharisches Gebet in langue d'oc scheint diese Lücke zu füllen. Es war im 13. Jahrhundert in der Grafschaft Foix weit verbreitet und hat sich bis in unsere Tage erhalten. Im Ariègetal konnten die Bauern noch manches ketzerische Gebet auswendig hersagen. Eine Frau, aus der Haute-Ariège erklärte: Meine Großmutter, die 1947 gestorben ist, sprach nicht französisch und so kannte sie auch nicht den Pater, wie ihn die Kirche lehrte. Sie sprach alle Gebete in Patois, so auch ein Angelus und das folgende Gebet, das die Enkelin bruchstückweise dem Volkskundler *Urbain Gibert* vortrug, der es nach Inquisitionsakten ergänzte und veröffentlichte:[107])

Heiliger Vater, gerechter Gott der guten Geister, du, der sich niemals täuscht, der nicht lügt, nicht irrt noch zweifelt (wir beten zu dir), in der Angst, daß wir den Tod in der Welt des fremden Gottes fänden (des bösen Prinzips) — weil wir nicht von dieser Welt sind und die Welt nicht von uns. — Lehre uns zu erkennen, was du erkennst, und zu lieben, was du liebst. —

Pharisäische Verführer, ihr versperrt das Tor zum Himmelreich und verhindert das Eintreten jener, die eintreten wollen, während ihr selbst nicht eintreten wollt; deshalb bitte ich den heiligen Vater der guten Geister, der die Macht hat die Seelen zu retten und der durch das Verdienst der guten Geister die Natur keimen und blühen läßt; und der wegen den Guten auch den Bösen das Leben gibt — und der schon lange dafür sorgt, daß es Gute gibt in dieser Welt, bis daß es keines meiner *Kleinen* geben wird, jener, die aus sieben Reichen kommen und einst vom Paradies herabgestiegen sind, als Luzifer sie unter dem Vorwand heruntergelockt hat, daß Gott sie täusche, indem

[107]) Urbain Gibert, Folklore 1967 No. 128, übernommen von Ed. Privat, Paroles d'hérétiques, 1968

er ihnen nur das Gute erlaubt hätte, während ihnen der Teufel in seiner Falschheit das Gute und das Böse zu tun versprach und sagte: daß er ihnen Frauen geben würde, die sie sehr lieben würden, daß er ihnen Herrschaft geben würde, der einen über die anderen und daß sie Könige, Grafen oder Kaiser sein würden, und daß sie mit einem Vogel andere fangen könnten und mit einem Tier andere Tiere.

Alle jene, die bereit wären, sich ihm zu unterwerfen, würden herabsteigen und die Macht haben, dort das Böse und das Gute zu tun wie Gott in der Höhe; und es wäre — wie der Teufel sagte — viel wertvoller für sie, unten zu sein um das Böse und das Gute tun zu können, während ihnen Gott oben nur das Gute erlaube.

Und alsbald stiegen sie auf einen Himmel aus Glas, und so hoch sie sich dort erhoben, so tief stürzten sie ab und kamen um; alsbald stieg Gott mit zwölf Aposteln vom Himmel herab und verschattete sich in der Jungfrau Maria. —

Der heilige Bezirk

Das Sabartez[108])

Am Fuße der Pyrenäen steigert sich die reizvolle Landschaft zu einer majestätischen Schönheit, die uns völlig in ihren Bann zieht. Wie ein Wächter liegt die alte Wehrkirche Notre-Dame de Sabart am Wege. Sie ruft Erinnerungen an Karl den Großen wach und gibt der von ihm errichteten Vogtei den Namen Sabartez. Das sich nach Osten weit öffnende Ariègetal besticht durch seine harmonische Gliederung von Berg und Tal, von Wald und Au, von lebendigem Wasser, das hoch bei Andorra entspringt, und einer erfrischenden Atmosphäre, in der sich Wolken türmen und wieder zerfließen. Erinnerungsträchtig wölbt sich die Ätheraura über diesem Land, aus welcher der keltische Volksgeist zu den Menschen sprach. Jahrhunderte hindurch verhalf er den

[108]) Oft auch Sabarthez

keltiberischen Volksstämmen zu einer Kultur, von der noch viele Spuren zeugen. Druidische Kultstätten, der lichten Gottheit Abellio geweiht, verbreiten ihre Heiligkeit selbst dann noch, als Generationen kamen und gingen und ihre Sitten einem raschen Wechsel unterworfen waren. Neue Heilige kamen ins Land, es waren priscillianische Christen, welche die keltischen Nachfahren zum Christentum bekehrten.[109]) Als die arabisch-maurische Invasion die Pyrenäen erreichte, wurden kostbare Reliquien nach Frankreich gebracht und in den Höhlen versteckt.

Um die Jahrtausendwende lockerten sich die völkischen Bindungen und eine neue Bewußtseinsentwicklung setzte ein, in der die Einzelpersönlichkeit eine größere Rolle spielte. Die gesamte Armutsbewegung nahm diesen Impuls auf. Wie im Norden war auch der Süden der Pyrenäen von vielen Eremiten bevölkert, die in dem zerklüfteten Bergland lebten und ein beschauliches Dasein führten. Ein wichtiges Zentrum war die Eremitage von *San Juan de la Peña* bei Huesca, von der man vermutet, daß die benediktinischen Eremiten, die dort hausten, schon früh eigene Wege gingen. San Juan de la Peña nahm schon deshalb eine Sonderstellung ein, weil dort eine Gralsschale als Reliquie verehrt wurde. Diese Schale, ein orientalischer Achat, von bläulichem Chalcedon und rötlichem Karneol durchzogen, soll schon im 3. Jahrhundert als Geschenk des Märtyrer-Papstes *Sixtus II.* nach Huesca gebracht worden sein. Vor dem Ansturm der Mauren hat man sie zu Beginn des 8. Jahrhunderts in die Berge von Hocharagon gebracht und an sicheren Orten versteckt.

Als im Jahre 920 *Galindo Aznárez II.*, Graf von Aragon, in die Sierra von San Juan de la Peña vorstieß, errichtete er über dem alten Ort der Einsiedelei ein Kloster mit einer Höhlenkirche, deren Krypta heute noch zu sehen ist. Über diesem Kloster erbaute im Jahre 1071 *Sancho Ramirez II.*, König von Aragon, unter Einbeziehung der alten Gebäude ein neues Kloster, in das ein neuer Geist einzog. Auf Verlangen Roms wurde der westgotisch-spanische Ritus[110]), der sich im Kalifat erhalten konnte, verboten. In diesem Jahrhundert wurde auch

[109]) Priscillian von Avila, 385 von Maximus mit dem Schwert hingerichtet

[110]) Später mozarabisch genannt

die Achatschale wieder nach San Juan de la Peña gebracht und als Reliquie verehrt, später zu einem Meßkelch umgearbeitet und beim Hochamt verwendet. 1399 kam der Kelch in die Königskapelle des historischen Palastes. Schließlich beendete er seine Reise im Domschatz der Kathedrale von Valencia.[111])

Durch die Klosterbauten sind die Verhältnisse in San Juan de la Peña so sehr verändert worden, daß sich die Eremiten entschlossen nach Norden auszuwandern und im Sabartez[112]) eine ähnliche Weihestätte zu begründen. Nicht nur der Katharismus, sondern auch die Gralsdichtung konnte in dieser eigenwilligen Frömmigkeit Wurzeln schlagen.

Man kann beim Studium dieser Geschichte sehr gut den übergeschichtlichen Kampf der Geister mitempfinden, der im stillen um die Gralsschale geführt wurde, um sie als Reliquie mit ihrer Wundertätigkeit und speisenden Wirkung zu erhalten — gegen eine Umwelt, die der Versuchung nicht widerstehen konnte, diese Reliquie als Meßkelch zu verwenden und sie ihres besonderen Fluidums zu berauben.

Kehren wir nach Sabartez zurück, das zu einem heiligen Bezirk geworden war und unter ritterlichem Schutz stand. Zu jener Zeit war das Wasser der Ariège durch eine Moräne bei Tarascon gestaut und bildete einen See, dessen Wasserspiegel bis an die Höhlen von Ussat und Fontanet heranreichte. Nur auf Booten war der heilige Bezirk zu erschließen. Die Eremiten, die bislang der benediktinischen Regel folgten, gelangten zu Erkenntnissen, die sie über die Grenzen, die dem Mystiker von der Kirche gesetzt waren, weit hinausführten. Nicht aus der Tradition heraus erwuchs ihnen die Gewißheit des inneren Lichtes; sie verdanken es der persönlichen Erfahrung, die ihnen zuteil wurde und an der sie festhielten. Ganz schicksalhaft wurde ihnen das Sabartez zum Lebenspfad, der sie zum Quellort reicher Erkenntnisse führte. Von hier zogen sie hinaus, um als Bonhomme zu predigen und ein Beispiel katharischer Lebensweise zu geben. Hierher kehrten sie wieder zurück, wenn sich der Lebensweg mit ihrem Karma kreuzte, um den Tod in den Sieg zu verwandeln.

[111]) El Monasterio de San Juan de la Peña, Editorial Everest 1975

[112]) Oft auch Sabarthez

Für dieses Ende, sofern es das historische Ende des Katharismus in Occitanien bedeutet, zeugt Lombrives, die größte Höhle des Sabartez, die im Jahr 1330 zum Grab des Katharismus wurde: als die letzten Gutleute — 510 an der Zahl — lebend eingemauert wurden. Auf die Höhlenwand hat ein unbekannter Franzose einige Zeilen geschrieben:

Den Priestern gewidmet! Was ist Gott?
Weit entfernt, über dieses höchste Sein zu entscheiden,
Verharren wir — verehrend — in tiefer Stille. —
Das Mysterium ist ungeheuer und der Geist so verwirrt.
Um zu sagen, was er ist, muß man sein, was Er ist.

Diese erregenden Zeilen hat Otto Rahn zu folgendem Weihespruch zusammengefaßt:

Was ist Gott?
Die wir hierher kamen,
Schweigen wir still,
Nennen wir nicht seinen Namen.
Wer sagen will
Wer er ist, muß sein
Der Er ist! —

Der Vergleich beider Versionen ist aufschlußreich. Wir sind dem Franzosen dankbar, daß er die Jahreszahl 1850 hinzugefügt hat und zu erkennen gibt, daß nach der „Aufklärung" die „Zweifel" kommen. Das Mysterium ist ungeheuer, der Geist verwirrt — wahrlich, man müßte ein Gott sein. —

Otto Rahn, der Deutsche, fühlt sich dem Katharismus verbunden. Er bringt das platonische Gesetz zur Geltung, daß Gleiches nur Gleiches erkennt. Niemand kann sich über das Maß der Selbsterkenntnis hinaus erheben, es sei denn, daß sie durch ihre eigene Erfahrung ins Unendliche wächst. Das jedoch ist genau der Sinn der Einweihung. —

Von Lombrives schweift der Blick hinüber zu dem Massiv Ramploques, auf der rechten Seite der Ariège, das wie ein Schwamm durchlöchert ist und drei Höhlensysteme aufweist. Die Katharer sprachen von drei Gleysos (Kirchen). Die erste wird von der Grotte von Ussat gebildet, welche die sogenannte Kapelle und die obere Kirche mit umfaßt. Die zweite Kirche ist in der Hauptsache die Grotte Hermite, und die dritte ist die Spulga von Ornolac, der ein Kastell vorgebaut war wie an Mauerresten zu erkennen ist. Durch die mystische Pforte gelangt man zur Grotte Bethlehem, die ein besonderer Weiheraum gewesen sein soll. Weiter talaufwärts kommt man zu der Höhle von Fontanet, die sehr verzweigt und wasserreich ist. Otto Rahn hat sie zusammen mit Antonin Gadal erforscht und bezeichnet sie als die gefährlichste und geheimnisvollste aller Ariègehöhlen. In ihr befinden sich phokäische, phönizische und ägäische Grabkammern, die mit dem Symbol einer in den Fels gemeißelten Schildkröte (Tarask) gezeichnet sind. Ihr gegenüber ist die Höhle von Bouan, die ebenfalls zu einer Festung ausgebaut war und schwer zugänglich ist. Sie riegelt den heiligen Bezirk gegen Osten ab.

Wenn man von dem starken Verkehr auf der Landstraße gänzlich absieht und die Ohren verschließt, kann man einen Eindruck des heiligen Geschehens gewinnen, das sich hier in aller Stille vollzog:

Nur selten kommen die Eremiten an die Oberfläche ihrer Behausung und steigen hinab zu den warmen Quellen von Ussat, um die Füße zu netzen oder an der Küche ein karges Mahl in Empfang zu nehmen, vorausgesetzt, daß jene Felsspalten nicht nur deshalb mit dem Namen Cuisines bezeichnet werden, weil ihnen am Morgen weiße Dämpfe entsteigen. Zu den schwarzen huschenden Gestalten gesellt sich von Zeit zu Zeit einer der Ritter, die im Dienste der Barone von Verdun stehen und in den kleinen Kastellen hausen. Oberlehensherr der unterirdischen Paläste ist nach wie vor der Graf von Foix, der sie dem König von Aragon streitig macht. Späterhin besiedeln auch Templer, die von Montréalp-de-Sos herüberkamen, diese Gegend. Schmiedeiserne Kreuze bezeugen es: wir haben ein solches auf der Friedhofsmauer von Ussat-haut entdeckt. Der Ort *Les Cabannes,* der vor uns liegt, weist darauf hin, daß viele Katharer in kleinen Steinhäuschen (cabannes) wohnen, die (damals) in großer Zahl das Ariègetal säumen.

Auf einem steilen Kegel überragt das *Schloß Lordat* das Tal, das an Breite gewinnt. Es gehört zum Flankenschutz des Montségur, der das Ziel aller Parfaits ist. Über das Dorf Lordat erreichen wir die *Route des Corniches,* die in 700 m Höhe über dem Tal aufwärts führt und am *Col de Chioula* den höchsten Punkt (1450 m) erreicht. Von hier aus genießt man die herrlichste Aussicht auf die Pyrenäen und das Tal der Ariège, das man bis Tarascon überblicken kann. Jetzt ist auch der Blick frei auf den Pic du Saint Barthelemy (2348 m) und auf die andern Gipfel der Taborberge, die als besondere Region gelten, in welcher die Katharer ihre Lichterscheinungen gehabt haben.

Die Zusammenschau dieser gewaltigen Kontraste — dort die unterirdischen Schlünde und Abgründe, die finsteren und engen Zellen im harten Gestein, in welchen die frommen Büßer beten und meditieren — und hier oben die gleißende Helle, von Wolken und Schneefeldern tausendfach reflektiert — macht doch deutlich, daß es sich um eine allgewaltige Polarität handelt, die in der Natur wirksam ist. Diese Gegensätze geben dem menschlichen Geist jenen Elan, die Tiefen seines Innenseins auszuloten oder aufzusteigen auf Bergeshöhen und hinauszublicken in den unendlichen Weltenraum.

Wie schon in alten Zeiten machen sich auch die Katharer diese Kontraste zunutze und gehen den Weg zu „Ätherhöhen und Bergestiefen“ mit einem kundigen Führer, der Trevrizent genannt wird. Es ist durchaus möglich, daß ein solcher Führer aus königlichem Geschlecht — wie es Otto Rahn andeutet — der Führer Parzivals gewesen ist, und es bedeutet keinen Widerspruch, wenn dieser Trevrizent auf andere Weise lehrt und Mantel, Brücke, Fisch und Kahn seinen Weg markieren, der zum gleichen Ziel führt; denn Trevrizent ist Ketzer und beobachtet die Gebote der Katharer. In seiner Klause, nahe der Fontane la Salvasche, bereitet er seine Schüler für die Ewigkeit vor. Nicht weit von dieser Stätte ist die Höhle Fontanet, in deren entlegenstem Saal ein weißer Tropfstein steht: der Altar. — Wir räumen gerne ein, daß in der Zeit der hohen Minne sehr wohl ein „Schrein“ dort stehen mochte, ein Reliquiar, das jene achatne Schale umhüllte, die heute in Valencia zu sehen ist. —

Über das Einweihungsgeschehen schweigen die Akten der Inquisitoren; nur den Schwingen der moralischen Phantasie können wir vertrauen, wenn der Geistesforscher behutsam das Geheimnis lüftet. An vielen Stellen seines Werkes gibt Rudolf Steiner Hinweise, die auch für die Einweihungsweise des 12. und 13. Jh. von Bedeutung sind. Es zeigte sich, *wie nah sich der Tröstergeist herabgesenkt hatte auf die Erde, und wie weit ihm eine aufgeschlossene Laienschaft entgegenging:* „wie die Zahl jener Menschen wuchs, die den Drang nach höherem Wissen verspürten, nach einer Verbindung mit der geistigen Welt, man kann schon sagen, nach einer Begegnung mit den Göttern . . . und es war eine tiefe Schicksalsfügung, wenn solch ein strebsamer Mensch seinen Lehrer fand . . ."

Der Lehrer führte ihn hinauf auf einen hohen Berg, um das Gemüt ganz den Natureindrücken zu öffnen. Dem Schüler erschien es nach einiger Zeit, als würde er aus schweren Träumen erwachen. Plötzlich sah er sich seiner eigenen Jugend gegenüber, die in der Gestalt eines Knaben vor ihm stand. Es war sein Zwillingsgefährte, den er längst aus den Augen verloren hatte, obwohl er ihn überallhin begleitete.

„Und ein Gespräch konnte stattfinden, das der Lehrer führte, das aber eigentlich stattfand zwischen dem Schüler und seinem jungen Selbst . . . Und gerade dadurch, daß dieser Austausch stattfindet, wird ein solches Gespräch ganz besonders fruchtbar . . . es führte dazu, daß der Schüler lernte, die religiöse Offenbarung zu verstehen."

Die zweite Phase der Unterweisung verlief in der folgenden Art. Der Lehrer führte seinen Schüler in eine Höhle, in tiefe Bergesklüfte, so daß der Schüler mit dem Lehrer in der Erdentiefe war. Wieder hatte der Schüler das Erlebnis, aus tiefen Träumen zu erwachen. Durch besondere Redeführung konnte der Lehrer dieses Verbundensein mit den Erdentiefen ins Bewußtsein des Schülers hereinbringen: „Aus einer Wand kam jetzt dem Schüler ein Greis entgegen, der ihn erschreckte. Er fühlte sich selbst um Jahre gealtert. Und nun entspann sich ein ähnliches Gespräch zwischen dem Schüler und seinem eigenen älteren Selbst . . ."[113])

Im Verlauf des Gesprächs begann in dem Schüler ein Bewußtsein aufzusteigen von seiner eigenen physischen Organisation. „Er fühlte sein Blut in sich kreisen, er begleitete die Blutäderchen, die Nervenstränge, und die einzelnen Organe fühlte er in ihrer sinnvollen Bedeutung für den gesamten Organismus . . . Er fühlte in sich herein-

[113]) Rudolf Steiner, Mysterienstätten des Mittelalters . . . S. 182 ff. GA Nr. 233

wirken das Blühende und Wurzelhafte in den Pflanzen, das Mineralische in dem Erdboden in seinen Wirkungen im menschlichen Organismus. Er fühlte in den Erdentiefen die Kräfte der Erde selber, in Organisation gebracht, in seinem eigenen Wesen zirkulierend, schaffen, sich umwandeln, Substanzen vernichten und gestalten. Er fühlte das Schaffen und Weben der Erde in sich selber."

Der Lehrer schloß die Unterweisung mit den Worten: „Wenn es dir gelingt, mit dem Lichte, das deine Seele vom Berge geholt hat, zu beleuchten dasjenige, was deine Seele empfunden hat in der Erde Höhlenklüften, dann wirst du zur Weisheit gelangen ..."

Bei all diesen Übungen dürfen wir voraussetzen, daß dem Schüler unendlich viel Zeit zur Verfügung steht und daß auch der Lehrer die nötige Geduld aufbringt. Trotz dem Prinzip der kleinen Schritte wächst die zu erbringende Leistung ins Riesenhafte, und in der Regel gelang es dem Schüler, das Wissen und die Impulse aus den höheren Welten herunterzuholen.

In anderen Vorträgen beleuchtet Rudolf Steiner die Innenseite der Einweihung mit ihren dramatischen Phasen, die höchste Anforderungen an die passiven Kräfte der Seele stellen. Denn damals war, wie auch noch heute, „der Gang in die höheren Welten mit dem Ertragen gewisser Leiden und Schmerzen verknüpft, mit ganz besonderen Erlebnissen, die bestürzend und revolutionierend in das Leben des Menschen eingreifen können, und zu denen man erst besonders reif gemacht werden muß."[114])

So werden wir mit vier Stufen bekannt gemacht, die an folgende okkulte Begriffe geknüpft sind:

I. Das Stehen vor dem Abgrund (Erlebnis des Todes)
II. Das Bekanntwerden mit dem Leben der elementaren Welt
III. Das Schauen der Sonne um Mitternacht
IV. Die Begegnung mit den oberen und unteren Göttern

Je mehr der Schüler fühlt, daß er Neuland betritt und in ein gewisses unbekanntes Gebiet wandern muß, desto deutlicher empfindet er Furcht und Unbehagen. Diese Furcht muß meditativ überwunden

[114]) Die Mysterien des Morgenlandes und des Christentums S. 14 GA Nr. 144

werden. In den alten Mysterien hat man den Schüler unvorbereitet hingeführt vor seine eigenen Seelenhintergründe und hat den dadurch erzeugten Schock zur Lockerung seines Seinsgefüges ausgenutzt. Von dieser harten Prozedur, durch die der Schüler unter Umständen bis an den Rand des Wahnsinns gebracht wurde, ist im 12. Jahrhundert nur ein Rest geblieben. Die Zöglinge der Schule von Sabartez wurden von einer sanften Hand geleitet, aber auch ihnen konnte nicht erspart bleiben, was noch immer als das „Herandringen bis an die Schwelle des Todes" bezeichnet werden kann.

Um hier zu bestehen, muß der Schüler über hohe moralische Eigenschaften verfügen, zu denen Mut und Furchtlosigkeit zu rechnen sind. Indem er innerlich erstarkt, drängt sich ihm das Erlebnis auf: „Du bist ganz allein in der Welt". Dieses Einsamkeitsgefühl wird immer stärker und stärker, und der Schüler hat das Gefühl, dem Nichts gegenüber zu stehen. „Alles Materie-Sein ist wie ins unbestimmte Nichts verschwunden."[115]) „Und das ist das Eigentümliche, daß von diesem einen Erlebnis aus in der Seele eine ganz neue Welt erstehen kann und wirklich auch bei dem Initiierten erstehen muß." Der Schüler beginnt auf schöpferische Weise die Welt mit seiner eigenen Wesenheit zu durchdringen, Kräfte aus sich selbst herauszuspinnen, um so etwas wie Organe zu bilden. Diese Organe stellt der Myste den höheren Welten zur Verfügung, damit sie „hindurchkriechen" und er ihnen gegenübertreten und sie erkennen kann.

Es handelt sich hier um übersinnliche Wahrnehmungsprozesse, die reziprok verlaufen. Hier unten werden wir ohne unser Zutun von der Außenwelt beeindruckt, dort oben müssen wir die eigene Substanz hingeben, um damit eine Brücke über den Abgrund zu bauen.

Auf der zweiten Stufe bewirkt „der Durchgang durch die elementare Welt, daß der Schüler zu einer unterschiedslosen Einheit mit der ganzen Welt zusammenwächst." Wenn ein Eingeweihter dieser Stufe in die irdische Welt zurückkehrt, fühlt er sich in seinem Verhältnis zur Natur sehr verändert. Mit dem Natürlichen erfaßt sein Blick zugleich das Kosmische. Er lernt die Wirkung des Lichts auf das Wachstum der Pflanzenwelt kennen, ebenso den Einfluß des Mondes auf

[115]) Die Mysterien des Morgenlandes . . . S. 19 ff., GA Nr. 144

die Witterung und die Gezeiten, kurz alles, was im Dienste des Lebens wichtige Aufgaben erfüllt. Durch diese Erfahrungen gelangt die Sonne gleichsam in den Zenith alles Geschehens, und der Mensch lernt mit Notwendigkeit sprechen von seinem „Ich"; denn wie die Sonne zur Pflanze, so gehört sein Ich zum physischen Leib und zum Ätherleib. Damit ist ein drittes Stufenerlebnis angesprochen, das in allen Mysterien einen gewissen Höhepunkt darstellt: Das *„Erleben des Sonnenhaften im eigenen Ich als eine Sonnenkraft, die auf den physischen Leib und den Ätherleib herabscheint."* Wenn der Myste schlafend um die Mitternacht geistig die Sonne schaute und sich mit den Kräften der Sonne vereinigt fühlte, wurde dies mit dem okkulten Ausdruck als das „Schauen der Sonne um Mitternacht" umschrieben.[116])

Die vierte Stufe, die der Myste erreicht, ist das „Stehen vor den oberen und unteren Göttern." Es ist ein Stehen vor unteren Göttern, wenn man diejenigen Kräfte wahrnimmt, die alles regieren, was sich auf die menschliche Leiblichkeit bezieht, die im Schlafe als physischer Leib und Ätherleib zurückbleibt. Bei allen jenen Kräften, die mit dem innersten Wesen des Menschen zu tun haben, mit dem Ich und dem astralischen Leib, haben wir es mit den oberen Göttern zu tun. Es handelt sich also um jene Kräfte, die durch die verschiedenen Inkarnationen hindurchgehen, die am stärksten dem Karma unterworfen sind. —

Mit dem Aufstieg vom Sinnenschein zum Geistsein wächst die Verantwortung für die eigene „Schuld", es wächst der Wille, eine Versöhnung mit dem Karma herbeizuführen. Die vornehmste Aufgabe ist für den Mysten die Erziehung des eigenen Selbstes, das Leermachen von allem Egoismus und das Erwecken des Mitgefühls für alles Menschliche. Christus will den wahren Besitz des Ichs für jeden Menschen vermitteln und bringt dadurch im eminentesten Sinne das Karmagesetz zum Ausdruck. Die Karma-Idee bedeutet nichts geringeres, als daß sich kein Mensch zum Richter aufwerfe über das Innerste eines anderen Menschen.[117]) „Solange ein Mensch über den anderen richtet, solange stellt er den anderen unter den Zwang des

[116]) Vergl. Die Mysterien des Morgenlandes . . . S. 42, 43, 61, GA Nr. 144

[117]) Rudolf Steiner, Das Johannes-Evangelium, GA Nr. 103

eigenen Ichs.“ Das „Ich bin“, als wahres inneres Christentum gesprochen, bejaht das Karma und führt den Ausgleich herbei. —

Durch die Einweihung mußte der Katharer ein karmabewußter Mensch werden. Er erinnerte sich auf dieser Stufe seiner Vergangenheit und blickte selbst durch frühere Inkarnationen hindurch. Er erkannte, aufgrund welcher Impulse und Konsequenzen er diesen Weg beschritten hatte, dem er bis hierher in Treue und Hingabe folgte. Sein geöffnetes Auge blickte aber auch in die nahe Zukunft, wo er Opferfeuer lodern sah und das Sterben seiner Brüder und Schwestern.

Wie der Eingeweihte dem Karma unterliegt, tun es auch Kirchen, religiöse Gruppen und Mächte. Ein Rhythmus waltet in dem Schicksalsgeschehen, das bald der Empfindung des Herzens — bald den Vorstellungen des Verstandes freie Entfaltung gewährt. Der Eingeweihte fügt sich dem Konzil der Götter, das beschlossen hat, die allerorts herandrängende Gedankenmacht heraufzuführen und die Gefühlskraft des Herzens zurückzudrängen. Als unzeitgemäße Spiritualisten mußten die Katharer mit dem Vernichtungswahn ihrer Feinde rechnen und so lernten sie früh, dem Tod ins Auge zu sehen. —

Hierbei diente ihnen die karmische Einsicht und die Gewißheit, daß sich im Verbrennen und Vergehen des physischen Leibes im Geistigen ein Entgegengesetztes vollzieht: „dort zeigt sich das Entstehen eines geistigen Bewußtseins; denn physische Auflösung ist geistige Geburt.“ Einem Phönix gleich steigt der Reine aus der Asche empor, um im Schoße der allgütigen Gottheit zu warten, bis ein neuer Tag zu neuen Taten ruft.[118])

Als Totgeweihte, aber wesenhaft getröstet in ihrer Seele, kehren die Katharer in den Alltag zurück, um vom Walten des guten Gottes zu zeugen. — Diesen Eindruck gewinnen wir durchaus, wenn wir sie mit unserem inneren Auge verfolgen, wie sie die hohe Schule von Ornolac verlassen — zwei und zwei — ausziehen aus dem Sabartez, langsam höher und höher steigen, am Pic de Saint-Barthelemy vorbei in das Gebiet der Ulmen, in deren Wipfel sich einst der Schleier der trauernden Isis verfing.

Eine kleine Anekdote charakterisiert die hoffnungsfrohe Stimmung

[118]) Rudolf Steiner, Das Johannes-Evangelium, GA Nr. 103

in dieser Zeit. Im Jahre 1206 kamen drei Männer über die Brücke bei Tarascon und wanderten gemeinsam zum Schloß Verdun. Der Bürger von Garanou en Ariège fragte die Parfaits: Glaubt ihr, daß Gott den sichtbaren Himmel und die sichtbare Erde gemacht hat? Die beiden Parfaits verneinten dies und präzisierten, daß sie an jenen Gott glauben, der den neuen Himmel und die neue Erde macht. —

Schöner und zuversichtlicher konnte der katharische Glaube nicht zum Ausdruck gebracht werden.[119]) Diese Frage hat die Katharer schon immer bewegt und ist auch der Inhalt du *traité cathare* (13. Jahrh.). Dort heißt es: Es handelt sich nicht um den Schöpfer dieses Himmels, den wir sehen, noch um die sichtbare Erde und das Meer, sondern um jenen Schöpfer, von dem Johannes in der Apokalypse spricht: „Ich habe einen neuen Himmel und eine neue Erde gesehen" (Apok. 21, 1), wovon weiter gesagt wird: „Wir erwarten seinem Versprechen gemäß den neuen Himmel und die neue Erde, in der die Gerechtigkeit wohnen wird." (2. Petr. 3, 13) und „Ich werde den neuen Himmel und die neue Erde hervorbringen" (Jes. 65, 17). Viele beschäftigen sich nicht mit der neuen Schöpfung, weil sie es illusionistisch und verwerflich halten vom Standpunkt der gegenwärtigen bösen Welt aus, die aus dem Nichts kommt und in das Nichts zurückkehren wird. Deshalb sagen wir, daß es in Wahrheit eine andere Welt gibt und andere unbestechliche Kreaturen, in die wir unsere Hoffnung und unseren Glauben setzen.[120])

Der Montségur

Zu jener Zeit (1204) hatte man auf dem „pog" begonnen, über der alten römischen Ruine ein neues Schloß zu bauen. Als Initiator des Unternehmens kann man den jungen Baron Raymond de Péreille betrachten, der, auf Roquefixade geboren, den Montségur zu Lehen hatte. Er war mit dem Katharismus sehr verbunden, denn Fournière du Péreille, seine Mutter war Parfaite. Durch seine Frau Corba war er

[119]) M. Roquebert II. S. 106

[120]) Cahiers d'Etudes Cathares 1962 N. 13 S. 23 ff.

mit der mächtigen Familie Unaud verbunden, die sich mutig vor Toulouse geschlagen hat. Seine Tochter Philippa war mit Pierre-Roger de Mirepoix (le Jeune) verheiratet. Seine jüngere Tochter Esclarmonde (II.) war Parfaite. Man kann verstehen, daß der Adel den Wünschen führender Katharer gerne entgegenkam, die ihre Motive und Pläne sowohl dem Lehensträger als auch dem Oberlehensherrn, dem Grafen von Foix, unterbreitet hatten. Gerade über die Beweggründe, die zu diesem Bau geführt haben, ist viel gerätselt worden; denn das Schloß wurde — abgesehen von dem an sich schwer zugänglichen Felsschroffen — nicht als Festung gebaut. Die Ruine macht heute noch den Eindruck, völlig neutralen Zwecken gedient zu haben. Die Lage der Katharer war im Jahre 1204 — trotz des generellen Kirchenbanns — keineswegs so gespannt, daß man sich für den Bau einer Festung hätte entscheiden müssen. Es lag deshalb nahe, den Neubau zu einem Tempel des Lichts zu erklären, wenn dies nicht dem bescheidenen Wesen der Katharer widersprochen hätte. Trotz der zahlreichen Hypothesen, die aufgestellt wurden, ziehen wir es vor, selbst zu versuchen, die wahren Absichten der Erbauer zu ergründen.

Wenn wir die geographische Lage des Montségur betrachten, so fällt auf, daß sein Gipfel am deutlichsten jene Straße markiert, die schon Antonin Gadal als die Straße der Katharer bezeichnet hatte. Auf dieser Straße wanderten die Novizen nach Süden, und als Parfaits kehrten sie aus dem Sabartez wieder zurück. Der Montségur flankiert die Route gerade dort, wo sie unsicher und schwer begehbar wurde. Felsschluchten und Sturzbäche versperrten den Pilgern den Weg. Nördlich von Lavelanet dagegen zeigte sich das Land, le pays d'Olmes, wieder von seiner schönsten Seite. Man überblickt Péreille-bas und Péreille-haut mit seinem Schloß Roquefixade. Schaut man zurück, erkennt man in 8 km Entfernung die markante Silhouette des Montségur. Die Karte belehrt uns, daß die Straße im ganzen gesehen eine Gerade bildet, die vom Pic de Saint Barthelemy aus nach Mirepoix führt, das damals ein katharischer Hauptsitz war. Es gab dort ein Haus der Parfaits, und sein bedeutender Coseigneur, Pierre-Roger de Mirepoix (le vieux), hatte zu den Katharern ein gutes Verhältnis. Seinem Sohn Pierre-Roger (le jeune) wurde schon bald nach der Fertigstellung des Schlosses der Schutz des Montségurs übertragen, und nachdem sein Vater einem Attentat zum Opfer gefallen war, wurde er selbst Herr von Montségur.

Von Mirepoix aus wurden die initiierten Katharer zu ihrer zukünftigen Wirkungsstätte weitergeleitet. Auch Fanjeaux war eine wichtige Etappe dieser Straße, ein kleiner befestigter Ort, der durch die Ordinierung von Esclarmonde (I) de Foix Bedeutung erlangte. Der berühmteste Parfait führte dort ein gastlich offenes Haus: Es war Guilhabert de Castres (1193—1241), der nachmalige Katharerbischof von Toulouse. Auch sein Bruder Isarn de Castres und die beiden Schwestern waren bedeutende Ketzerpersönlichkeiten. Im Jahr 1215 kommt Esclarmonde, die Schwester des Grafen von Foix erstmals auf den Montségur. Man sagt zwar, Frauen hätten keinen Zutritt zur katharischen Hierarchie — aber die Legende, die Esclarmonde zur Erzdiakonissin erhebt, ist schwer zu widerlegen. Wie schon Otto Rahn vermutete, gehört Esclarmondes Gestalt gleichzeitig der Geschichte, Dichtung und Sage an. Sie ist Herrin von Montségur, Titania und Repanse de Schoye zugleich.

Wenn wir in Rechnung stellen, daß die Parfaits sich ihres besonderen Schicksals bewußt waren, so darf man annehmen, daß ihnen der Montségur als ein idealer Baugrund erschien:

> um dort einen dauernden Wohnsitz für solche Parfaits zu schaffen, die durch besondere Gaben und Fähigkeiten einen unermeßlichen Wert für den Katharismus darstellten und deshalb auch entsprechend geschützt werden mußten.

Die Katharer waren sich auch klar darüber, daß eine kleine ordensartige Gemeinde auf dem Pog ihr Wesen haben sollte. Dieser Gedanke wurde durch den Bau einer Eremitage realisiert. Was in den letzten Jahren im NW des Wohnturms an Fundamenten und Treppen von Archäologen ausgegraben wurde, läßt den Schluß zu, daß dort — unter Ausnützung von drei Terrassen des Geländes[121]) — eine stattliche Anzahl von Cabanes (Steinhütten) gebaut worden war und zwar so, daß jeweils das flachgehaltene Steindach einer Stufe mit der folgenden Terrasse zusammenging und diese verbreiterte. Zwischen

[121]) Karte von Fernand Niel, der erstmals die drei Terrassen erwähnt

den Hütten befanden sich Treppen und am nördlichen Ende eine Zisterne. Die Bauweise könnte etwas enger gewesen sein als auf dem beigefügten Bild aus der Vogelschau,[122]) auch die Größenverhältnisse sind schwer zu ermitteln. Diese Rekonstruktion soll nur eine Anregung besonders für die fleißigen Archäologen sein, in dieser Richtung weiter zu forschen. Der Pog wird im Lauf der Zeit noch manches Geheimnis freigeben. Überall, wo auf dem Rücken des Gebirges Treppenreste angetroffen werden, dürften auch Eremitagen gewesen sein.

Das friedliche Bild der glücklichen Henne und der zahlreichen Kücken unter ihren Fittichen beschwört das Katharertum im besten Sinne herauf, und es liegt nahe, daß in diesem Idyll auch ein starker Anstoß zur Parzivaldichtung gesehen werden kann.

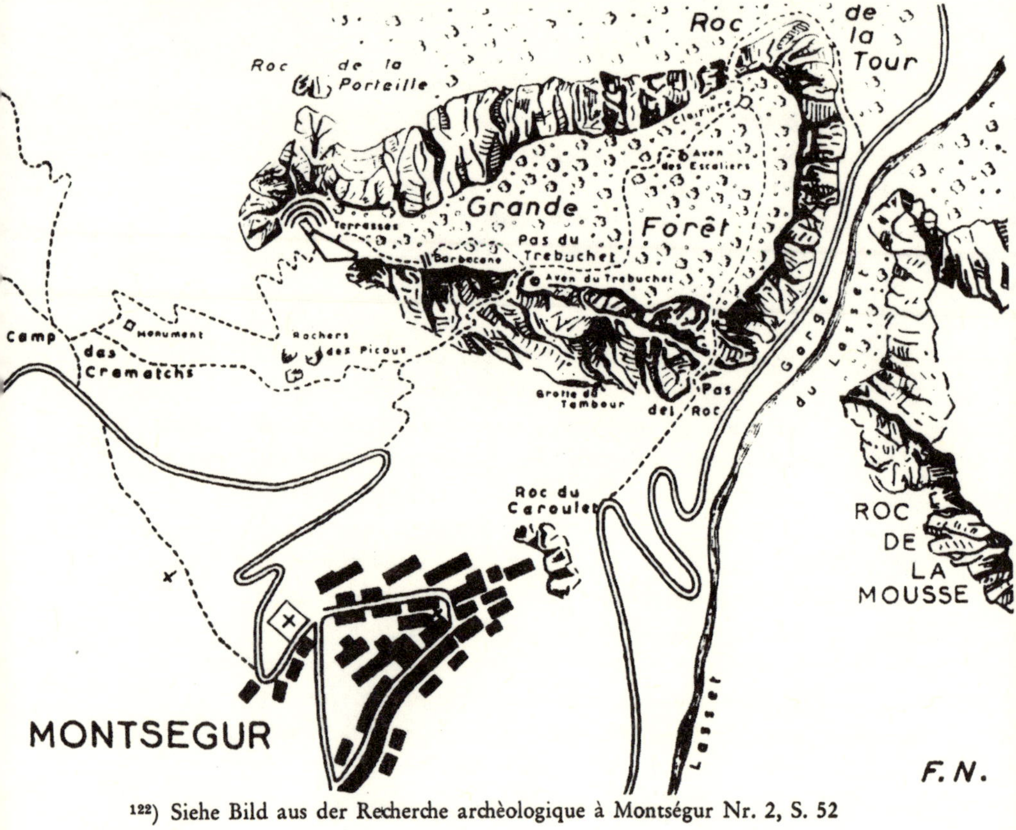

122) Siehe Bild aus der Recherche archèologique à Montségur Nr. 2, S. 52

Mit dem Bau des Schlosses wurde die freie Bauhütte beauftragt, die alsbald mit Plänen hervortrat. Danach haben wir es mit einem einfachen Wohnturm zu tun, der als Residenz der Parfaits dienen sollte, während die eigentliche Schloßwache im Hof der Burg untergebracht wurde. Dieser, ein langgezogenes Pentagon, war mit einer schmucklosen 7 m hohen Mauer umgeben. Die kurze Ostmauer war verstärkt und trug eine Altane, die als astronomisches Observatorium diente und wahrscheinlich überdacht war. Alle Versuche, diesen Aufbau zu rekonstruieren, haben zu keiner befriedigenden Lösung geführt. Eindeutig ist jedoch, daß der Bau des Schlosses friedlichen Absichten entsprang und in seiner Ausgestaltung der katharischen Einfachheit entsprach.

Obwohl die Inquisitionsakten voll von Namen sind, die mit dem Montségur in Zusammenhang stehen, gibt es aus der ersten Zeit des neuen Schlosses wenig zu berichten. Als Raymond de Péreille im Jahre 1244 von dem Inquisitor verhört wurde, war seine Erinnerung schon verblaßt. Erst das Jahr 1209 bringt Einzelheiten und Namen von Parfaits und Croyants, die eine kürzere oder längere Zeit auf dem Montségur verbrachten. Die bedeutendste Persönlichkeit war der Parfait Guilhabert de Castres, damals fils majeur von Gaucelin, dem Katharerbischof von Toulouse. Ihm folgten Aude, Gaia und Isarn, Bernard de Fanjeaux, Pierre de Saint-Michel, Fabrissa und Gauzion de Villeneuve. Von nun an riß der Strom der Besucher nicht mehr ab. Als im Jahre 1209 der Kreuzzug gegen die Katharer mit großer Heftigkeit begann, versuchte Raymond de Péreille den Montségur auf einen besseren Stand der Verteidigung zu bringen. Das Schloß war dem Flüchtlingsstrom in keiner Weise gewachsen und verlor daher an Bedeutung. Erst 1232 wurde im Osten des Schlosses das Vorwerk Barbacane gebaut. Somit war es eine kurze Epoche, die den Katharismus auf dem Höhepunkt seiner Entfaltung zeigte, in einer Zeit als hunderte von Pilger aus nah und fern an die Pforte klopften und den Segen der geweihten Katharer erbaten. Der Montségur schien ausersehen zu sein, ein wirklicher Weiheort zu werden.

Was lange Zeit verborgen blieb — und erst durch Fernand Niel entdeckt, errechnet und publiziert wurde (Montségur, la montagne inspirée, Paris 1954) — war die Tatsache, daß der Montségur eine bevorzugte Lage einnahm und in einzigartiger Weise dem Firmament zugeordnet war. Es ist mit Sicherheit anzunehmen, daß schon die einfache Cella des Jupitertempels, die ehemals den Poc krönte, in richtiger Weise geortet war. In den frühen Bauhütten, die das ganze Mittelalter hindurch für das Bauwesen zuständig waren, wurden solche Raumgesetze, die dem Kosmos abgelauscht waren, als Geheimnisse gehütet. Für die Meister war das Bauen ein sakraler Akt, der im Rahmen des Salomonischen Tempelbaus (worunter der kosmische Mensch zu verstehen ist), seinen Stellenwert hatte. Nichts an diesem Bauwerk ist dem Zufall überlassen, alle Linien sind Systemen unterworfen und enden in bestimmten Kraftfeldern des Raumes, die als Tierkreis zu einem alles umfassenden Kräfteleib verbunden sind. Hier knüpft der Architekt an, wenn er Maße und Winkel errechnet und bestimmte Konstellationen seinem Werk zugrunde legt.[123]) So offenbart sich das Schloß Montségur als ein großartiges Kalendarium, das alle Vorgänge des Himmels nicht nur registriert, sondern den Gang der Sonne das ganze Jahr hindurch, vor allem an Sonnenwenden und Tag- und Nacht-Gleichen zur unmittelbaren Anschauung bringt.

In jüngster Zeit hat der Deutsche Hans Waltenberg, — Ingenieur wie Fernand Niel — Berechnungen und Messungen angestellt, die tief in die vorwaltenden Geheimnisse hineinführen. Am Planetarium in Wien verglich Hans Waltenberg Sternkonstellationen über größere Zeiträume hinweg und kam zu interessanten Ergebnissen. Um nur ein Beispiel zu nennen:

Der schicksalsträchtige 12. März 1204, das Datum der Grundsteinlegung auf dem Montségur und der 14. März 1244, die letzte Tröstung vor dem Flammentod, sind beidemal Tage des Äquinoktiums. Der 12. März 1204 ist außerdem der letze Tag, an welchem alle Planeten einschließlich der Sonne im Zeichen der Fische versammelt sind. Am 14. März 1244 dagegen weist die Konjunktion von Jupiter und Saturn in Opposition zur Sonne auf das Phönixprinzip — auf das Geheimnis von Tod und Auferstehung hin.[124])

[123]) F. Niel, Montségur, temples et fortresses des Cathares, Grenoble

[124]) Cahiers d'Etudes Cathares 1976/72/43

Hans Waltenberg schreibt zu diesen Beobachtungen:

„Die Bauleute wußten um die Übereinstimmung der geistigen Welt mit den Menschen, und sie konnten aus den Bewegungen der Sterne die Geheimnisse des Universums entziffern. Man sah in den architektonischen Details des Schlosses, daß die Konstruktion Antwort gibt auf astronomische Gegebenheiten. Die Katharer wußten, daß die Kenntnis des planetarischen Systems die Kenntnis der menschlichen Seele vermittelt; in der Bewegung der Planeten fanden sie den Reflex der eigenen Seele, und indem sie die Welt der Fixsterne studierten, drangen sie in die Geheimnisse des eigenen Ichs ein.

Weil das Datum der Grundsteinlegung des Schlosses nicht bekannt war, suchten wir in den Konstellationen des Jahres 1204 und bemerkten sogleich die besondere Bedeutung des 12. März, dem Datum, an welchem sich alle Planeten im Zeichen der Fische zusammenfanden. Mit Recht schloß man aus dieser Tatsache, daß die Kraft und die Fruchtbarkeit der Fische gerade zu diesem Zeitpunkt wirksam sein

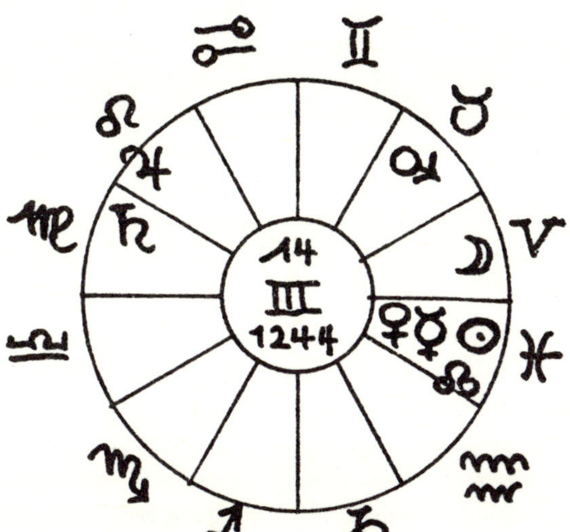

Date de la remise

konnten. Die Fische also kündigten das Ereignis an und wiesen auf die Vereinigung der irdischen und geistigen Welt hin ... Der 14. März 1244 war nahe dem Osterfest, das in diesem Jahr auf den 3. April fiel.

Dieser 14. März war ein Montag: Am Morgenhimmel leuchtete der Merkur, und es war Neumond. Der Saturn befand sich in Opposition zur Sonne in den Fischen zusammen mit Merkur und Venus. Ein Zeichen, das wiederum den Tod bedeutet ..."

Hans Waltenberg hat ferner festgestellt, daß am Montségur keine Linie und kein Winkel dem Zufall unterworfen bleibt, das heißt, daß der Bau bis ins letzte durchgeometrisiert ist und überall Dreiecksverhältnisse der Cheopspyramide zur Erscheinung kommen. Auch dieser Hinweis berührt uns seltsam und die Frage liegt nahe: Diente dieses steinerne Schiff, das hier am Montségur strandete, nicht doch als Einweihungsgrab, das wie die Barke Salomos die Seelen nach Avalon entführte?

Dem mittelalterlichen Bauhüttenwesen hat Rudolf Steiner mehrere Vorträge gewidmet, die zum Zyklus 42 vereinigt worden sind. Dort erfahren wir, daß es sich um okkulte Bruderschaften handelt, die überall zu finden waren und wesentlich zur Geistigkeit dieser Epoche beigetragen haben. Kein geringerer, als der erhabene Baumeister der Welt ist der oberste Lehrmeister der maurerischen Bruderschaften, die demzufolge über ein Urwissen verfügen, das sie symbolisch verschlüsselt durch die Zeiten tragen. Das letzte, was den Menschen auf diese Weise zugeflossen ist, das ist die Geometrie, die ganz im Unterbewußten schlummert und durch die Werkleute heraufgeholt wird und am Firmament gesucht und gefunden wird.[125])

Das ganze Universum schaffender Mächte geometrisiert und gibt in Runen und Bildern einen höchsten Willen kund. Das ist, was Plato gemeint hat, als er den ungeheueren Ausdruck gebraucht: „Gott geometrisiert fortwährend". — Dieses Mitfühlen mit den Linien des Raumes heißt: „Den lebendigen Geist geometrisieren fühlen." Und das Hereinholen dieser Linien und Winkel in irdische Verhältnisse heißt bauen! Mit behauenen Steinen füllen sich die Formen und werden als Tempel zum Bild der Götter.[126])

[125]) R. Steiner, Gegenwärtiges und Vergangenes ... GA Nr. 167

[126]) R. Steiner, Das Johannesevangelium, GA Nr. 103

Wir können an dieser Schicksalsoffenbarung, die durch das Zusammenspiel einer uralten Tradition, wie sie die Bauhütte darstellt, und der verhältnismäßig jungen Katharerinitiation zustandekam, nicht vorbeigehen; denn der Todesschatten, der über dem Katharertum waltet, ist sichtbar geworden. Ihn zu beschwören gehört zum Hauptsymbol dieser Baugenossenschaft. Gewöhnlich pflegt man dort den Tod des *Hiram* darzustellen, der als Baumeister des Königs Salomo am Tempel gebaut hat und von eigenen Bauleuten ermordet worden ist.

Er wird begraben und verweilt im Grab — —

„Man will durch dieses Symbolum in einer eindringlicheren Weise

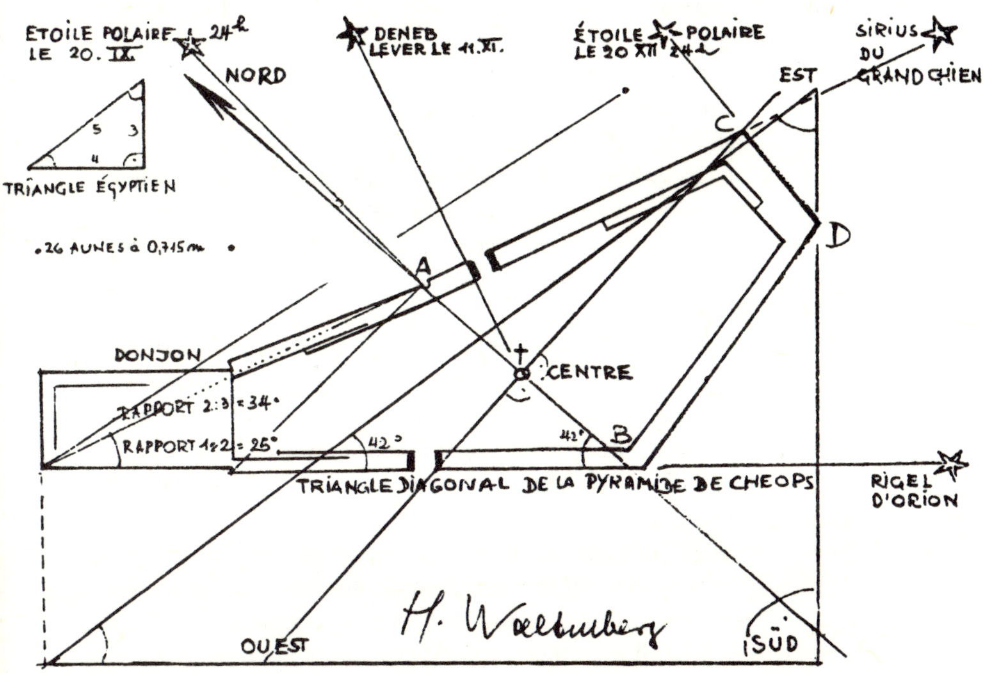

zur Seele den Unsterblichkeitsgedanken tragen, als dies durch Theorien möglich ist."[127])

Der Ostergedanke, der hier mühsam geboren wird, ist den Katharern längst zum Lebenselexier geworden. Hierin wird das Spannungsverhältnis von Bauhütte und Katharertum sichtbar. Man sollte nicht versuchen, das eine mit dem anderen zu vermischen, wie es vielfach geschieht, wenn auch der Montségur in seinem Gefüge ganz Ausdruck des Katharerschicksals ist.

Die Inquisition

Gut vierzig Jahre konnte der Montségur als Leuchtturm des Katharismus seine Aufgabe erfüllen — auf die politische Entwicklung hatte er keinen Einfluß; hier waren andere Kräfte wirksam.

Drei Phasen des Vernichtungskrieges zeichnen sich ab:

zuerst der Kreuzzug, 1209—1216, der — was die Ketzerbekämpfung betrifft — nur Teilerfolge brachte —

zweitens der Feldzug 1216—1229, der Eroberungscharakter hatte und zur Einigung Frankreichs führte,

drittens die Ketzervernichtung 1229—1250, die ganz im Zeichen der Inquisition den Katharismus zum Erliegen brachte.

Es ist ein Irrtum zu glauben, die Inquisition habe von Anfang an gewütet, jeder Scheiterhaufen sei im Prinzip ihr Werk; denn immer waren Legaten Roms, Bischöfe, Prälaten und Mönche beteiligt, die die Ketzer der Vernichtung preisgaben. Dem ist nicht so, denn bislang hatte man sich auf das Anklageverfahren beschränkt, wie es die Kirchenrechtler nennen, das heißt, man wartete ab, bis die Häretiker angezeigt wurden, um gegen sie vorzugehen. Erst nach dem Vertrag von Meaux 1229 wurde die Unterdrückung der Ketzerei rücksichtslos vorangetrieben, wie es dem Rachegeist der Königin-Witwe Blanche von Kastilien und ihrem Seneschall entsprach. Durch eine entsprechende Verordnung vom Jahre 1229 wurde den Prälaten die Verant-

[127]) Rudolf Steiner, Gegenwärtiges und Vergangenes ... GA Nr. 167

wortung der Ketzerbekämpfung entzogen und dem französischen Adel auferlegt. Barone und Beamte des Königs sind von nun an verpflichtet: die Erde von den Häretikern und von der Verderbnis der Häresie zu reinigen. Im Namen des Königs, das ist das Neue, wurde befohlen, den Ketzern nachzuspüren, sie ausfindig zu machen und zu verurteilen.

Die weltliche Autorität sah sich freilich bei diesem Geschäft überfordert, denn letzlich waren geistige Entscheidungen zu treffen. Deshalb wandte sich Gregor IX. mit seinem Schreiben vom April 1233 an die Dominikaner, die sich für diese Aufgaben als besonders prädestiniert erwiesen. In diesem Schritt muß von Rechts wegen der Geburtsakt der Inquisition gesehen werden. *Pierre Cella* und *Guillaume Arnaud* wurden zu Inquisitoren bestimmt, in die Hände dieser beiden Mönche war das Schicksal tausender Menschen gelegt, die von jetzt ab — ihres rechtlichen Schutzes beraubt — gejagt, gefoltert und verbrannt wurden. Eine Beule des geistigen Terrors war damit aufgebrochen: die Inquisition beherrschte für Jahrhunderte die zivilisierte Welt!

Es sei an dieser Stelle daran erinnert, daß Dominikus 1221 gestorben ist und deshalb für diese Entwicklung nicht verantwortlich gemacht werden kann, wenngleich die taktische Art der Anpassung an die Armut der Katharer jenen Zweifel nicht verstummen läßt, daß Dominikus doch der Inquisition Tribut geleistet hat, indem er mit der Waffe des Feindes kämpfte.

Das große Heer der Helfershelfer der Katharer entwickelte seinerseits Abwehrmethoden gegen die Inquisition und überzog das Land mit einem geheimen Nachrichtennetz. Man wußte genau, wo man sich verstecken und wo man Hilfe erwarten konnte. In dieser Zeit sahen sich die Katharer und ihre Beschützer gezwungen mit Zahlungsmitteln zu operieren und geheime Depots anzulegen, um die Masse der Bedrängten versorgen zu können. In diesem Gebot der Stunde wurzeln die Gerüchte über die geheimen Schätze der Katharer, die da und dort versteckt waren, Schätze, die sich mit der Zeit in Gold und Silber verwandelten und eine mysteriöse Berühmtheit erlangten.

Trotz der großen Gefahr, in der jeder einzelne steckte, fanden sich noch immer Ritter und Faydits, die bereit waren, Einsätze gegen die königlichen Truppen zu wagen. Doch bald konzentrierte sich die Wut auf die Inquisitoren, die ihres Lebens nicht mehr sicher waren. Ihre Ankunft in einem Katharerort verbreitete Schrecken, nicht nur unter den Katharern, sondern auch unter den Katholiken, die zum Spitzeldienst genötigt wurden. Der Inquisitor hatte seine eigene Strategie, er begann mit einer öffentlichen Predigt und gewährte eine Gnadenfrist von einer Woche. Die Denunziation wurde mächtig aufgeheizt und schlimmste Drohungen ausgestoßen. Dann wurden einzelne vorgeladen und verhört, die Selektion begann und die Gefängnisse füllten sich.

Einer der schlimmsten Inquisitoren im Norden war *Robert le Bougre* (der Schuft), im Süden stand ihm *Rainer Sacconi* nicht nach, der als Großinquisitor für die Lombardei seine Verhöre protokollierte und später als *Summa de Catharis et Pauperibus de Lugduno* veröffentlichte. Beide Inquisitoren waren früher Gutmänner und sind Dominikaner-Mönche geworden. *Petrus Martyr* (angeblich von Katharern ermordet) bekehrte Rainer Sacconi im Jahre 1245, nachdem er 17 Jahre bei den Katharern war. Es ist nicht neu in der Ketzergeschichte, daß gescheiterte Initiationen zur gefährlichen Gegnerschaft führten. Die hierbei entstehenden Ressentiments sind nicht beizulegen. Da jedoch über die Initiationsweise so gut wie nichts bekannt wurde, ist anzunehmen, daß die Charakterschwäche des Kandidaten frühzeitig erkannt und die Einweihung vorzeitig abgebrochen wurde.

In dieser Epoche entstanden antikatharische Schriften in großer Zahl: darunter die „Summa adversus Catharos et Waldensis“ (1241) von *Moneta* aus Cremona und die anonyme „Summa contra Catharos“ (1250). Auffallend ist, daß der Franziskaner *Jakob Apellis* in seiner „Summa contra haereticos“ (1250) mit Hochachtung von der Moral der Katharer spricht. Es folgt noch das Predigtbuch von Stefan de Bourbon (1260), das die Waldenser betrifft. Aus diesen Schriften gehen schon bald die typischen inquisitorischen Handbücher hervor, eine Entwicklung, die im Hexenhammer endet.

Eigenartige Stilblüten werden kolportiert: Es gäbe keinen schöneren Tod als durch das Feuer, wie in den Inquisitionsakten zu lesen ist.[128])

[128]) Vergl. Arno Borst S. 14, 22, 133 J. H. Randell, The Making of the Modern Mind

Das Brennen sei eine Liebestat gegen die gefährdeten Seelen.[128a]). Andere dagegen erklären, daß die Grausamkeit der Inquisitoren durch nichts zu rechtfertigen ist und daß der alttestamentliche Rache- und Strafgeist keine Sublimierung erfahren hatte und der bestimmende Faktor in der mittelalterlichen Kirche blieb. Man müsse zu begreifen versuchen, meint Leopold von Ranke, daß die Inquisition zu den „wahren Äußerungen des Geistes der Epoche gehört." —

Sicher ist, daß echte Parfaits nicht wankten und freudig in den Tod gingen. Sie konnten es tun, weil sie das Schwellenerlebnis bereits mehrfach praktiziert hatten und dem Tod auf vielfache Weise ins Auge blickten. Erstaunlich ist, daß auch Gläubige eine Standhaftigkeit an den Tag legten, zu der sie in keiner Weise verpflichtet waren. In solchen Fällen ist anzunehmen, daß das Martyrium, das sich allmählich zum Exzeß steigerte, eine Lockerung der Leibesglieder hervorrief und die Gläubigen zum Opfergang befähigte.

Im übrigen muß auch festgestellt werden, daß mit der Gewöhnung an die Schrecken der Folter ein untermenschlicher Haß gegen die Inquisitoren erzeugt wurde, so daß man verstehen kann, wenn außer Volksaufständen auch der ritterliche Adel sich zu Mord und Totschlag bereit zeigte, obwohl gerade er mit hohen Strafen und mit Einziehung seiner Güter rechnen mußte. Als im Jahr 1235 in Toulouse bekannte Persönlichkeiten vor das Tribunal geladen wurden, fanden sie den Grafen und die Konsuln auf ihrer Seite. Es kam zum Handgemenge, das Dominikanerkloster wurde gestürmt und die Mönche aus der Stadt vertrieben. Der Inquisitor Guillaume Arnaud flüchtete nach Carcassonne.

Der heilige Stuhl zeigte sich Ereignissen dieser Art gegenüber unentschlossen. Der Papst schrieb bald an die Inquisitoren, bald an den Grafen von Toulouse und ermahnte jene zur Mäßigung und erinnerte den Grafen an seine Pflichten, wie sie ihm aus dem Vertrag von Meaux erwachsen. So war Toulouse noch immer das Bollwerk der Ketzerei, kein Zweifel, daß in seinem Vorfeld die Entscheidung fallen mußte.

[128a]) Vergl. Arno Borst S. 14, 22, 133 J. H. Randell, The Making of the Modern Mind

Trotz der Unbill der Zeit führten die Katharer auf dem Montségur ein ruhiges und geregeltes Leben, vertieft in ihre Religion und unter dem Schutz der Ritter, die immer in größerer Zahl zugegen waren. So blieb es bis zum Jahre 1242.

In diesem Jahr plante *Raymond VII.* einen Aufstand gegen Frankreich, um seine Selbständigkeit wieder zu erringen. Im geheimen hatte er sich mit dem König *Heinrich III.* von England, mit den Königen von Kastilien und Aragon und mit dem Grafen de la Marche verbündet und wartete auf eine günstige Gelegenheit, *Louis IX.* von Frankreich anzugreifen. Diese Saat schien jetzt aufzugehen. Eine Agitationswelle ging durch den Midi und erreichte auch den Montségur, wo sich mehrere Ritter, die vor zwei Jahren am Aufstand Trencavels beteiligt waren, versteckt hielten. Erst kürzlich hatte Raymond VII. seinen Neffen und Schwager *Raymond von Alfaro,* der ihm treu ergeben war, zum Kommandanten von *Avignonet* ernannt. Als bekannt wurde, daß das Inquisitionstribunal in Avignonet zu tagen beabsichtige, geriet diese kleine Stadt (westlich von Castelnaudary) plötzlich in das grelle Licht der Weltgeschichte.

Der Bote Raymonds d'Alfaro meldete, daß das Inquisitionstribunal, von Sorèze kommend, wo es grausam wütete, am 28. Mai in Avignonet eintreffen würde. Um jeden Preis müsse man, das war Herrn Alfaros Meinung, aus einer solchen Gelegenheit Nutzen ziehen. *Pierre-Roger de Mirepoix* und *Raymond de Pereille* hatten das sehr schnell begriffen, denn auch sie hatten Rechnungen mit dem Inquisitor *Guillaume Arnaud* zu begleichen, hatte er doch im Jahre 1237 Mitglieder ihrer Familie exkommuniziert. In aller Eile wurde eine Strafexpedition vorbereitet, die vielen als zu aufwendig erschien; denn — nach dem späteren Verhör Arnaud-Rogers über dieses Dètail — wurde ausgesagt, daß sein Bruder Pierre-Roger den Mördern viel Geld versprach, Geld, das von den Parfaits bereitgestellt wurde! Das ist ein typischer Inquisitionstrick, den Katharern diese Politik in die Schuhe zu schieben, als ob sie den Mord finanziert hätten. —

Und dennoch: welche merkwürdige Verkettung, daß den Rittern von Montségur dieser schicksalschwere Einsatz abgenötigt wurde.

Am Vorabend von Himmelfahrt traf das Tribunal in Avignonet ein. An der Spitze ritt der gefürchtete Guillaume Arnaud, Inquisitor des Landes Toulouse, flankiert von Dominikanermönchen; ihm folgte der Franziskaner-Inquisitor Saint Thibéry mit seinem Begleiter Raymon Carbonne; ferner gehörte der Erzdiakon von Lézat und sein Schreiber Bernard mit einigen Gehilfen zum Gefolge. Auffallend war bei allem, daß Raymond Alfaro die Gäste in Avignonet mit freundlicher Miene empfing, sie im Namen Raymonds VII. herzlich begrüßte und mit aller Höflichkeit in den Seitenflügel des Schlosses geleitete, wo die Herren das Quartier fanden. Offenbar reisten die Inquisitoren ohne militärischen Schutz — oder war es Raymond d'Alfaros eigene Palastwache, die den Schutz übernahm?

Avignonet ist weit, 40 km vom Montségur entfernt, man mußte sich beeilen. Vor Eintritt der Dunkelheit verließen die Ritter das Schloß, holten im Dorf die Pferde aus den Ställen und machten sich auf den Weg. An der Spitze ritten Pierre-Roger de Mirepoix mit seinem Bruder Arnaud-Roger, Berenger de Lavelanet, gefolgt von den Brüdern von Puivert, den Brüdern von Rabat und vielen anderen. Nach einem scharfen Ritt erreichten sie den Wald von Gaja-la-Selve, wo sie sich mit Jourdain du Mas und seinen Leuten vereinigten. Die Gruppe dürfte auf 80 Mann angewachsen sein.

Vor Avignonet, das als dunkle Silhouette die Ebene von Lauragais überragte, löste sich eine Gruppe, die mit Äxten bewaffnet war und ritt bis vor die Stadt, wo sie sich in dem ehemaligen Haus der Aussätzigen versteckten. Ein Einwohner von Avignonet, Raymond Golairan, stellte die Verbindung mit der Gruppe her, die vor den Wällen wartete. Nach einiger Zeit konnte Golairan melden, daß sich die Inquisitoren zur Ruhe begeben hätten. Der Durchlaß öffnete sich und einige Ritter und die Männer mit den Äxten drangen in die Stadt ein. Mit Gewalt wurde das Tor des Gästehauses geöffnet und die Inquisitoren samt ihren Gehilfen erschlagen.

Nach der Tat verließen die Mörder die Stadt, schwangen sich in die Sättel und ritten davon, Raymond von Alfaro ließ hierauf zum Sturm blasen und verkündete den Beginn des Aufstands. Bewußt und mit Berechnung hatte man den Montségur, das Ketzerschloß, zum Fanal der Rebellion gemacht, die das Land Toulouse und den ganzen

Süden vom fremden Joch und der päpstlichen Tyrannei befreien sollte. Was die Urheberschaft des Planes betrifft, so weisen spätere Protokolle immer wieder auf Raymond VII. hin. Dieser nahm nicht die geringste Rücksicht auf die bedrängten Katharer, im Gegenteil, es wurden in diesen Jahren durch seine Initiative viele Katharer verfolgt und verbrannt.

Diese Beweise des guten Willens nützten Raymond VII. nichts. Jetzt erwartete man von ihm, daß er eine Strafexpedition gegen den Montségur unternähme und drohte ihm mit dem Bann. Tatsächlich erschien Raymond mit seinem Heer vor dem Berg und probte die Belagerung seiner eigenen Landsleute! Trotzdem gewann das Verbrechen vom 28. Mai 1242 immer mehr Bedeutung. Schon zwei Monate später erfocht Louis IX. den großen Sieg von Taillebourg über den englischen König Heinrich III. und machte damit alle Hoffnungen des Grafen von Toulouse zunichte. Als dieser sah, daß die Partie endgültig verloren war, bot er seine Unterwerfung an, die zum Vertrag von Lorris (1243) führte.

Nach dieser Schicksalswende gab es nur einen Willen im königlichen Lager, nämlich den Mord von Avignonet zu rächen. *Hugues des Arcis,* der Seneschall des Königs hatte alle Freiheit zu handeln und zu verhandeln. Im April 1243 wurde in Beziers ein katholisches Konzil abgehalten. Hier war es, wo die eigentliche militärische Operation zur Zerstörung der *Synagoge Satans* offiziell beschlossen wurde und damit der Untergang der Ketzerei. Schon im Mai 1243 wurde unter Führung von Hugues des Arcis und Pierre Amiel, Erzbischof von Narbonne, eine Armee von 6000 Mann in Marsch gesetzt. Auch Guy II. de Levis, der Sohn des Kompagnon von Simon de Montfort — seit der Angliederung des Landes Olmes Chef de la Terre du Maréchal — stellte seine Truppen bereit. Was den Oberlehensherrn von Montségur, Roger IV. den Grafen von Foix, betrifft, zog es dieser vor, ganz außerhalb der Affaire zu bleiben.

Die Entscheidung

Der Sergeant der Waffen, Jean Authier, war gerade dabei, den Holzvorrat auf dem Pog zu inspizieren und bemerkte längs der Straße von

Montferrier ein tausendfaches Glitzern und Funkeln. Bald wußte das ganze Schloß: es ist der Feind der näher und näher kommt.

Auch im Feldlager Raymonds VII. am Fuß des Berges entstand Bewegung, als man die Ablösung heranziehen sah. Vielleicht freute man sich darüber, in den Hintergrund treten zu dürfen; denn auch die neuen Truppen können den Felskoloß nicht stürmen. Auf beiden Seiten machte sich die Führung keine Illusionen: der Platz ist uneinnehmbar, und eine Blockade dürfte bei den vielen Elementen, die mit den Eingeschlossenen sympathisierten, kaum durchführbar sein. Wenn man die Franzosen ausnimmt, so ist der ganze Rest aus Milizen gebildet, die im Languedoc angeworben wurden.

An eine Blitzaktion dachte der Seneschall Hugues des Arcis nicht, als er im Mai 1243 am Fuße des Montségur eintraf. Ungestört richtete sich die Armee ein. Die jenseitigen Abhänge, vom Schloß aus gut einzusehen, bedeckten sich mit Zelten und leichten Hütten, und die Ritter und Sergenten bemühten sich, im Hinblick auf eine lange Belagerungszeit, ihr Feldlager so bequem als möglich einzurichten. Pierre Amiel, der Erzbischof von Narbonne steht inmitten seiner Ritter, die besorgt die Felsenriffe betrachteten und sich Gedanken machten, wie man die Blockade verkürzen könnte. Gewohnt auf dem Rücken der Pferde zu kämpfen, den Gegner mit gesenkter Lanze aus dem Sattel zu heben — stehen sie tatenlos herum und fühlen sich überflüssig. Man müßte Ausschau halten nach echten Gebirgsjägern, nach Montagnards, die in Berg und Fels zu Hause sind.

Auch auf Seiten der Belagerten ist die Stimmung gedämpft. Pierre-Roger de Mirepoix treibt die Verteidigungsarbeiten auf dem scharfen Grat des Montségur voran, überall werden Wegsperren und Hinterhalte angelegt. Auch Raymond de Péreille versuchte die Leute zu beschäftigen, Quartiere zu erstellen und Vorratslager anzulegen. 30 Ritter und Schildknappen und etwa 100 Sergeanten waren es, die allein dem Waffendienst verpflichtet waren und mit den Katharern nichts gemeinsam hatten. Was sie einte, war allein der Widerstand gegen die Franzosen.

Der Sommer verging, ohne daß der Feind Fortschritte gemacht hätte. Das Kommen und Gehen zwischen Schloß und Außenwelt war in diesen Monaten fast normal. Der sicherste Weg führte zum *Roc de la Tour,* einem aufragenden Felsen (906 m) auf der Ostseite des Berges, der gut gesichert war und die Schließung der feindlichen Linie verhinderte. Dort war der Durchgang, der von Boten und Spähern, von Händlern und anderen bekannten Leuten, wie Guilhem de Bellacomba und Gaillard del Congost gerne benutzt wurde.

Nachdem im Jahre 1237 der Katharerbischof Guilhabert de Castres auf dem Montségur gestorben war, leitete *Bertrand Martin* und seine Diakone die Geschicke der Katharergemeinde, die sich durch hinzukommende Flüchtlinge ständig vergrößerte. Die Familie des Schloßherrn war fast vollzählig auf dem Montségur: so seine Frau Corba de Péreille, sein Sohn Jourdan, seine Töchter Esclarmonde (II), Arpaïx, Philippa und seine Schwiegermutter Marquesia de Lantar. Ferner war ein Chirurg zugegen: Roquier de Belpech und weitere Frauen und Greise, im ganzen 500 bis 600 Personen, die in engen Wohnverhältnissen lebten.

Am Ende des Sommers gelang es Hugues des Arcis, ein Korps baskischer Gebirgsjäger für teueres Geld anzuwerben, das ab Oktober gefechtsbereit war. Da auch dem Montségur schon längere Zeit Basken zur Verfügung standen, die hauptsächlich Trägerdienste verrichteten, dachte man zunächst an einen Verrat der geheimen Pfade. Dieser Verdacht war unbegründet, weil das Korps seine eigenen Spezialisten hatte, die nicht auf Pfade angewiesen waren. Hugues des Arcis wollte noch vor Einbruch des Winters die Entscheidung erzwingen, und man einigte sich sehr schnell auf den Plan, dem Montségur zunächst die Hauptstütze seines Widerstandes, den *Roc de la Tour,* wegzunehmen. Obwohl diese Stellung von Armbrustschützen gut besetzt war, gelang es den Basken auf Grund ihrer Gewandtheit und Geschicklichkeit, die Besatzung im Morgengrauen zu überfallen und trotz heftiger Gegenwehr zu vertreiben. Alle Anstrengungen der Verteidiger des Montségur, den Gegner wieder zum Abzug zu zwingen, waren vergeblich, und die Situation wurde von Tag zu Tag bedrohlicher. Um ein weiteres Vordringen des Feindes zu verhindern, hatten die Belagerten kleinere Steinschleudern gebaut und auf dem *Pas de Trébuchet* östlich der Barbacane in Stellung gebracht. In einer mondlosen Nacht — Mitte Dezember 1243 — wurde auch diese Stellung von den Basken erstiegen und nach kurzem Handgemenge zum Schweigen gebracht.

Bei Hugues des Arcis war inzwischen auch der Bischof von Albi Mgr. de Durand eingetroffen. Dieser Experte in der Kunst der damaligen Artillerie war von seiner eigenen Miliz begleitet. Er zögerte nicht, Plattformen auszuheben und Wurfmaschinen, die zerlegt hochgezogen wurden, entlang der Klippe aufzustellen. Sogleich begann er die *Barbacane,* als letztes massives Hindernis im Vorfeld des Schlosses zu beschießen. Diese Ungleichheit in der Kampfkraft wurde auf wunderbare Weise dadurch wieder ausgeglichen, daß plötzlich der Ingenieur Bertrand de la Beccalaria de Capdenac bei den Verteidigern auftauchte und als Schleuderspezialist die Abwehrkraft des Montségurs wesentlich verbesserte. Schlag auf Schlag wurde jetzt der Angriff der Gegenseite erwidert. Er konnte die Angreifer wirkungsvoll unter Beschuß nehmen, weil ihre Stellungen unterhalb der Barbacane waren. Aber die Hoffnung, die Bertrand im Herzen der Verteidiger erweckte, war von kurzer Dauer. Am Weihnachtstag 1243 fielen zwei Ritter und ein Knappe bei der Verteidigung der Barbacane. Es waren Bertrand de Bardenac, Jourdain du Mas und Bernard de Carcassonne. Jourdain du Mas erhielt sterbend die Tröstung.

In einer Nacht des Januars 1244 änderte sich die Lage schlagartig. Den Basken gelang es im Vorgelände der Barbacane Fuß zu fassen. Noch ehe die Schloßwache die Alarmglocke rührte, war die Mannschaft der Barbacane erschlagen. Guillaume de Puylaurens erzählte später, daß die Basken, die in finstrer Nacht die Barbacane erstiegen hatten, andern Tags mit Schrecken in die Tiefe blickten, aus der sie gekommen waren.

Nun war der ganze Grat in der Hand des Feindes, und der Montségur hatte seinen letzten sicheren Stützpunkt verloren. Schnell bauten die Angreifer einen riesigen Katapult auf und richteten den Beschuß auf das Schloß selbst, wo die 50 kg schwere Steinkugeln wie eine Riesenfaust niedersausten. Die über vier Meter dicke Ostmauer hielt stand, aber das leichtgebaute Observatorium zersplitterte und bald waren alle Dächer durchlöchert. Jede halbe Stunde zischte eine Kugel heran, der ein dumpfer Schlag folgte. Dennoch war die Lage noch nicht hoffnungslos, denn die Armbrustschützen, deren schwere Waffe mit dem Speichenrad gespannt wurde, hielten den Zugang zum Schloß frei. Auf diesem Weg, der breit genug war, konnte ein Überraschungsangriff vorgetragen werden, um die Barbacane zurückzuerobern und die Steinschleuder des Feindes durch Feuer zu zerstören.

Unter diesem günstigen Aspekt faßte Pierre-Roger de Mirepoix den Entschluß, einen Ausfall zu wagen. In den letzten Tagen des Monats Februar 1244 war es, daß sich eine ausgesuchte Gruppe an die Barbacane heranschlich, aber der Feind war wach genug, um die Gefahr zu erkennen: plötzlich war der Tumult da, Waffen klirrten, die Flüche der Aufgeschreckten und die Schreie der Verwundeten drangen durch die Nacht. Blind schlug man auf beiden Seiten zu und die Körper fielen in die Tiefe, um nach einigen hundert Metern zu zerschellen. Wer übrig blieb wurde zurückgeschlagen und erreichte mit Not das Tor des Schlosses. Natürlich wußten Pierre-Roger de Mirepoix und Raymond de Péreille, daß man solche Versuche wiederholen könnte, zweimal, dreimal, aber es würde immer der gleiche Ausgang sein. — Also entschlossen sich die beiden Ritter, vielleicht auf Bitten von Bertrand Martin, des Katharerbischofs, dem Kampf ein Ende zu setzen.

Am Morgen des 1. März, als alles ruhte, ließ der Kommandant des Schlosses dem Seneschall des Königs signalisieren, daß er bereit wäre, über die Bedingungen einer Kapitulation zu diskutieren. — Hugues des Arcis, selbst der Belagerung müde, zeigte sich bereit zu verhandeln. Zehn Monate hatte diese Aktion gedauert, und es genügte ein Tag, um zu einem Ergebnis zu kommen. Den Kriegern erschienen die Bedingungen annehmbar, und wenn man bedenkt, daß der Mord von Avignonet nach Rache schreit, kann man sie milde finden.

Die Garnison wird geschont, Ritter, Sergeanten und Gesinde können das Schloß unter der einen Bedingung verlassen, sich dem Inquisitionstribunal zum Verhör zu stellen. Raymond de Péreille und seine Familie bleiben auf Grund des Waffenstillstands noch 15 Tage Herren des Schlosses, das hernach dem König von Frankreich übereignet und der Gerichtsbarkeit des Seneschalls von Carcassonne und Guy de Levis unterstellt wird.

Auch den Flüchtlingen wird auf Ersuchen des Unterhändlers und unter Garantie und Bürgschaft eine Schonfrist von 15 Tagen eingeräumt. Hierauf erhalten diejenigen, die dem Irrtum abschwören, das Verzeihen der Kirche. Wer sich weigert, dies zu tun, wird dem

Feuer übergeben. Mit der Annahme dieser Bedingungen nahm das Schicksal seinen Lauf. Die Schloßwache wurde befugt, den nicht betroffenen Teil der Garnison, vor allem Ritter, Söldner und Dienstmänner und deren Angehörige zu entlassen. Erleichtert verließen sie in den folgenden Tagen das Schloß und eilten schwer beladen auf der steilen Serpentine talwärts.

Der betroffene Teil blieb im Schloß zurück, und alsbald senkte sich eine tiefe Stille auf die mutige Schar, die sich zum Flammentod verurteilt wußte. Nichts deutete hin auf Panik, auf Verzweiflung und auf ein Schwinden der inneren Evidenz. Man findet alle in einer freudigen Erregung. Wie Kinder verschenken sie ihre letzten Habseligkeiten, ein Hin und Her in einer festlichen Stimmung. Auch die restlichen Lebensmittel wurden auf den Hof gebracht, Korn, Öl, Gewürze und Salz, und man bat den Kommandanten, die Lebensmittel mitzunehmen, dazu 50 Wamse für seine Soldaten. Man übergab ihm auch das restliche Geld, das die Parfaits Raymond de Saint-Martin, Amiel-Aicard, Taparell und Guillaume-Pierre noch in Verwahrung hatten. Bertrand Martin verteilte seine Kleider, und die Marquésia de Lantar, die Schwiegermutter von Raymond de Péreille gab alles, was sie besaß ihrer Enkelin Philippa — —

Doch es gab in dieser Zeit der fünfzehn Tage noch andere Ereignisse, die dem Historiker rätselhaft erscheinen, besonders wenn in Inquisitionsberichten von riesigen Mengen Geldes gesprochen wurde, das in sicheren Verstecken ruhte. Nach der Aussage von Imbert de Sales wäre gegen Weihnacht 1243 — als der Montségur völlig eingeschlossen war — von dem Diakon Mattheus und seinem Begleiter Bonnet eine ungeheuere Menge Gold und Silber weggebracht worden. Sie hätten einen Teil des Schatzes im Wald von Serralongue, in der Nachbarschaft des Schlosses, vergraben und den Rest in einer Grotte des Sabartez versteckt.

Es ist klar, daß sich unter dem gigantischen Katharerschatz verschiedene Geheimnisse verbergen und eine materielle wie auch eine spirituelle Deutung zulässig ist. Sicher handelt es sich einmal um die Kriegskasse, die die Realisten unter den Historikern interessiert; denn ohne Geld vermag keine Macht der Welt Krieg zu führen. Zum andern handelt es sich um einen Schatz, der den Philologen besonders wichtig erscheint. Auch Fernand Niel vermutet wichtigere Dinge als Gold und Silber und spricht von einem Schatz seltener Pergamente, auf welchen Mysteriengeheimnisse geschrieben und von größter Bedeutung für die Menschheit sind. Andere Schriftsteller, die von der gleichen Idee ausgehen, deuten den angeblichen Schatz dahin, daß es sich möglicherweise um das 4. Buch von Flavius Josèphe handelt, das — heute verloren — immerhin die reine Lehre Jesu enthalte. Drittens könnte es sich bei dem Katharerschatz um lebende Personen handeln, welche in einer viel konkreteren Weise höchstes Mysterienwissen verbürgen und dies in einer Unmittelbarkeit, die einer aufgerissenen Wolkendecke gleichkommt, durch deren Öffnung der geistige Kosmos hereinschaut in unsere Welt.

Fernand Niel scheint dies geahnt zu haben; *Napoleon Peyrat* hat — ohne es zu wollen — den Beweis dafür erbracht; *Antonin Gadal* war sich dessen bewußt — — Auch wir sind überzeugt, daß es sich um Codeworte handelt, wenn von Tresor, Gold und Silber gesprochen wurde, daß es um wertvolle Eingeweihte geht, die noch eine Zukunftsaufgabe zu erfüllen haben und deshalb gerettet werden mußten.

Auf Grund dieser Überlegungen stellt sich die zweite Flucht aus dem Montségur etwa so dar:

Nachdem vor Weihnacht schon ein großer Teil des materiellen Schatzes ins Ariègetal gebracht worden war, blieb noch ein wertvoller Teil auf dem Schloß zurück: die Parfaits. Unter ihnen war *Amiel Aicard,* der in höchstem Ansehen stand, einer der Würdigsten. Er war der Trésorier der Eglise Cathare. Amiel Aicard wollte nicht fliehen, er wollte viel lieber mit seiner Frau Guilhelma — eine Parfaite wie er — den Tod erleiden, aber der Patriarch Bernard Martin hat anders entschieden: Er befahl ihm zu leben und eingedenk seiner Benediktion seinen Auftrag zu erfüllen. —

Diese Legende vom „Katharerschatz", falls sie eine Legende bleibt, ist in diesem Punkt wahrer als alle Geschichte, sie zeigt, welche ungeheuere Bedeutung einem solchen Eingeweihten zugesprochen wurde, der schon zu Lebzeiten einen so hohen Rang erringen konnte und mit höchsten Einblicken in das geistige Gefüge der Welt gewürdigt worden war. Amiel Aicard war berufen, noch viele Jahre von dem Parakleten zu zeugen und der Welt wesenhaften Trost zu spenden.

Am 12. März 1244, vier Tage vor der Ketzerverbrennung, waren die Parfaits *Amiel Aicard, Poitevin* und *Hugo* bereit, die Flucht anzutreten. Mehrere Alpinisten halfen bei der Vorbereitung, um die Flüchtlinge mittels langer Seile sicher in die Tiefe hinunter gleiten zu lassen. Als die Stunde gekommen war, holte man die drei Parfaits aus dem unterirdischen Versteck heraus, umhüllte sie mit Stroh und Bettlaken und seilte sie einzeln ab. Langsam senkte sich die Last in eine Tiefe von 60 bis 80 m bis auf den Talgrund des Lasset. Die feindliche Gruppe, der die Abriegelung an diesem Lasset-Hers-Abschnitt oblag, stammte aus *Camon* am Hers: Es waren ehemalige Vasallen von Pierre-Roger de Mirepoix und Freunde der Belagerten. Ohne ihre Hilfe wäre der ständige Verkehr zwischen dem Schloß und der Außenwelt nicht möglich gewesen.

Als alle Parfaits abgeseilt waren, wurden sie zu einem Träger-Trupp geführt, der mit Lasttieren bereitstand. Über die weitere Route ist nichts Näheres bekannt, doch waren die Marschleistungen in der damaligen Zeit enorm. Innerhalb zweier Tage dürfte der Kamm des Bidorta erreicht worden sein. Dort wurden die Flüchtlinge von Wachtleuten aus Castel-Verdun übernommen und — nachdem der Signalposten durch ein Feuerzeichen die Ankunft gemeldet hatte — in eine Hütte geführt. Am anderen Morgen stieg die Gruppe in das Ariègetal hinab. Nach einer anderen Version wurde der Schatz von Montségur von Rittern aus Usson übernommen und zu diesem schwer zugänglichen Platz an der oberen Aude gebracht.

25 Jahre später weilte *Loup de Foix,* der Neffe der großen Esclarmonde, im Sabartez. Er hatte sich noch im Alter zum Parakleten, dem Tröstergeist, bekannt und war im Begriff Parfait zu werden. Damals, so heißt es im Bericht von *Napoléon Peyrat,* verlosch das Leben des greisen Katharerbischofs Amiel Aicard wie ein Licht (1270). Darin kann der Beweis gesehen werden, daß Amiel Aicard den Scheiterhaufen von Montségur überlebt und vor dem 16. März 1244 das Schloß verlassen hatte.

Nachdem das Vermächtnis des Montségurs, „le trésor sacré du Paraclet", in Sicherheit gebracht worden war, versenkten sich die zurückgebliebenen Katharer wieder in das Mysterium des Opfers. Der Wolkenvorhang öffnete sich und Wunderwirkungen zeichneten sich ab.

Schon die Gewährung einer Schonfrist von 15 Tagen erschien den Eingeschlossenen als ein Geschenk des Himmels. Was hatte die feindlichen Unterhändler bewogen, den Ketzern diesen Aufschub zu gewähren? Rechneten sie mit einem Sinneswandel? Die Parfaits erkannten in dieser Vereinbarung ein Zusammenklingen des irdischen Geschehens mit der Osterkonstellation der Sterne am Himmelszelt und waren sicher, daß ihnen der ganze Kräfte-Kosmos zu Hilfe eilt. Auch Patriarch Bertrand Marty fühlte, wie ihm seine Benediktion Kraft und Mut verlieh. Er betete mit großer Hingabe und mit lauter Stimme inmitten seiner Gemeinde und erflehte den Beistand der oberen Welt.

Versuchen wir, dieses einmalige, grandiose Geschehen auf dem Montségur zu deuten und zu verstehen.

Es kam eine urchristliche Stimmung auf, denn ganz im Vordergrund dieser „Tröstung zum Tode" stand die Bruderliebe, welche die Erinnerung beflügelte und die frühchristliche Zeit heraufbeschwor. Auch damals fühlten sich die ersten Christen in die „Einheit" des Geistes entrückt. Diese einende Liebesmacht wurde wesenhaft empfunden: es nahte eine Lichtgestalt, die sich zu den frommen Betern herniedersenkte. Was nun folgte war ein Zwiegespräch zwischen dem parakletischen Geist und der Gemeinde, das ihnen den Sinn des Vaterunsers tiefer erschloß. Sie gewannen Verständnis für das höchste Gut, das sich in Christus offenbart und dessen verwandelnde Kraft ihnen in dem Maß zufällt, als sie sich des göttlichen Gnadengeschenks bewußt sind:

„Nicht ich, sondern Christus in mir".

Durchdrungen von dieser Überzeugung war es nicht schwer, in jedem Menschen das höhere Ich zu entfachen, das sich letztlich in der Einheit des Geistes findet. Diese beiden Begriffe, Brüderlichkeit und Einheit, charakterisieren das innere Wesen, das sie befähigt, eine *Lebenskraft* auszustrahlen; eine Lebenskraft, die sie selbst spenden können und zu Therapeuten macht. Es ist dieselbe Kraft, die ihnen jetzt erlaubt, dem Scheiterhaufen die Stirne zu bieten. Nicht magische Künste wollten sie beschwören, ihre Macht sollte geistig bleiben und unabhängig von persönlichen Gefühlen. Diese Lebenskraft, geschöpft aus dem von wesenhafter Liebe durchtränkten Ätherleib, fällt mit der neuen Offenbarung Christi in ätherischer Form zusammen: „Denn die Kräfte, die aus der Tiefe unseres Seins heraufsteigen und durch unseren Ätherleib wirken, sind die Kräfte, die sich in der Tatsache offenbaren, daß der Mensch lieben kann, lieben in allen Graden seiner Existenz".[129])

Was für die Menschheit Zukünftiges bedeutet, das holten die Katharer herein in ihre augenblickliche Situation: in dem Bewußtsein, „daß die Wirksamkeit der Liebe nicht von ihr selbst abhängt, sondern von der Tätigkeit des Christus durch sie hindurch". Die Liebe der Katharer ist die Quelle der Toleranz und des Wohlwollens gegenüber allen Menschen, deren Rettung und Erlösung oberstes Gebot ist.[130])

Auch ihren Todfeinden gegenüber nahmen sie die gleiche Haltung ein. Sie fühlten Schuld angesichts der Papstkirche, die sich durch ihr Sondersein provoziert fühlte und sie verdammte. Selbst den ritterlichen Freunden gegenüber, mit denen sie schicksalhaft verbunden waren, empfanden sie tiefe Schuld. Tausende waren für sie in die Schlacht gezogen, töteten und wurden getötet. Viele bange Fragen traten zutage und hüllten die Gemeinde in eine Wolke von Trauer und Schuld.

Das war das „Soll" ihres karmischen Kontos. Auf der „Haben-Seite" finden wir eine Opfergesinnung und Opferbereitschaft, die unvorstellbar ist. Gestärkt in dem Bewußtsein, daß die Welt ihr Opfer braucht und daß vor allen Dingen die Menschheitszukunft von ihrem Opfer abhängig ist, sahen die Katharer dem Tag des Gerichts mit Inbrunst entgegen.

Nur vom Karma her kann ihr Sterben begriffen werden, und nur

[129]) Rudolf Steiner, Glaube, Liebe, Hoffnung, Vortrag v. 3. Dez. 11 Nbg.

[130]) Vergl. L'Amour Cathare, Simone Hanedouche, Cahiers 69/43/27

auf einem höheren Plan, wo der karmische Rat der Götter entscheidet, gewinnt das Martyrium einen Sinn. Das Martyrium war den Katharern nicht neu. Sahen sie doch, wie seit Jahren ihre Brüder und Schwestern heldenhaft die Prüfung bestanden und himmlischen Ruhm erwarben. Sie sahen ferner, wie grimmige Feinde und Wegelagerer versuchten, ihnen die Krone des Lebens wieder zu entreißen, indem man sie des Bündnisses mit dem Teufel bezichtigte. Schon Bernhard von Clairvaux verkündete: Ihrer Verstocktheit hatte der Teufel die Standhaftigkeit gegeben[131]), und ein moderner Kritiker schreibt: „Wir haben keine Ursache, dieses Scheitern eine Tragödie zu nennen; denn die Katharer selbst ersehnten sich dieses völlige Scheitern an der Welt; das, was sich als notwendiger Ablauf enthüllte, war ihr freiwillig gewähltes Ziel."[132])

Das Märtyrerbewußtsein der Katharer war durch nichts zu erschüttern. Selig psalmodierend sah man sie in den letzten Tagen in dem engen Geviert des Hofes, und freundlich lächelnd wehrten sie die Versuche der Dominikaner Ferrier und Duranti ab, die sich redlich bemühten, die Katharer von ihrem Irrtum abzubringen. Es wurden einige Fälle von Wiederversöhnung bekannt, und das ist gut so, zeugt es doch von dem Freiheitsraum in dieser Religion. Auch Außenstehende, darunter einige Soldaten, gab es, die sich spontan zum Katharismus bekannten und sich nicht von den Opfern trennen wollten.

Die Osterzeit ging vorüber und die geistige Vorbereitung zeitigte erste Erfolge. Parfaits und Parfaites sind schweigsam geworden, langsam nähern sie sich der Schwelle, eine unendliche Bilderwelt öffnet sich der Erinnerung und Engelchöre brausen heran. — Und dennoch die bange Sorge, daß der Kelch vorübergehe und die Seele nocheinmal — wie es normalerweise der Fall ist — in ihr irdisches Dasein zurückkehren müsse. Diese Krise nannten die Katharer *Endura.* — Es handelt sich um eine Wartezeit von Minuten, Stunden und Tagen, die dadurch entsteht, daß der karmische Punkt des Schwellenübertritts nicht — oder nicht sogleich — mit dem historischen Todesereignis zur Deckung kommt. Bei Schwerkranken und Sterbenden bedeutet En-

[131]) Anton Vogt, S. 248

[132]) Arno Borst, Die Katharer S. 230

dura ein *Fasten bis zum Tode,* das von unterschiedlicher Dauer sein kann. Genesende brechen die Endura ab, nur im Kerker oder ausweglosen Lagen wurde der Tod erzwungen. Niemals ist die Endura ein Selbstmord, wie gelegentlich behauptet wird. Das alles schließt nicht aus, daß dann und wann ein wandernder Katharer in seiner Gottseligkeit Zeit und Raum vergaß und in den Schneefeldern des Barthelemy erfroren oder in den weiten Wäldern verhungert aufgefunden wurde. Andererseits gibt es viele Beispiele dafür, daß Katharer zu Sterbenden gerufen wurden, die sich gerne von Parfaits umringt sahen. Wir würden meinen, daß sie den Sterbenden bis zum andern Ufer begleiteten.

Am 13. März wurde auch die Unterweisung der Gläubigen (Credentes) abgeschlossen, so daß die Gemeinde am folgenden Tag das Frühlingsfest gemeinsam feiern konnte. Obwohl die Menge in engen Räumen zusammengedrängt war, gelang es dem greisen Bischof Bertrand Marty, die Gemeinsamkeit im Geiste herzustellen und eine seelische Aufgeschlossenheit zu schaffen, die den ganzen Tag über anhielt. Das Ritual erreichte seinen Höhepunkt, als ein hohes geistiges Führerwesen, das vor langer Zeit das Martyrium erlitt, umstrahlt von dem milden Licht seiner Aura unter sie trat und ihnen im Namen des Parakleten das Heil in Christo verkündete. Ergriffen lauschten die Hörer, dankten Gott für seine große Güte und fühlten sich in ihrem Todesmut gestärkt.

Wenn früher oder später in diesem Ritual eine Ähnlichkeit mit dem „Bemafest" der Manichäer festgestellt und behauptet wurde, kein anderer als Mani selbst wäre den Katharern erschienen, so mag das durchaus seine Richtigkeit haben. Historische Erfahrungen in dieser Richtung konnten erst in jüngster Zeit gemacht werden, nachdem die entsprechenden Papyri gefunden worden sind[133]) Nachträglich ist es nicht schwer, Brücken zu bauen, wenn man weiß, daß die geistige Mission Manis in großen Rhythmen durch die Zeiten schwingt und überall dort eingreift, wo die parakletische Idee fußfassend echte Religion erzeugen will. Man kann mit Sicherheit sagen, daß ein Teil der heutigen Menschheit von der gleichen freiheitlichen Idee ergriffen

[133]) A. von Le Coq, Die manichäischen Miniaturen, Berlin 1923

ist, für die vor 700 Jahren die Katharer gestorben sind. Nicht nur große und gewaltige Ideen kommen wieder, an ihnen hängen gleich Weintrauben menschliche Seelen, die mit diesen Ideen wiederkehren, um sie zur Erscheinung zu bringen und für sie zu streiten.

Je näher uns das Thema an den Scheiterhaufen heranführt, desto lauter melden sich die Zweifel ob dieser seltsamen Wege, die das Katharerschicksal geht. Was wollten die Inquisitoren im Grunde bezwecken, glaubten ihre Anstifter wirklich, durch Töten den Geist zu bezwingen, oder wollten sie die Seele, deren ewigen Wesenskern sie leugneten, in die Verdammnis stoßen? War es nicht vielmehr die Absicht des Widersachers, die katharische Einweihung zu verhöhnen und den Tod zu verherrlichen, wie es der Mordlust der Masse entsprach?

Am 15. März war die Gemeinde bereit, den irdischen Plan zu verlassen. Am Fuß des Berges, auf dem westlichen Anger sah man Soldaten bei der Vorbereitung des Scheiterhaufens. Sie rammten Palisaden in die Erde und schichteten das Holz, das auf Karren herangeschafft wurde. Wir dürfen uns nicht der falschen Hoffnung hingeben, als ob die Katharer den Tod nicht schmeckten. Das Letzte, was trotz aller Segnungen bleibt, das Zerbrechen des körperlichen Gehäuses, muß allemal durchgestanden werden. Todüberwindende Kraft wirkt im geistig-seelischen Bereich. Christus hat den Tod nicht dadurch überwunden, daß er sich der Marter entzog, einer Marter, die im Johannesevangelium (19, 22) durch das makabere Wort vom „Brechen der Knochen“ besonders kenntlich gemacht wird. Aber trotz des menschlichen Leidens wird die Verzweiflung nicht obsiegen, sondern die Hoffnung, und dem Lebensverlust wird ein Lebensgewinn folgen.

Pierre Autier, ein Parfait, der im Sabartez lebte und einen großen Anhang hatte, wurde im Jahre 1311 in Toulouse verbrannt. Er ging seinem Tod mit Vertrauen entgegen getreu seiner Lehre, die besagt, daß es jene Prüfung wäre, die Christus gleichsam für seine Apostel aufgespart hatte, nachdem er selbst alle anderen bei seiner Kreuzigung erlitten hatte, aber er hülfe ihnen, sie ohne Leiden zu ertragen.

Christus sagte nämlich zu seinen Aposteln, daß es neun Prüfungen wären und daß er selbst davon acht über sich ergehen lassen wolle. Bei der neunten, welche sie zu erdulden hätten, würde er ihnen einen solchen Beistand gewähren, daß sie leicht ertragen werden könnte.[134])

Als die Frist von 15 Tagen abgelaufen war, öffnete sich am 16. März zur frühen Morgenstunde die kleine Pforte des Montségur. Als erster trat Pierre-Roger de Mirepoix heraus, gefolgt von seiner Frau Philippa, seinem Bruder Armand-Roger und seinem Schwager Raymond de Pereilhe. Pierre Rogers Zukunft schien gesichert, fand man ihn doch, nachdem er seinen Frieden mit der Kirche gemacht hatte, in Montgaillard (südlich Foix) wieder. Auch Berenger de Lavelanet verließ als freier Mann das Schloß, gefolgt von Imbert de Sales, Guiraud de Rabat und einer weiteren Anzahl Ritter und Faydits. Als sie den Anger erreichten, mußten sie verweilen, um Zeugen des folgenden Schauspiels zu werden.

In langer Reihe sah man jetzt die Opfer die steinige Serpentine herunterkommen. Zuerst die Frauen. Sie hatten sich weiße Tücher umgelegt, um bräutlich geschmückt den Weg in die himmlische Heimat zu gehen. Dann folgten die Männer, an der Spitze Patriarch Bertrand Marty, umringt von den Parfaits und gefolgt von der großen Zahl der Credentes, die die Todesweihe begehrten. Sie führten sich, paarweise, zu dritt, wie es der schmale Weg erlaubte. Hellsichtig geworden, sahen sie ihn von ungezählten Blutzeugen gesäumt: „Hat doch die Welt von Anfang an Christus als einen Fremdkörper empfunden . . . Und immer dann, wenn der christliche Impuls in dieser ihm feindlichen Welt in seiner ganzen Größe in Erscheinung trat, dann war es Opfer und Märtyrerzeit."[135])

Unten angelangt, bestiegen 205 Katharer, Frauen und Männer, singend den Holzstoß — 2 Meter hoch geschichtet, 12 auf 24 Meter im Geviert — Trauben bildend schmiegten sie sich aneinander und merkten nicht, daß das Stroh ringsum entzündet worden war. Im Nu war die Gerichtsstätte in einen schwarzen Qualm gehüllt, der immer heißer wurde. Doch ehe der Feuerbrand den Höhepunkt erreichte, war ihre Geistseele schon im Schoße der Engel geborgen. Was blieb, waren zuckende Leiber, deren Schmerz nicht mehr das Bewußtsein erreichte. —

[134]) Jean Duvernoy, Cahiers d'Etudes Cathares, 1970/47/47

[135]) R. Spörri, Vom Geiste des Urchristentums S. 126

Entsetzt blickten die Überlebenden in die Glut. Raymond de Pereilhe sah, wie seine Gemahlin Corba, seine Tochter Esclarmonde und seine Schwiegermutter Marquesia unter seinen Augen starben. Auch Béranger de Lavelanet sah seine Frau Guillelma in der Feuersbrunst versinken. Hand in Hand starben Pons Narbona de Carol und seine Frau Arzen, Arnaud Domec und seine Frau Bruna de la Roque d'Olmès. Der greise Patriarch Bertrand Marty starb inmitten der Diakone: Raymond Agulher und Guillaume Johannis. Weitere namentlich bekannte Opfer waren: Ermengard d'Ussat, Guillelma, Ehefrau von Arnaud Aicard; zwei Ritter von Laurac: Guillaume de l'Isle und Bernard de Saint Martin; ein Kaufmann von Mirepoix, Pierre Roberti; der Ritter Raymond de Marciliano und sein Schildknappe Guillaume inmitten vieler anderer, deren Namen weniger bekannt sind. —

Tage dauerte es, bis die Glut erlosch und der Qualm sich aus den Tälern verzog. Jahrzehnte vergingen, bis die Menschen der Pays d'Olmes sich vom Schrecken erholten, und Jahrhunderte währte es, bis sich über dem schwarzen Grab eine Grasnarbe bildete und sich Vergessenheit wie ein Leichentuch auf das „Champ des Crémats" senkte.

Eine direkte Folge dieser Ereignisse, denen der Katharismus zum Opfer fiel, war auch der Untergang der Minnekultur, deren sangesfroher Lebensstil mit einem Schlag verstummte. Dieser Verlust, mit dem die Abwertung der Oc-Sprache zu einem bloßen Dialekt einhergeht, wird heute noch mit Trauer empfunden. Mochte sich auch der französische Adel in aller Form etablieren und dem Hofleben weiterhin Glanz und Schönheit verleihen, die Tür ins mystische Reich der Frau war für immer verschlossen. Ein Gralsmysterium gab es nicht mehr, und die Katharsis, die wie ein inneres Licht diese Kultur erhellte, war für lange Zeit verblaßt. Dennoch wurden auch aus diesem Opfer Zukunftskeime in eine neue Zeit hinübergerettet, um als Aussaat einer neuen Kultur zu dienen.

In der Zwischenzeit hatte sich die Geschichte der Ereignisse bemächtigt und sich bemüht, der Nachwelt entsprechende Eindrücke zu vermitteln. Hierbei spielten die Inquisitionsprotokolle eine nicht unbedeutende Rolle. Schon bald nach diesen Ereignissen mußten achtzehn der überlebenden Persönlichkeiten, die den Montségur lebend verlassen hatten, vor dem Inquisitionstribunal erscheinen und ihre

Aussagen machen. Diese Berichte sind mit ihren Namen in die Geschichte des Montségur eingeflossen und haben auch uns als Grundlage gedient. —

Trotz der inquisitorischen Maßnahmen war ein erneutes Aufflackern des Katharismus bekannt geworden. Hierauf verstärkte die Inquisition ihre Säuberungsaktionen. Raymond VII., der noch immer um seine Anerkennung kämpfte, gelobte im Jahre 1247 König Ludwig IX. erneut, die Inquisition zu unterstützen und zeigte sich auch bereit, an dem geplanten Kreuzzug ins heilige Land teilzunehmen. Um seine Würdigkeit unter Beweis zu stellen, ließ er im gleichen Jahr 80 Katharer, die aus der Lombardei gekommen waren und in seinem Gebiet Zuflucht suchten, unter seinem persönlichen Kommando in Agen festnehmen und verbrennen. Im folgenden Jahr (1248) brachte er dem König, der sich in Aigues-Mortes aufhielt, seine Huldigung dar. Am Kreuzzug selbst nahm er nicht teil, kehrte jedoch im Frühjahr 1249 noch einmal nach Aiques-Mortes zurück und nahm von seinem Schwiegersohn und seiner Tochter Abschied, die der königlichen Flotte folgten. Kurz darauf erlag Raymond VII. in Millau einer Seuche. Sein Leichnam wurde unter großer Anteilnahme des Volkes nach Toulouse gebracht und im Frühjahr 1250 in Fontevrault — in geweihter Erde — beigesetzt, was seinem Vater Raymond VI. versagt blieb. Das gräfliche Geschlecht, das von dieser zwiespältigen Zeit zermürbt die ganze Skala von Gut und Bös durchlaufen hatte, mußte am Ende das Kampffeld einer neuen Zeit überlassen.

Einen typischen Fall für die Situation des hohen Adels präsentiert Oliver de Termes, der mit mehr Geschick Untreue und Verrat meistern konnte. Als sein Vater Raymond das Stammschloß gegen Simon de Montfort verteidigte, war Oliver 13 Jahre alt. Als Ritter stand er im Dienste Raymonds VII. Er war diplomatisch genug, auf die neue französische Linie einzuschwenken und mit der Kirche einen dauernden Frieden zu schließen. Um diese Wandlung zu bekräftigen, schloß er sich dem Kreuzzug an und kämpfte ruhmvoll an der Seite Ludwigs IX. Aus dieser Waffenbrüderschaft im heiligen Land ging eine ausgleichende Wirkung auf den Süden Frankreichs über und ermöglichte dem geächteten Adel die Rehabilitation. Als Oliver de Termes im Jahre 1254 von der Kreuzfahrt nach Frankreich zurückkehrte, wartete eine neue Aufgabe auf ihn: *Queribus,* die letzte und stärkste Festung an der Grenze zum Roussillon, die den Katharern eine letzte Zuflucht bot, sollte für den König von Frankreich erobert werden. Der Seneschall von Carcassonne, Pierre d'Auteuil hatte die Belagerung eingeleitet und erreichte trotz Einsatz stärkster Kriegsmaschinen nicht das Ziel. Oliver de Termes dagegen gelang es — nicht ohne List — den Kommandanten der Burg, Chabert de Barbéra gefangen zu nehmen, so daß die Belagerung im Verlauf des Winters 1255/56 aufgehoben werden konnte.

Wenn man weiß, daß Oliver de Termes ein ehemaliger Waffenkamerad von Chabert de Barbera war und mit ihm unter dem Banner von Jakob I. von Aragon in Majorca kämpfte, daß ferner im Jahre 1240 beide an der Verschwörung Trencevals beteiligt waren, ist es nicht schwer zu erraten, daß es in diesem Kampf zu einer Verständigung kommen mußte, wobei Chabert de Barbéra zwar mit List gefangen wurde, aber mit der Übergabe der Festung seine volle Freiheit erkaufte. Eine ähnliche Regelung wurde auch mit Puylaurens getroffen. Die zahlreichen Katharer beider Plätze konnten unbehelligt weiterziehen und sich in Aragon zerstreuen. Hierüber entstand ein Streit zwischen den Prälaten und den Militärs, ob es sich hier um eine militärische Aktion, oder um eine inquisitorische Maßnahme handelte. Die Inquisitoren machten deutlich, daß sie ihre Aufgabe noch nicht als beendet ansahen. In der Tat sorgten sie für einen neuen Anlauf und saßen dem Bürgertum des Südens schwer im Nacken. Neuen Terror gebärend wurde das restliche Katharertum weiterhin gejagt und vernichtet.

Eine hervorragende Persönlichkeit in dieser Zeit war *Bernard Délicieux,* ein spiritualer Franziskaner, der mit großer Verbissenheit gegen die Schrecken der Inquisition kämpfte. Im Jahre 1301 bat er König *Philipp den Schönen* um eine Audienz, die ihm gewährt wurde. Délicieux, wie auch die ihn begleitenden Konsuln von Albi und Carcassonne erklärten dem König, daß die Ketzerei längst erloschen sei und daher die Exzesse der Inquisition höchst überflüssig wären. Der König versprach, nach dem Rechten zu sehen und versuchte nun seinerseits mit Verordnungen dem Unwesen zu steuern. Was der König auch unternahm, diesem Skorpion wuchsen neue Stacheln nach und immer mehr Menschen wurden einer Folterung unterzogen, willkürlich zu Ketzern erklärt und zu Tode gemartert. Am Ende richtete sich der Stachel gegen Bernard Délicieux selbst, der leicht anzugreifen war, da er nicht nur der strengen Observanz der Spiritualen zugehörte, sondern auch — den Spuren *Joachim von Floris* folgend — im Papsttum den Antichrist erblickte. Obwohl er sich in seinen Äußerungen sehr mäßigte, war er den Dominikanern ein Dorn im Auge. Die Rivalität zwischen den beiden Orden wuchs zur Unerträglichkeit. Dominikaner überwachten Franziskanerklöster und übten unzulässige Kontrollen aus. Die Franziskaner setzten sich zur Wehr und auch Bernard Délicieux wurde mit in diesen Streit hineingezogen und trat mit großer Überzeugungskraft gegen die Inquisition auf. Als Philipp der Schöne (1285—1314) seine weitere Unterstützung versagte, nahmen die Konsuln von Beziers mit dem Infanten von Majorca konspirative Beziehungen auf. Die Verschwörung wurde sehr schnell aufgedeckt, und während der Konsul *Elie Patrice* seiner Hinrichtung entgegensah, konnte sich Bernard Délicieux noch einmal in Sicherheit bringen. Unvorsichtigerweise erschien er im Mai 1319 mit 64 Spiritualen bei Papst Johann XXII. in Avignon, um für diese Bewegung zu plädieren. Ohne Gericht wurden die Wortführer verhaftet und in Marseille verbrannt. Délicieux selbst wurde gefoltert und ins Gefängnis geworfen, wo er alsbald starb.

Der moralische Tiefpunkt der Inquisition zeichnete sich schon vorher unter dem Pontifikat *Klemens V.* ab, der sich auf dem Konzil zu Vienne (1311) mit Philipp dem Schönen von Frankreich zu jenem furchtbaren, staatlich organisierten Verbrechen verbündete: Der Ausrottung des Templerordens, dessen Reichtümer sich der Monarch aneignen wollte. So unverständlich und hart uns das Schicksal der Templer auch erscheint, ist es doch das Glied einer Kette, die einer grauenvollen Nacht einen hellen Tag folgen läßt. —

In ihrem Schlußkapitel beschreibt Zoé Oldenburg den neuen Aufbruch so:

„Vor dem Albigenserkreuzzug und vor der Inquisition erhoben Bischöfe und Äbte noch ihre Stimme, um gegen die Verbrennung von Ketzern auf dem Scheiterhaufen zu protestieren und Barmherzigkeit für die verirrten Brüder zu predigen. Im 13. Jahrhundert findet der heilige *Thomas von Aquin* — um dieselben Scheiterhaufen zu rechtfertigen — Worte, die sich im Munde eines Christen ungebührlich anhören. Auswüchse, die man bislang der Unwissenheit und Roheit der Epoche zuschreiben konnte, wurden auf einmal von einem der größten Philosophen der Christenheit auf dem Lehrstuhl für Theologie gebilligt und zugelassen. Diese Tatsache ist zu ernst und schwerwiegend, um herabgespielt zu werden; von dem XIII. Jahrhundert ab gab es in der katholischen Kirche weder Heilige noch Doktoren, die kühn genug gewesen wären zu erklären, daß ein Mensch, der sich in religiösen Dingen täusche, eine Kreatur Gottes sei und daß es ein Verbrechen wäre, ihm das Leben zu nehmen. Die Kirche, die leichtfertig diese doch so simple Wahrheit vergaß, verdiente den Namen katholisch nicht mehr, und in diesem Sinne kann man sagen, daß die Häresie der Kirche einen Schlag versetzt hatte, von dem sich diese nicht wieder erholen sollte."[136])

Viele Historiker denken so und vertreten die Meinung, daß in diesem Ketzerstreit mit weniger Brutalität mehr erreicht worden wäre. Und doch ist nicht zu übersehen, daß die Zeit mit einer neuen Geistigkeit schwanger ging, die zur Geburt drängte und alles vernichtete, was auch nur entfernt an alte Spiritualität erinnerte.

Als *Pierre Autier*, der letzte große Führer der Katharer, den irdischen Plan verlassen hatte und im Jahr 1330 der Inquisitor *Jacques Fournier*, der spätere Papst Benedikt XII., die letzten Katharer in der Grotte von Lombrive einmauern und verhungern ließ, zeichnete sich am geistigen Horizont ein Umschwung ab, der sich ganz in der Bewußtseinssphäre einzelner Menschen vollzog. —

Was heraufkam war die Intelligenz und ihre Handhabung als Verstand und Vernunft, all das, was den Menschen zur Freiheit seines Willens führt. „Beides mußte einmal kommen", sagte Rudolf Steiner, „der freie persönliche Gebrauch der Intelligenz und die Freiheit des menschlichen Willens."[137]) Erschütternd ist für uns, daß gerade der Dominikanerorden, den wir so sehr fürchten gelernt haben, zum Geburtshelfer der neuen Geistkultur ausersehen war. —

[136]) Zoé Oldenburg, Der Scheiterhaufen von Montségur S. 377, Summa. Secunda Secundae. II, 46, 50

[137]) Esoterische Betrachtungen . . . III. S. 107, GA Nr. 237

Die historischen Impulse kamen mit der arabischen Invasion ins Abendland und waren an den Namen des größten Philosophen Altgriechenlands „*Aristoteles*" geknüpft, dessen Weltanschauung in die arabische Philosophie eingeflossen war. Eine geistige Woge begleitete den militanten Arabismus nach Westen. Wäre diese Invasion nicht von *Karl Martell* 732 bei Poitiers zurückgeschlagen worden, dann hätte sich im Abendland — unter arabischem Einfluß — ein früher Intellektualismus entwickelt, und das Heraufkommen der Bewußtseinsseele im vierzehnten Jahrhundert wäre gefährdet gewesen.

So blühte gleichsam im Windschatten dieser arabischen Intelligenz die höfische Troubadourkultur, die mit dem Katharismus aufs engste verbündet war: Eine Epoche, die höchste Gemütswerte zeitigte und sich an Plato und Origenes orientierte. Was hier im Verborgenen geschah, wurde von Rom als ketzerisch empfunden und als lästiges Unkraut ausgerissen und ins Feuer geworfen.

Die Tragödie der Katharer hat gezeigt, „daß es ein Reich des Schicksalsgemäßen so gibt, wie es ein Reich des Natürlichen gibt . . . Zwei Welten durchdringen sich, die Welt der natürlichen Tatsachen und ein Reich des Schicksalsmäßigen als der andere Pol . . . Aber in das Reich des Schicksalsgemäßen, das nur in besonderen Ausschnitten — in extremen Fällen — deutlich wird, wirken die Impulse der geistigen Hierarchien herein, die das Schicksalsmäßige wirken."[138])

Diese Worte Rudolf Steiners mögen auch für die Verhängnisse gelten, die im Schicksal der Katharer zum Untergang führten und zeigen, daß die Abendröte des Katharismus zur Morgenröte der Hochscholastik geworden war. An anderer Stelle wird deutlich gemacht, daß auch im übersinnlichen Bereich eine Umwälzung stattgefunden hatte, indem sich Michael — im Kreise erlauchter Geister — entschloß, die „kosmische Intelligenz" an die Erdenwelt abzugeben, um der Menschheit ein neues Bewußtsein und eine Kräftigung des Ichs zu ermöglichen:

„Einer der wichtigsten Ideen-Austausche hinter den Kulissen der menschlichen Entwicklung spielte sich ab im Beginne des 13. Jahrhunderts zwischen denen, die noch den alten schauenden Platonismus

[138]) Rudolf Steiner, Der Tod als Lebenswandlung, S. 29, 30, GA Nr. 182

hinaufgetragen haben aus der Schule von Chartres in die übersinnliche Welt, und denjenigen, die sich dazu bereiteten, den Aristotelismus herunterzutragen als den großen Übergang für die Herbeiführung einer neuen Spiritualität, die in der Zukunft hereinfluten sollte in die Entwicklung der Menschheit." —[139])

Es sind in der Tat bedeutende Einzelpersönlichkeiten, die zu Trägern dieser hohen Intelligenz wurden und jene letzten Großen ablösten, die noch in der Schule von Chartres gelehrt hatten. An erster Stelle sei hier *Albertus Magnus* (1193—1280) genannt, der in Paris und Köln einen neuen Aristotelismus lehrte und *Averroës*, den arabischen Kommentator, bekämpfte. Sein Schüler war *Thomas von Aquin* (1225—1274), der aus dem Benediktinerkloster Monte Cassino hervorging und im Schicksalsjahr 1244 in den Dominikanerorden eintrat. Er folgte seinem Lehrer Albertus Magnus nach Paris und Köln und führte ein äußerst bewegtes Leben, das ihm kaum Zeit ließ, seine bedeutenden Werke zu diktieren. Er unterstützte Albertus Magnus in der Abwehr platonischer und augustinischer Anfeindungen, gegen alles, was sich dem neuen Geist entgegenstellte, und begann die Theologie aristotelisch zu ordnen.

So wurden Dominikaner, deren Ordensbrüder in der Robe des Inquisitors die Gewissen durchforschten, zu Verwaltern der kosmischen Intelligenz. Welch ein Widerspruch! Auf dem Felde der Bewußtseinsentwicklung jedoch eine notwendige Konsequenz: Es ist die Tragödie des *Ichs*, das sich unter Schmerzen und Nöten dem Widerpart entringt. —

Die Szenerie des Mittelalters ist reich an Beispielen solcher Art. Die Protagonisten sind in der Regel Menschen in exponierter Stellung, gekrönte Häupter, die in diesen Widerspruch verwickelt sind. Ihr Aufstieg zu Macht und Herrlichkeit zeugt von Mut und Intelligenz, aber ebenso von Grausamkeit und Niedertracht, die sich unter dem Purpur verbergen.

Wie schwankend ist doch unser Urteil *Konstantin dem Großen* gegenüber, der ruhmbedeckt aus vielen Schlachten hervorging und eine neue Ära begründete. Und doch werfen persönliche Bluttaten an

[139]) Esoterische Betrachtungen ... III. S. 96, GA Nr. 237

Schwager, Sohn und Gattin — aus welchen Gründen auch immer — dunkle Schatten auf die sonst so glänzende Gestalt und machen deutlich, daß Konstantin im Grund seines Wesens kein Verhältnis zu dem Christus gefunden hatte und trotz der Vision vom Kreuz ganz den luziferischen und ahrimanischen Mächten ausgeliefert war. Wenn das Böse trotzdem positive Wirkungen zeitigt, so beruht das darauf, daß die Bosheit dem Bewußtsein als Spiegel diente, das eigene Wesen besser zu erkennen. Das Kontrasterlebnis ist es, das positive Reaktionen ermöglicht und als schmerzliche Reue in der Seele brennt.

Konstantins Zerknirschung entlud sich in einem ungeheueren Bautrieb, der in der Errichtung unzähliger Sakralbauten seine Befriedigung fand. Solche Gestalten, die mit einer Hand nach den Sternen greifen, mit der andern morden und töten, gibt es in großer Zahl. Sie machen deutlich, daß die Bewußtseinsentwicklung eine äußerst kritische Stufe durchlaufen hat, auf welcher der Zeitgeist mit allen Mitteln zur Geburt des Ichs drängt. —

Hermann Poppelbaum begründet in seinem Vortrag vom 25. Dezember 1964 die Notwendigkeit des Bösen als Gegengewicht zur Freiheit des Menschen und Rudolf Steiner, auf den sich Hermann Poppelbaum beruft, konnte zeigen, daß gerade der menschliche Wesenskern auf einer im Organismus selbst wirksamen Anlage zur Zerstörung beruht, die dem Ich das Erdenbewußtsein gibt, gewissermaßen den Schatten, von dem sich die Ich-Kontur abheben kann.[140])

Wie im Großen Völker bluten und sterben um ein Nationalbewußtsein zu entwickeln, so ist auch im individuellen Bereich der Bewußtseinsfortschritt an Abbauprozesse, letztlich an Todesprozesse geknüpft. Es handelt sich hierbei, nach Rudolf Steiners Beschreibung, um einen materiellen Vorgang, der an den Organen des Menschen verzehrend wirkt und dem Ich-Bewußtsein als Reflexionsfläche dient. Bricht dieser Zerstörungsvorgang ins Halbbewußt-Seelische durch, so entsteht ein triebhaftes Zerstörungsstreben. Statt der Leibessubstanz, die abgebaut werden muß, um Bewußtsein zu wecken, wird das Zerstörerische in die Umgebung geworfen und breitet sich in ihr aus.

Letzteres ist — wie die Geschichte zeigt — in erhöhtem Maße bei

[140]) Goetheanum 44/4/25

auserwählten Führerpersönlichkeiten der Fall, die als Schrittmacher der allgemeinen Entwicklung anzusehen sind. Sie werfen das Zerstörerische, an dem sich das Ich entzündet, hinaus in die Umgebung: Asozialität ist ihre Signatur.

Aber auch die breite Masse wird von einer Sittenroheit erfaßt. Eine Lynchmoral trat an die Stelle des Rechts. An dem Gesamtcharakter der Zeit gemessen, zeigt die Inquisition nichts Besonderes. Sie ist — von höherer Warte aus gesehen — zum harten Widerlager der Bewußtseinsseele bestimmt. Das Ich entwindet sich der entfesselten Bosheit und erreicht eine Stufe, in der die Finsternis von innen her aufgehellt wird. Wenn das Ich einmal voll ausgereift sein wird, hat das Böse seine Kontrastwirkung verloren, dann wird das Gute zum moralischen Impuls und verklärt schattenlos die Welt.

— — —

Heute nach 700 Jahren steht der Montségur wieder im Mittelpunkt des Interesses und Tausende besuchen ihn, um sich in seine Vergangenheit zu versenken. Mit Recht sagt Michel Roquebert, daß jeder Besucher zum Pilger wird. Der Acker der Verbrannten ist zum Reliquiar geworden, das im Jahr 1960 auf Grund archeologischer Untersuchungsergebnisse seine Bestätigung fand. Man hat auf zwei Parzellen des Angers in einer Tiefe von 50 cm die 4 cm dicke schwarze Aschenschicht gefunden und ihren Umfang und Größe festgestellt. Diese Tatsache zieht jeden in ihren Bann, der weiß, daß in diesem Schmiedefeuer auch unser *Ich* geglüht und geformt wurde, daß wir alle teilhatten an diesem Schicksal, indem es unser heutiges Bewußtsein vorbereitet hat.

Unsere ursprüngliche Aufgabe war zu prüfen, ob und in welcher Weise sich der *Katharismus* in die geistige Evolution der Menschheit einfügen läßt. Wir haben gesehen, daß er einen bedeutenden Faktor darstellt, in welchem sich die Idee höchster Reinheit und Spiritualität vollkommen verkörperte und der sich durch ein tausendfaches Opfer einen entscheidenden Anteil an der Zukunft gesichert hat. Diese Zukunft ist heute da: wieder steigen Menschenseelen herab und leben in großer Zahl unter uns: Menschen, welchen die Seelenhaltung der

Gut-Männer und *Gut-Frauen* etwas bedeutet, die sich sehnen nach sozialer Harmonie und Brüderlichkeit; nach einer natürlichen Rechtsempfindung, wie sie der *Bon-homme* als Schöffe dem intellektuell verhärteten Rechtswesen entgegenstellte; Menschen, die wissen, daß sich ein Leben ohne erkennenden Geist nicht lohnt und die sich sehnen nach einem freien Geistesleben in einer Lebenssphäre, die allen den Freiheitsraum sichert, den der schöpferische Mensch braucht — —

Chronologische Übersicht

		Seite
869/70	8. ökumenisches Konzil von Konstantinopel	55
909	Synode von Troxly	15
1000	Bauer Leuthart aus Vertus (Champagne)	22
1022	Verbrennung von Chorherren und adeligen Laien in Orléans	23
—	Verbrennung in Toulouse	36
1025	Ketzer in Arras	24
1028	Verbrennung von 30 Adeligen bei Turin	24
1049	1. Konzil von Reims	36
1056	1. Konzil von Toulouse	25
1057	Die Pataria wird aktiv	26
1077	Ramihrdus, Priester von Cambrai	25
1095—1099	Erster Kreuzzug	
1112	Tanchelm in Antwerpen	29
1119	2. Konzil von Toulouse	37
1120	Pierre de Bruis	31
1135	Henri de Lausanne auf dem Konzil von Pisa	32
1145	Eon de l'Etoile	29
—	Brief an die Mönche von Clairvaux	38
1147—1148	Zweiter Kreuzzug	
1156	Raymond VI. Graf von Toulouse geb.	106
1157	2. Konzil von Reims	43
1163	Konzil von Tours unter dem Vorsitz von Alexander III.	18
—	Verbot der Konventikel	45
1165	Streitgespräch von Lombers	51
1167	Katharische Synode von Saint-Félix-de-Caraman	58
1177	Raymond V., Brief an den Orden von Citeaux	78
1179	3. Laterankonzil (11. ökumenisches Konzil)	81
1180	Philipp II., August, König von Frankreich	84
1181	Eroberung von Lavaur (Vor-Kreuzzug)	107
1189—1193	Dritter Kreuzzug	
1194	Raymond VI. folgt seinem Vater Raymond V.	107
1196	Jeanne d'Angleterre, Raymond VI. 4. Frau	108
1198	Innozenz III. inthronisiert	82
1199	Dekret von Viterbe	86
1203	Pierre de Castelnau wird Legat	89
1204—1205	Vierter Kreuzzug	
1204	Bau des Schlosses Montségur	205
—	Appell an den König von Frankreich	90
— (Nov.)	Peter II. von Aragon, Krönungsfeier in Rom	104
1206	Diègue von Osma und Dominique nahmen ihre Tätigkeit auf	95
—	Esclarmonde de Foix erhält das Consolamentum	166
—	Streitgespräche und Feuerproben in Montréal	101

		Seite
1207	Der Papst bestätigt die Exkommunikation von Raymond VI. durch Pierre de Castelnau	104
—	Durand de Huesca in Rom	102
1208 (Jan.)	Ermordung von Pierre de Castelnau	110
—	Armand-Amaury, Chef des Kreuzzuges	116
1209 (Juni)	Raymond VI. zu Saint-Gilles gedemütigt	118
— (Juli)	Belagerung von Béziers	123
— (Aug.)	Fall von Carcassonne	127
— (Nov.)	Tod Raymond-Rogers Trencavel	129
1210 (Juli)	Einnahme von Minerve	130
— (Okt.)	Belagerung und Fall von Termes	132
— (Nov.)	Übergabe von Puivert	135
1211 (April)	Angriff auf Lastour (Cabaret)	139
— (Mai)	Fall von Lavaur	140
— (Juni)	Belagerung von Toulouse	145
— (Sept.)	Schlacht bei Castelnaudary, Cassès	147
1212 (März)	Montfort zerstört das Land	148
— (Dez.)	Statuten von Pamiers	149
1213 (Sept.)	Schlacht bei Muret, Tod Peters II. v. Aragon	152
1214 (Aug.)	Philipp II. August siegt bei Bouvines	155
1215 (Nov.)	4. Laterankonzil	157
1216 (Juni)	Raymond (VII.) belagert Beaucaire	158
— (Juli)	Innozenz III. †	160
1217 (Sept.)	Toulouser Frühmette	159
1218 (Juni)	Simon de Montfort †	160
1219 (Juni)	Prinz Louis (VIII.) vor Toulouse	160
1221 (Aug.)	St. Dominique †	215
1222 (Aug.)	Raymond VI. Graf von Toulouse †	160
1223 (April)	Raymond-Roger, Graf von Foix †	161
— (Juli)	Philipp II. August †	161
— (Aug.)	Salbung Louis VIII.	161
1224	Amaury de Montfort verläßt das Languedoc	160
1226	Exkommunikation von Raymond VII.	161
— (Juni)	Louis VIII. nimmt das Languedoc in Besitz	139
— (Okt.)	Franz von Assisi †	161
— (Nov.)	Louis VIII. †	161
1228—1229	Fünfter Kreuzzug	
1229 (Jan.)	Vertrag von Meaux	161
1230	Jean de Lugio schreibt über Dualismus	67
1233	Gregor IX. betraut die Dominikaner mit der Inquisition	215
1235	Dominikanerkloster in Toulouse gestürmt	217
1240 (Sept.)	Aufstand Raymonds II. Trencavel	139
1242 (Mai)	Aufstand Raymonds VII.	218
—	Ermordung der Inquisitoren in Avignonet	219
— (Juli)	Louis IX. Sieg von Taillebourg	220
1243	Vertrag von Lorris	220
— (Mai)	Belagerung von Montségur	221

		Seite
— (Dez.)	Basken erstürmen den Pas de Trébuchet	222
1244 (Jan.)	Basken besetzen die Barbacane	223
— (Febr.)	Ausfall der Schloßbesatzung	224
— (März)	Kapitulation	224
— (März)	Der Scheiterhaufen am Fuße des Montségurs am 16. März (nach 15 Tagen Aufschub)	232
—	Thomas von Aquin trat in den Dominikanerorden ein	240
1247	Raymond VII. läßt in Agen 80 Katharer verbrennen	235
1248	Louis IX. schifft sich in Aigues-Mortes ein	235
1248—1254	Sechster Kreuzzug	
1249 (Sept.)	Raymond VII. Graf von Toulouse †	235
1255 (Dez.)	Übergabe des Queribus	236
1319	Delicieux (spirit. Franziskaner) Opfer der Inquisition	237
1330	Inquisitor Jacques Fournier (Benedikt XII.) läßt die letzten Katharer in der Höhle von Lombrive einmauern	238

Literaturverzeichnis

(französischer Teil)

Belperron Pierre, La Croisade contre les Albigeois et l'union du Languedoc à la France (Paris, Plon, 1942)
Berry A., Florilège des Troubadours (Paris 1930)
Bouquet Dom, Recueil des Historiens des Gaules et de la France (1871)
Des-Vaux-de-Cernay Pierre, Histoire albigeoise — Übertragung ins Französische durch Pascal Guébin und Henri Maisonneuve (Paris, Vrin, 1951)
Dondaine O. P. Antoine, Un traité néo-manichéen du XIIIe siècle Sainte-Sabine (Rome 1939)
—, Raynier Sacconi, Summa de Catharis et Pauperibus (1939)
Ennesch Carmen, Les Cathares dans la Cité (Paris 1969)
Gadal A., Sur le chemin du Saint Gral (1963)
—, Ussat-Les-Bains (Brochure 1962)
Guiraud Jean, Histoire de l'Inquisition au moyen âge (Paris, Picard, 1935—38)
Hannedouche Simone, Manichéisme et Catharisme (Ed. Cahiers d'Etudes, Arques 1967)
Hubert-Bonnal Alain, Guide de Montségur (lieu dit, Steff-Paris, Edit. No. 215)
Julien Lucienne, Itineraire en terre cathare (Cahiers d'Etudes cathares No. 20 1952)
Luchaire Achille, Innocent III. La Croisade des Albigeois (Paris 1905)
Mauléon-Narbonne Comtesse de, Châteaux de l'Aude (Nouvelles Editions Latines No 764)
Molinier Charles, Un traité inédit . . . (Bordeaux 1883)
Nelli René, Le Phénomène Cathare (Privat 1964)
—, Le Musée du Catharisme (Privat 1966)
—, Paroles d'hérétiques (Privat 1968)
—, Ecritures cathares (Paris, Denoel 1959, 1968)
Niel Fernand, Le Pog de Montségur (Toulouse 1949)
—, Albigeois et Cathares (collection »Que sais-je« No. 689 Paris)
—, Montségur, Temple et Fortresse des Cathares . . . (Grenoble 1967)
Oldenbourg Zoé, Le Bûcher de Montségur (Paris, Gallimard 1959)
Paladilhe Dominique, Les grandes Heures Cathares (Librairie Académique Perrin 1969)
Peyrat Napoléon, Histoire des Albigeois (Paris 1870—72)
Puech H. C., Le manichéisme, son fondateur, sa doctrine (Paris 1930, 1949)
Puylaurens Guillaume de, Chronique sur la guerre des Albigeois, traduite du latin en français par Ch. Lagarde (Béziers, Delpech 1864)
Roché Déodat, Contes et Légendes du Catharisme (Edit. Cahiers d' Etudes Cathares 1951)
—, Le Catharisme (Toulouse 1947)
—, L'Eglise Romaine et les Cathares Albigeois (Narbonne 1957)
—, Le Catharisme I (Narbonne 1957)
—, Le Catharisme II (Narbonne 1957)

—, Les Cahiers d' Etude cathares, Bulletin trimestriel, 23 Avenue Président-Kennedy 11100 Narbonne
Roquebert Michel, Christian Soula, Citadelles du vertiges (Toulouse 1966)
Roquebert Michel, L'Epopée Cathare, 1198—1212: L'Invasion (Eduard Privat, Toulouse 1970)
Sarret J.-P., La Recherche archèologique à Montségur No. 2 (Carcassonne 1975)
Thouzellier Christine, Un traité cathare inédit (Univ. Louvain 1961)
Tudèle Guillaume de, Chanson de la Croisade albigeoise, Übertragung ins Französische von Martin Chabot (Belles Lettres Paris 1931—1961)
Vaissete Dom, Histoire Generale de Languedoc (Edit. Privat Toulouse 1892)
Villemagne A., Bullaire du bienheureux Pierre de Castelnau (Montpellier 1917)

(deutscher Teil)

Andresen Carl, die ökumenischen Konzile der Christenheit (Stuttgart 1961)
Borst Arno, Die Katharer, Stuttgart 1953
Dieckhoff August Wilhelm, Die Waldenser im Mittelalter (Göttingen 1851)
Döllinger Ign, von, Beiträge zur Sektengeschichte des Mittelalters, Teil I Gnostisch-manichäische Sekten, München 1890
Flathe Ludwig, Geschichte der Vorläufer der Reformation (Leipzig 1835)
Grundmann Herbert, Religiöse Bewegungen (Berlin 1935)
—, Die Kirche in ihrer Geschichte G Ketzergeschichte des Mittelalters (Göttingen 1967)
Harnack Adolf von, Das Evangelium vom fremden Gott (Leipzig 1924)
Le Coq A., von, Die manichäischen Miniaturen (Berlin 1923)
Madaule Jacques, Das Drama von Albi (Walter-Verlag Olten und Freiburg i. B.) 1964)
Maxsein Anton, Philosophia Cordis (Salzburg 1966)
Meyer Rudolf, Der Gral und seine Hüter (Stuttgart 1956)
Maikowski René, Auf der Suche nach dem lebendigen Geist (Die Kommenden Freiburg i. B. 1971)
Rahn Otto, Kreuzzug gegen den Gral (Urban Verlag Freiburg i. B. 1939)
Redepenning Ernst-Rudolf, Origenes, sein Leben und seine Lehre (Bonn 1846)
Reitzenstein R., Die Vorgeschichte der christlichen Taufe, Interrogatio Johannis (Berlin 1926)
Rops Daniel, Die Kirche im Frühmittelalter (Abendländische Verlagsanstalt Innsbruck 1953)
Scheeben Heribert Christian, Der heilige Dominikus (Freiburg i. B. 1927)
Scheler Max, Vom Ewigen im Menschen (Leipzig 1921)
—, Die Stellung des Menschen im Kosmos (München 1947)
Schiel Herbert, Des heiligen Augustinus Bekenntnisse (Freiburg i. B. 1959)
Spörri Robert, Vom Geiste des Urchristentums (Basel 1941)
—, Vom Untergang des urchristlichen Geistes (Basel 1943)
Steffen Albert, Mani (Dornach 1965)
Steiner Rudolf, Die Philosophie der Freiheit GA 4 (Stuttgart 1955)
—, Das Ewige in der Menschenseele GA 67 (Dornach 1962)

—, Das Johannesevangelium GA 103, Zykl. 3 (Dornach 1955)
—, Die Mission einzelner Volksseelen GA 121 (Dornach 1962)
—, Exkurse in das Gebiet des Markusevangeliums GA 124 (Dornach 1935)
—, Glaube, Liebe, Hoffnung GA 130, 3. Dezember 1911, Vortrag
—, Die Mysterien des Morgenlandes und des Christentums GA 144 (Dornach 1960)
—, Gegenwärtiges und Vergangenes im Menschengeiste GA 167, Zykl. 42 (Berlin 1920)
—, Erdensterben und Weltenleben GA 181, Zykl. 48, 49, 50 (Berlin 1922)
—, Die Sendung Michaels GA 194 (Dornach 1934)
—, Perspektiven der Menschheitsentwicklung GA 204, 16. April 1921, Vortrag (Basel 1953)
—, Die Impulsierung des weltgeschichtlichen Geschehens durch geistige Mächte GA 222 (Dornach 1966)
—, Die Weltgeschichte in anthroposophischer Beleuchtung, Mysterienstätten des Mittelalters GA 233 (Dornach 1962)
—, Esoterische Betrachtungen GA 237 (Dornach 1964)
Vogt Karl, Bernhard von Clairvaux, Ein Mönch lenkt das Abendland (Saar-Verlag 1949)
Veltmann, Sänger und Ketzer (deutsch) Uitgeverij Vrij Geestesleven (Zeist, Holland 1967)
Willmann Otto, Geschichte des Idealismus II (Braunschweig 1907)

In der Reihe

Aus Zeit und Welt

sind bisher erschienen:

Band II

Aus der Schule von Chartres

Band 2: Alanus ab Insulis. Der Anticlaudian

oder die Bücher von der himmlischen Erschaffung des Neuen Menschen. Ein philosophisch-theologisches Epos des lateinischen Mittelalters, übersetzt und mit einleitenden Kapiteln versehen.
264 Seiten, Leinen

Band III: *van Bemmelen, Daniel*

Zarathustra

208 Seiten, 16 Seiten Bildteil, 1 Karte, verschiedene Abbildungen im Text, Leinenstruktur mit Schutzumschlag

Band VI: *Roll, Eugen*

Ketzer zwischen Orient und Okzident

Patarener – Paulikianer – Bogomilen
160 Seiten, 17 zum Teil farbige Abbildungen, Leinen, Schutzumschlag

Band VIII: *Horstmann, Erwin*

Der geheime Name der Stadt Rom

Beiträge zur römischen Mysteriengeschichte
208 Seiten, 8 ganzseitige Abbildungen, gebunden mit Schutzumschlag

Band IX: *Veltman, Willem Frederik*

Dantes Weltmission

Leben und Werk des Dante Alighieri
288 Seiten, gebunden mit Schutzumschlag

Band XI: *Roll, Eugen*

Die Waldenser

Aufbruch in eine neue Zeit
328 Seiten, 28 Bildtafeln, 1 Übersichtskarte, gebunden mit Schutzumschlag

Wege – Ziele Geistgestalten

Eine aktuelle geisteswissenschaftliche Reihe im Mellinger Verlag

Band 1: *Andree, Oskar*

Ein Geistesruf für unsere Zeit in Richard Wagners „Meistersingern"

96 Seiten, 1 Notenbeispiel, zweifarbiger Einband, kartoniert

Band 2: *Glas, Norbert*

Ferdinand Raimund – Leben und Schicksal

Eine karmische Studie.

98 Seiten, zweifarbiger Einband, kartoniert

Band 3: *Militz, Wolfgang*

Friedrich Schiller – Ein Weg zum Geist

2. Auflage, 142 Seiten, zweifarbiger Einband, kartoniert

Band 4: *Knauer, Helmut*

Natur und Mythos

Bilder aus Griechenland und Italien

64 Seiten, zweifarbiger Einband, kartoniert

Band 5: *Palmer, Otto*

Die Zukunft lebt in uns

Beiträge zur Freiheitswissenschaft.

152 Seiten, zweifarbiger Einband, kartoniert

Band 6: *Glas, Norbert*

Im Zeichen des Saturn

176 Seiten, zweifarbiger Einband, kartoniert

Band 7: *Piper, Kurt*

Vom lebendigen Wissen

Herausgegeben von E. Froböse

148 Seiten, 2 Abbildungen, zweifarbiger Einband, kartoniert

Band 8: *Oberkogler, Friedrich*

Das Wintermärchen von W. Shakespeare

Eine geisteswissenschaftliche Studie

152 Seiten, zweifarbiger Einband, kartoniert

Band 9: *Andree, Oskar*

Richard Wagners „Ring des Nibelungen"

120 Seiten, zweifarbiger Einband, kartoniert

Band 10: *Sichelschmidt, Gustav*

Goethe heute

Ein Brevier für Unbehauste

76 Seiten, zweifarbiger Einband, kartoniert

Band 11: *Glas, Norbert*

Amos Comenius

Philosoph und Pädagoge des Arabismus

64 Seiten, zweifarbiger Einband, kartoniert

Band 12: *Glas, Norbert*

Nero – Das Böse und seine Läuterung

72 Seiten, zweifarbiger Einband, kartoniert